Las novelas de las compañías

American University Studies

Series II
Romance Languages and Literature
Vol. 188

PETER LANG
New York • San Francisco • Bern • Baltimore
Frankfurt am Main • Berlin • Wien • Paris

Angel T. Santiago Soto

Las novelas de las compañías

textos polisémicos de la Cuenca del Caribe

PETER LANG
New York • San Francisco • Bern • Baltimore
Frankfurt am Main • Berlin • Wien • Paris

Library of Congress Cataloging-in-Publication Data

Santiago Soto, Angel T.
  Las novelas de las compañías : textos polisémicos de la cuenca del
Caribe / Angel T. Santiago Soto.
    p. cm. — (American university studies. Series II, Romance
languages and literature ; vol. 188)
  Includes bibliographical references.
    1. Central American fiction—20th century—History and criticism.
2. Caribbean fiction (Spanish)—20th century—History and criticism.
3. Plantations in literature.   4. Race relations in literature.
5. Imperialism in literature.   I. Title.   II. Series.
  PQ7472.N7S36   1993   863—dc20   92-36951
  ISBN 0-8204-1744-0   CIP
  ISSN 0740-9257

Die Deutsche Bibliothek-CIP-Einheitsaufnahme

Santiago Soto, Angel T.:
Las novelas de las compañías : textos polisémicos de la cuenca del
Caribe/Angel T. Santiago Soto.—New York; Berlin; Bern;
Frankfurt/M.; Paris; Wien: Lang, 1993
  (American university studies : Ser. 2, Romance languages and
  literature ; Vol. 188)
  ISBN 0-8204-1744-0
NE: American university studies/02

The paper in this book meets the guidelines for permanence and
durability of the Committee on Production Guidelines for
Book Longevity of the Council on Library Resources.

∞

© Peter Lang Publishing, Inc., New York 1993

Printed in the United States of America.

Indice

Prefacio

A. Introducción

Las Compañías que rigen el mandato de las plantaciones en las regiones de la América Central y la región del Caribe (la Cuenca del Caribe) y la Zona del Canal de Panamá, son reminiscencias de las viejas compañías que dominaban en estas áreas desde los tiempos coloniales. Esta situación responde a un sistema socio-económico que se inició precisamente con el gran hecho histórico del "Descubrimiento" y la posterior aventura humana de la Colonización.

Al estudiar la vida actual de los pueblos de estas zonas de las Américas da la impresión, a primera vista, de que este mundo se ha estancado en el tiempo, que el sistema de plantaciones y compañías extranjeras que explotan sus productos se perpetuarán para siempre y que sólo habrá variantes en el tipo de cosecha o negocio del que se saca utilidad y/o en el nombre del administrador-dueño de turno. Por tal razón, es obvio cuán importante es esta materia en el presente y futuro de todos estos pueblos. La exposición de este problema ha estado presente en todos sus escritos a través de siglos. Su literatura y así, su ficción narrativa no han quedado sin la debida representación y análisis de tal situación conflictiva.

La explotación de la tierra además de ser un aspecto económico importante, es también uno asociado a la vida e historia de estas naciones. Su relación, pues, con su cultura es muy estrecha. Esto se explica mejor si se entiende que estas sociedades, tropicales en su origen geográfico, son, a su vez, la respuesta natural a su posición en el globo terráqueo. Lo cual ha condicionado no sólo el tipo o tipos de manejo comercial que mejor va en su caso, sino que también ha ido moldeando toda una respuesta a las concepciones cosmológicas de sus habitantes. La continua riqueza de luz y agua durante todo el año les ha dado una fauna y flora esplendorosas, y de esta forma la vida biológica tiene que estar siempre presente en todos los órdenes de sus vidas.

El Caribe antillano, Panamá y Centro América fueron las tierras que sirvieron de antesala al Nuevo Mundo. El primero como puerta de inicio de operaciones, el segundo como tierra ístmica de paso y el último como primer asentamiento de tierra firme continental hacia el sur. Todas las Compañías que se establecieron en esta región durante los tiempos coloniales, fueron cambiando sus medios de operación hasta llegar a las variantes de comienzos del siglo XX: la caña de azúcar en el Caribe, las bananas en la América media y esa importantísima empresa moderna del complejo económico-militar que opera el Imperialismo: el Canal de Panamá (eje fundamental que da protección vitalísima a todo el sistema). Estas tres zonas geográficas se han mantenido enlazadas históricamente, desde los primeros viajes de Colón hasta el día de hoy.[1] Enlace que *Las novelas de las Compañías* (LNC) han expuesto y elaborado ampliamente a través de sus páginas. (Ver tabla 1)

Con el interés de ver cómo se ha representado este tema de los hombres, las Compañías y las culturas en la literatura de esta parte del mundo latinoamericano, se presenta a continuación una investigación inicial sobre algunas novelas escritas en esta zona durante los años del segundo tercio del siglo en marcha.[2] Años en los cuales el desarrollo de este asunto literario y cultural tuvo un gran incremento; además de que fue el momento de sus mejores producciones al respecto.

Este estudio analizó un grupo de narraciones de la región mencionada, cuyos universos creativos giran en torno al tema de la Compañía. Siendo éste el término que se usará en adelante para representar tanto el tipo de explotación comercial como los poderes detrás de la empresa. Será entonces, la metáfora sobre la cual gira la temática central que se investiga en este libro.

Estas novelas confirman que durante el siglo XX la presencia económica y el apoyo político y militar norteamericano dado a sus Compañías en el extranjero, ha sido un factor fundamental en la vida de estos países; más de lo que muchos han creído hasta ahora. Esto, hasta el grado de que las naciones han sido afectadas no sólo en el aspecto económico-político, sino también en otros dentro del amplio espectro de las culturas nacionales y regionales. Sin dejar de mencionar cómo toda esta situación compleja ha afectado la importancia de este mundo en relación a su posición geográfico-militar, y en sus proyecciones con el resto de las Américas y demás continentes. Situación ésta muy significativa no sólo en el momento en que se produjeron estas novelas, sino en el mismo en que se escriben estas palabras.

Algunas de las narraciones de la serie eligen el tema de la compañía bananera donde se expone la vida diaria en una hacienda o plantación de este producto, principalmente en aquellas de propiedad de la famosa Compañía la United Fruit Company (UFCO). Otras toman el tema de la plantación de caña, cuyas tierras también pertenecían a compañías transnacionales. En muchos países era la misma UFCO la dueña de estos terrenos. Hay relatos que tienen como imagen de la institución comercial la presencia de poder económico detrás de otros tipos de plantaciones o de instituciones de empréstitos; y finalmente, pero no menos importante, el tema de la fábula gira en otras obras alrededor de la poderosa Compañía del Canal de Panamá. En todas las piezas elegidas la figura de la empresa foránea es vital a los discursos narrativo y artístico.

La forma en que se presenta a la Compañía, para efectos de esta novelística, la convierte en una gran metáfora, en un enorme símbolo dinámico y en imagen de dominación extranjera. Es una representación que engloba el poder económico-político foráneo, la intervención de una soberanía no nacional en los problemas del país, el colonialismo cultural, la explotación del proletariado rural, el racismo, la introducción de poblaciones, tanto nacionales como extrañas, en regiones que no son su hábitat natural (con la añadidura de nuevos problemas de índole social), el eterno miedo de la población de verse invadida por los ejércitos de un poder extranjero y la visión del emporio comercial como un obstáculo que se opone al progreso de los pueblos bajo su égida. Hechos que están estrechamente relacionados a la asociación de la empresa con la clase social hegemónica[3]; ésta representa parte importante de los poderes efectivos en la zona.

Estas obras de ficción desarrollan en sus textos una serie de ideas conducentes al progreso social de los colectivos para los cuales fueron escritas, además de serios planteamientos de interés ético dirigidos al progreso humano y cultural de las áreas envueltas. A la vez, sus autores usan el género literario para: hacer sobresalir algunos aspectos culturales del país, muchos de éstos no son muy conocidos como es el caso de las expresiones propias de los grupos étnicos; servir de voz que presente una imagen positiva del hombre común; y reevaluar la narrativa misma. Se convierte la obra, así también, en una de las modernas voces narrativas de la Cuenca del Caribe. Sin dejar de mencionar tampoco, el abundante espacio textual que ofrecen las piezas para exponer asuntos filosóficos, artísticos y de otra índole intelectual en referencia a las naciones y conjuntos raciales envueltos en estos relatos.

Esta literatura se convierte en una de tipo regionalista que va en busca de la identidad cultural, el enaltecer lo nacional, el denunciar el estado de indiferencia que se tiene hacia las diversas etnias como ciudadanos de la nación y la defensa del progreso social. De tal forma, la visión del país incluye el conjunto global de todos los grupos colectivos que conviven en el suelo patrio. Todo esto trae unas proposiciones que abren unas perspectivas a los mismos conceptos de gusto estético y proyección cultural de toda la sociedad. Estos valores son expresados directamente por los escritores a través del texto literario o se exponen en forma polisémica a lo largo de la elaboración de los discursos y/o mediante la estructuración de las diferentes secciones en que el autor divide su obra.

Ante tantos pueblos y razas representados, es imperativo acercarse a la literatura de la región desde el punto abarcador de lo cultural y evitar lo falso de lo homogenizante que no responde a la realidad del área. Este acercamiento o énfasis en lo etnográfico y el análisis semiótico de culturas logra que la literatura una pueblos, lo cual no ha sido posible mediante el estudio de la Historia. La gran complejidad socio-histórica de la región, obliga a la pluralidad metodológica en el estudio de su literatura y que incluya en este caso: el análisis textual, el de la sociedad referencial y el ideológico. Así, la organización del corpus narrativo bajo la rúbrica de *Las novelas de las Compañías*, responde más a un interés de búsqueda de lo unitario entre los pueblos caribeños que a uno literario-clasificatorio per se.

LNC van en busca y atestiguan la cultura oral (la no escrita u oficial) circundante en el Caribe. Recobran constantemente, la historia de los vencidos, la voz "de los otros". De aquí, que en el estudio que se presenta en este libro se podrá constatar el interés en lo étnico, según ha sido expuesto en estas narraciones de tantos y variados modos. Es otra forma de retomar el pasado de los dos grupos culturales más importantes, de estudiarlos en el momento de la escritura y, finalmente, extrapolar la información obtenida para ponderar la realidad actual. A las piezas se las verá como textos de crónica de la Cuenca caribeña: evolución y análisis del hombre, de su tiempo vital y como voz que contrarresta las versiones criollistas (hegemónicas) de las historias nacionales. LNC atrapan el discurso cultural de la región durante un periodo histórico (el segundo tercio del siglo XX), y de esta manera, dan otra alternativa a las visiones reduccionista-antropológica, paternalista e idealizante acerca de los grupos de las razas desposeídas. A veces, se observa que el propio autor expone algunas de estas mismas ideas hasta ciertos límites, y luego es rebasado por los mismos hechos históricos. Estos relatos mediante sus discursos hacia dentro -lo regional-, se convierten, a un nivel semántico más elevado, en razonamiento paralelo o de resistencia a la voz -muy frecuente en el área- patriarcal occidental; transformándose también, de esta forma, en posición cuestionativa al neocolonialismo.

Estas obras controvierten la histórica necesidad de las capas dominantes de la sociedad de la Cuenca de buscar incesantemente, el apoyo imperial, de su dependencia de lo blanco y de lo europeo, en una irracional búsqueda de prestigio y falso status. Así, las novelas hacen un cuestionamiento de la historiografía nacional/regional: derriban mitos, enaltecen figuras y valores, inclusive elementos literarios que esa historiografía tradicional evade, oscurece u "olvida".

Indirectamente, LNC se convierten también en escritura controversista de la literatura anterior que la precedió (Modernismo y literatura criolla) en las fases escapista, narrativa de efemérides y cronicón costumbrista que caracterizó a estos dos movimientos literarios. También, la acertada e inteligente lectura de estos niveles por los grupos cuestionados ha marginado, a propósito, a este conjunto de relatos. Se los vio como nuevos intentos de crear palenques contra la tradición y lo establecido. Por todas estas razones, no es difícil entender que a lo largo de esta presentación, la metáfora de la Compañía crezca continuamente para desplazarse más allá de los marcos físicos que las propias empresas dictaminaron como confines a sus negocios.

Estas narraciones fueron escritas, la primera en el 1923 y la última en el 1970; momento éste, en que se cierra este ciclo de novelas. Para efectos de este estudio se consideran como *Novelas de las Compañías* a todas aquellas obras cuyo tema central gira alrededor de las plantaciones bananeras, azucareras y del Canal de Panamá como empresas comerciales y que se escribieron en las fechas ya señaladas y en la región geográfica de la cuenca caribeña.

Luego de este año de 1970, el tratamiento literario sobre la ingerencia de las empresas agrícolas y el negocio canalero en los asuntos internos de los países en discusión, ha tomado otros rumbos, debido a la influencia de los cambios histórico-sociales en el mundo y en Latinoamérica. Estos cambios han traído a la literatura otros enfoques, intereses y técnicas literarias que se alejan de los formatos -muy parecidos entre sí- que caracterizan a las obras envueltas en este trabajo. Estas nuevas producciones de ficción son obras diferentes en constitución estética, expresión, etc.; pero es innegable que en su proceso de desarrollo han tenido la recepción de muchas de las ideas pronacionales provenientes de la literatura que se discute aquí. En algunos casos, así se las señala y refiere en el texto crítico desarrollado en estas páginas. Por ahora, obviamente, estas obras quedan fuera del interés de esta presentación.

Hay que indicar que en este estudio se han considerado tres obras: *Tilín García*, *Ciénaga* y *Tembladerales* que no poseen exactamente, el formato que ha caracterizado a todas LNC, pero que coinciden en muchos aspectos fundamentales con tales narraciones. Quizá es mejor llamarlas, especialmente a las primeras dos, precursoras de este grupo narrativo. De hecho, *Ciénaga* es considerada por muchos estudiosos como la novela iniciadora del tema antiimperio en la región. La última, dado el caso de que no se ha encontrado en la literatura salvadoreña una obra que responda a todos los criterios que se han acordado para clasificar los relatos dentro de la familia de las novelas de las compañías, sirve como la mejor imagen de muchos de los discernimientos señalados. Así, también la nación de El Salvador queda incluida en el análisis, mediante la representatividad de esta interesantísima novela centroamericana.

B. Las novelas de las Compañías

Tras la creación de las nuevas naciones y el cese de las guerras de Independencia en Latinoamérica, una parte de su literatura continuó desarrollando el tema cívico-patriótico y el interés en lo didáctico-social. A lo largo del primer siglo de vida independiente, esa escritura de ficción se fue transformando en una sobre ideologías, naturalismo, liberalismo- socializante, antiimperialismo y lo revolucionario-militante. En estas obras el punto dominante es la preocupación por el bienestar humano, la política y la suerte continental. La investigación que se presenta en estas páginas tiene como base ejemplos de estas producciones. Especialmente, la que se elaboró en el Caribe Hispano-Antillano y la América Central en la segunda tríada del siglo vigente.

Muchas de estas novelas han sido estudiadas principalmente, respecto a sus posiciones políticas y por su oposición a la presencia de las compañías transnacionales en estas tierras. Mas sin embargo, no se ha dado tanta importancia a su función o papel de voz que quiere expresar la de los colectivos étnicos - excepción es la *Trilogía* de Asturias- y los grupos sociales no dominantes en el área. O sea, de ver el texto como una voz de estas culturas pertenecientes al mundo latinoamericano y sus concepciones cosmológicas. Estos colectivos conforman unos grupos a quienes se les ha censurado y no se les ha permitido que tengan canales propios de expresión. La ampliación de los temas señalados se puede extender hasta las fronteras de la actual cultura popular en la región. Tampoco se ha investigado la función de estas novelas como voz de conciencia regional que enlaza a todos los pueblos del área comprendida. Por tales motivos, las narraciones también expanden el concepto de lo nacional y regional al incluir grupos a los cuales siempre se los ha considerado marginales.

Estos relatos se han analizado a lo largo de los años, unos más que otros, desde diferentes puntos de vista: análisis de la pieza (según varias escuelas de crítica), autores, personajes, temas centrales y secundarios, los aspectos sociales, lo político, estudio de lo mítico, etc. Esta investigación que se presenta aquí, aprovechó estas contribuciones para plantear otros enfoques más amplios dentro de un alcance geográfico y cultural mayor.

Al fomentar lo autóctono y exponer otras culturas, a las que Sarmiento llamó "americanas", *Las novelas de las Compañías* promueven la importancia de estos grupos nacionales y la protección colectiva ante los avances del imperialismo y sus aliados regionales. De este modo, las obras se convierten en un paso positivo en el proceso de desmantelamiento de las estructuras coloniales y en representadoras de un genuino espíritu cosmopolita.

Dada la poca información sobre los temas en discusión en la bibliografía investigada[4], el peso del estudio que se presenta en estas páginas es uno de tipo intratextual y de asociación con aquellas obras e investigaciones de la literatura continental con las cuales se pueden establecer relaciones. Esto también, debido a que el interés en este trabajo es uno dual que abarca la relación entre la estructuración del texto de arte y la elaboración del discurso ideológico-artístico sobre algunos aspectos socio-culturales de las sociedades ficcionalizadas. Se debe aclarar que el mayor interés de la discusión a presentarse reside en los temas ya expuestos y no en los autores y obras como unidades independientes. O sea, el estudio enfatizará sobre los aspectos sociedad-referencial e ideologías y elaboración textual. Se verá el conjunto total como un complejo literario/social, más que uno sobre autor/obra. Esto es, el análisis es uno sobre el funcionamiento del arte de la ficción en LNC para representar un área latinoamericana en particular, mejor que uno sobre la literatura de estas narraciones tomadas individualmente. Se dará mayor énfasis al hecho de que estos textos son unos de auto-identificación, por lo tanto, se los considerará como unos de cultura étnica[5] donde el papel de la obra es la búsqueda de allanar abismos sociales entre los grupos socio-étnicos más importantes; al mismo tiempo que son escritos que representan genuinamente, a estas sociedades; a lo sumo tratan de lograrlo y son, por lo tanto, iniciales en el tratamiento del tema.[6]

Para redondear lo anteriormente expuesto, se discute, paralelo a las argumentaciones sobre los textos, un número de referencias de obras clásicas de la literatura continental con la idea de relacionarlas a *Las novelas de las Compañías*. También, se añaden numerosas notas al final de los capítulos que aportan la visión de otros autores sobre temas tocados en LNC o que pueden traer luz sobre la situación socio-histórico-cultural que imperaba en el momento de la creación literaria o de la actualidad, y con los cuales pueden establecerse puntos de contacto. Finalmente, se presentan abundantes citas provenientes de LNC para ampliar el conocimiento del lector sobre estos relatos; ya que se considera que algunas de estas obras no son muy conocidas a nivel continental.

Las novelas que se seleccionaron para este trabajo son las que aparecen en la lista que sigue; se incluye autor, país y el año de primera publicación. Las ediciones que se estudiaron para este análisis aparecen en la **Bibliografía**. Para efectos de abreviar espacio a lo largo del texto, en el caso de las citas de estas obras, se acorta el título de la narración en la forma que se da en el listado.

LAS NOVELAS DE LAS COMPANIAS

1. Cuba

a. Carlos Enríquez	*Tilín García*	(TG)	1939
b. Luis F. Rodríguez	*Ciénaga*	(Ci)	1937*

2. Costa Rica

a. Carlos L. Fallas	*Mamita Yunai*	(MY)	1949
b. Joaquín Gutiérrez	*Puerto Limón*	(PL)	1950

3. El Salvador

a. Cristóbal H. Ibarra	*Tembladerales*	(T)	1957

4. Guatemala

a. Miguel A. Asturias	*Viento fuerte*	(VF)	1949
" "	*El papa verde*	(EPV)	1954
" "	*Los ojos de los enterrados*	(LOE)	1960

5. Honduras

a. Ramón Amaya	*Prisión verde*	(PV)	1950

6. Nicaragua

a. Hernán Robleto	*Los estrangulados*	(LE)	1931
b. José Román Orozco	*Cosmapa*	(Co)	1944

7. Panamá

a. Joaquín Beleño	*Luna verde*	(LV)	1950
" "	*Gamboa Road Gang*	(G)	1960
" "	*Curundú*	(Cu)	1963**

8. Puerto Rico

a. Enrique Laguerre	*La llamarada*	(Lll)	1935

9. República Dominicana

a. Ramón Marrero Aristy	*Over*	(O)	1939

---

*Escrita en 1923 y publicada en el 1937.

**Escrita entre 1940-46 y publicada en el 1963.

Notas

¹ Dice la investigadora I. Rodríguez:

"By the same token for similar problems of arbitrary territorial divisions and foreign economic domination which have sustained underdevelopment, poverty and repression, the banana republics of Central America offer many provocative parallels to the Caribbean dilemma".

Ileana Rodríguez, Marc Zimmerman, eds. *Process of Unity in Caribbean Society: Ideologies and Literature Minnesota*. Institute for the Study of Ideologies and Literatures, 1983.

² Todo estudio científico de esta naturaleza conlleva gran cantidad de tiempo, dada la enorme producción literaria que hay que analizar para hacer las debidas clasificaciones. Por otro lado, una de las intenciones de este trabajo es hacer una modesta contribución al estudio de los pueblos de habla castellana de la cuenca caribeña y, como se desprende de la tabla con los títulos de las obras analizadas, no se incluyen las piezas correspondientes a Colombia, Venezuela y Méjico. Esto hace pensar en una continuación de este trabajo para lograr abarcar toda esta área de la América Latina, afectada aún con los problemas típicos del coloniaje y neocolonialismo. Quedaría incompleto el trabajo si no se consideraran los pueblos de otras lenguas, los cuales han sido, y son, compañeros en este atribulado, pero combativo y combatiente mundo del Caribe.

³ *Las novelas de las Compañías* no olvidan, en su mayoría, que las concepciones actuales sobre la historia regional no descansan principalmente, sobre bases étnicas o culturalistas; las que pueden ocultar muy bien la esencia de los problemas reales que aquejan a los grupos en pugna. No creen muchos de los autores de estas ficciones que sea motor histórico un burdo antagonismo entre dos bloques raciales.

⁴ Sólo se ha encontrado en la bibliografía sobre la región un trabajo que analiza la presencia de las compañías en la narrativa de Centro América. Dicho estudio se limita a dar resúmenes del enredo tramático de los cuentos y novelas incluidas en su investigación; algunas de éstas últimas son piezas que se incluyeron como miembros del grupo de LNC que se estudian en este libro. La investigación aludida, otras veces, se dedica a parafrasear las mismas fuentes de crítica literaria que utilizó. Tiene además, el trabajo una especie de apéndice donde se hace una encuesta, mediante una metodología confusa y sin la presentación del cuestionario que fue usado y, por lo tanto, de ningún valor científico en nuestros días. En la consulta señalada, se exponen las opiniones de personas que trabajaban en algunas de las empresas bananeras de la América Central (este tipo de ente comercial fue el único trabajado por la autora).

La información recopilada es pobre y limitada a contabilizar experiencias personales de trabajadores y, que por lo tanto, no aportan nada concreto sobre la elaboración artística de los textos ni tampoco sobre los problemas socio-históricos presentados en las obras que se estudian.

Ver: Eneida Avila. *Las compañías bananeras en la novelística centroamericana.* Tesis. Universidad de Tulane, 1959.

[5] Ver: Lotman, Y., Uspenskii, G. Mihaychuck, trans B. "On the Semiotic Mechanism of Culture." New Literary History 9.2 1978.

Champagne, Roland. "A Grammar of the Languages of Culture: Literary Theory and Yury M. Lotman's Semiotics." New Literary History 9.2 1978.

[6] La lucha cultural y la transculturación crean una situación de gran desgaste de energías entre los pueblos que las enfrentan. Esto obliga entonces, a que la novela de la región caríbica sea una militante y dialéctica, lo que la convierte en literatura del tercer mundo; por lo tanto, será su escritura una cosmopolita y menos colonizada. Esto conlleva también que LNC representan otro paso de avance en la lucha por la independencia cultural, étnica y socio-política de los colectivos envueltos. Se convierte este corpus novelístico en literatura paralela a la oficial.

Capítulo I

Eco e imagen de una historia inconclusa en el Caribe

La serie narrativa que comprende *Las novelas de las Compañías* fue escrita aproximadamente entre los años que comprenden el segundo tercio del siglo actual. Años que fueron testigos de momentos críticos en la historia mundial, tales como la Guerra Civil española, la Segunda Guerra Mundial, la Guerra de Corea y el desmantelamiento del mundo colonial en Asia, Africa y las Américas. Años conflictivos en la Cuenca del Caribe y que fueron sembrando las semillas de un mundo moderno, más democrático que, en busca de libertad, cuestiona, se enfrenta y batalla contra las viejas estructuras de los imperios europeos que explotaron y subyugaron a sus respectivas colonias en la zona durante siglos. Fue también en estos años que se experimentaron los diversos submovimientos del arte del Vanguardismo; intentos de cuestionamiento de la "verdad estatuaria" de una clase que ha obstentado el Poder socio-económico en el lugar por varios centenios.

En medio de este universo en efervescencia la Cuenca del Caribe, la región media del continente americano, también juega su papel en todos los aspectos de la cultura del hombre. Esta zona es lugar histórico, origen de ambas Américas, área de contingencias donde se han encontrado antagónicamente, desde los tiempos coloniales, lo hispánico y lo anglo. Hoy, el primero es representado por lo latinoamericano; éste, un conjunto de naciones frágiles y el segundo por un poderoso centro hegemónico. La región de la cuenca caribeña se conforma por islas pequeñas y países de tierra firme donde los pueblos -mezcla de diversas etnias[1]- con menor desarrollo económico y de tecnologías, se encuentra batallando contra los intentos del nuevo imperio en el lugar que trata de imponerles de nuevo las lacras del colonialismo.

Los artistas de estas tierras han respondido a esta situación histórica y, dentro de las diversas escuelas estéticas que imperaban en el momento de la escritura de LNC, han aportado lo mejor de su talento para plasmar en forma de ARTE la realidad que vivía el Hombre de su suelo. En respuesta a la situación imperante las producciones de esta literatura narrativa reflejaron en forma discreta y reflexiva su versión del Vanguardismo; y aun, se desplazaron a niveles socialmente más comprometidos que tal Movimiento de arte. Optaron sus creadores por una línea de lenguaje secundario[2] que va marcando como eje central lo social.

Dentro de los dos brazos tradicionales en la elaboración literaria de Latinoamérica -lo formal y lo social-, la producción de LNC se dedicó al Hombre, a las razas, al oprimido, a la búsqueda de lo trascendental para la región y lo continental. De esta manera, sin grandes alardes literarios, se fue gestando un conjunto de relatos, *Las novelas de las Compañías,* que forman hoy un grupo o subgénero dentro de la ya vasta literatura del continente mestizo.

Estas narraciones se han analizado desde diversos puntos de vista en varios estudios y toca para efectos de este capítulo inicial de este trabajo exponer cómo las obras reflejan, a través de la elaboración de sus discursos, algunos de los eventos históricos más significantes que sus sociedades confrontaban al tiempo de la escritura textual. Para ubicarlas dentro de la historia en su momento se observará en esta primera sección las referencias que se hacen en las piezas de aquellas porciones de los sucesos mundiales y regionales que las naciones de la Cuenca del Caribe compartieron en aquel momento. Entre estos eventos sobresalen, muy en particular, el papel del Imperialismo sobre la vida socio-económica de estas colectividades y la desaforada predación por parte de compañías extranjeras -provenientes de la misma tierra imperial- sobre los pueblos de esta zona; siendo esto un hecho notorio en esa época y posteriormente. Lo cual obviamente, afectó profundamente las expresiones de la vida popular con sus correspondientes respuestas. Hechos y réplicas, cuyo estudio trae luz para la comprensión actual de esta parte del mundo latinoamericano tan problemático y tan castigado por el mismo centro de Poder desde hace más de un siglo[3]; y hoy en marcha ascendente hacia su liberación.

I. Breve visión histórica en el inicio de las Compañías en el Caribe
A. Primeros años del siglo XX

A fines del siglo XIX comienzan las primeras incursiones de las modernas compañías extranjeras, tanto en las Antillas como la América Central. Las pequeñas naciones de origen hispánico del área -algunas aún colonias de España[4]- se debatían entre un mundo circundante de gran agitación ideológica, su pequeñez y poco desarrollo estructural y el trascendente hecho histórico del expansionismo norteño[5]. En el caso de Centro América, el ser países de poca población y de grandes distancias -y malas comunicaciones- entre sus centros urbanos claves, donde las condiciones geográficas de su sierra volcánica y dos costas disímiles empeoran todo tipo de enlaces nacionales, además de que han enfrentado un sinnúmero de diversas invasiones, se ha unido todo para crear una situación insular[6]. Detalles estos que enlazan las narraciones de LNC creadas en Centroamérica a las producidas por sus hermanas repúblicas antillanas.

Mientras tanto, las ideas socialistas comenzaban a prender en la región como se deduce de esta cita:

> Dicen que se hará un "movimiento de masas", ¿sabe?, y que se nos enseñará a leer y escribir pa' que podamos dispués aprender el "mensaje" (TG, 48)

Otro personaje se cuestiona el futuro antillano, como en el caso de Cuba, en estado político de inseguridades, tras la primera invasión norteamericana a su suelo en la guerra del 1898:

Dice que es el viejo cuento romántico del campesinado cubano preso entre dos aguas: colonia y semicolonia (Ci, 13)[7]

Aunque en toda la región las condiciones sociales señalaban que "nuestro pueblo sufre una economía-semifeudal"[8], sin embargo, esta situación de aparente pobreza estaba bajo la observación de los hombres de negocios del país del norte, quienes vieron en la zona un paraíso de gran riqueza agrícola y mano obrera casi al nivel de la esclavitud. Ante la ilusión de que estos empresarios traerían el progreso, vuelve entonces a la palestra la vieja discusión ideológica continental sobre civilización y barbarie[9]. Argumentación en la cual Asturias tercia en *El Papa Verde* con estas palabras:

Sólo por ignorancia se designa los países poco desarrollados con los términos de salvajes o bárbaros. (EPV, 251)

Pero los comerciantes foráneos ni se dieron por enterados de estas disquisiciones; ellos eran sólo una parte de la gran fuerza de desarrollo que su nación dejaba escapar sin límites. Era aquélla un vendaval que se cernía sobre el ámbito de la Cuenca del Caribe y que poseía dos ejes como los define otra vez Asturias: "el dólar y otra religión, la del Big Stick".[10]

En los años finales del siglo pasado, ya las grandes potencias europeas se habían retirado de la zona y el dominio descansaba cómodamente, en manos de los EE.UU.[11] Durante la Guerra Hispanoamericana este país había comenzado su política del "big stick" (el gran garrote) que había impuesto una línea férrea de mando en toda el área. Los grandes poderes europeos de esa época, sí, tenían grandes intereses económicos en la región, pero no el poder político ni militar que pasó al nuevo orden. Toda el área estaba bajo un proceso de "pacificación" decretado por el nuevo régimen. La novela *Gamboa* -a modo de una nueva crónica- narra una escena, sobre los inicios de la construcción del Canal de Panamá, donde se describen actos típicos de esas operaciones:

… los soldados del ejército norteamericano, en nombre de la construcción, seguridad y salubridad de la ruta interocéanica, subían a los barcos a meter foete, a diestra y siniestra y, en su defecto, usaban los "clubs". (G, 57)

Esos procedimientos aseguraban que se pudiera dominar el mercado importador de la nueva metrópolis, el que se solidificara una zona de influencia sobre él, absorbiera su producción en provecho del nuevo poder y excluyera la competencia comercial de otros países, ya fuera esto por medios de monopolio o por un sistema de tarifas diferenciales.[12] La mejor forma de asegurar estas condiciones fue potenciar el mando militar; y así se hizo, a partir de la Guerra Hispanoamericana. A ésta siguió una serie de invasiones u ocupaciones a los países comprendidos en la zona, las que duraban por periodos de varias semanas y hasta años. Uno de los países invadido, Puerto Rico, es hoy la única colonia de habla española que aún queda en el continente y una de las últimas en todo el mundo.

Estas incursiones ocurrían de improviso o sino eran la respuesta a algún "llamado" de los gobiernos locales quienes pedían protección contra algún vecino revoltoso.[13] Las intervenciones más importantes en las naciones de la cuenca caríbica, a partir de la guerra mencionada, fueron las siguientes: Cuba, 1898; Puerto Rico, 1898-?; Nicaragua, 1899; Costa Rica, 1900; Guantánamo, 1903; Panamá 1903; República Dominicana, 1904; Cuba, 1906; Cuba, 1909; Nicaragua, 1909; Haití, 1910; Honduras, 1910; Nicaragua, 1911-33; Haití, 1912; México, 1915; República Dominicana, 1916. Es innecesario seguir con la lista, que no termina aquí, pero queda claro que las opciones de oponerse a la política norteamericana anteriormente señalada, no iban a ser toleradas en forma alguna.[14]

Este número de acciones hostiles no solamente garantizaba a la nación norteña el poder militar en el Caribe -que es al Imperio lo que el Mediterráneo a Europa-, sino que aseguraban, a su vez, el camino para la futura construcción y consolidación de una vía tan importante como un canal interocéanico.[15] Este, hasta el día de hoy, es el instrumento de afirmación del control del mercado y transporte de la producción que se elabora en fábricas u otro tipo de ente procesador en el país nórdico.[16] De tanta trascendencia ha sido este desmedido lanzamiento de desarrollo expansionista del capitalismo en la región que huelgan las explicaciones extras. Es un hecho muy conocido como también queda claro el papel que las Compañías iban a desempeñar en un futuro cercano en todo este complejo político-social-económico.

Estos industriales con hambre insaciable por el lucro, respondían a los mismos intereses de sus políticos nacionales y de muchos de los gobernantes de la zona. Tras la invasión militar de casi todas las nueve naciones de origen hispánico de la Cuenca -y la aprehensión de una como "posesión"[17] y de otras dos más con una porción de sus suelos patrios intervenidos[18]-, el dominio Imperial era incuestionable. La retórica para justificar la presencia imperial en el área esta vez - y no se debe olvidar la que servía de palio al gran espolio continental llamado Descubrimiento y Colonización-, era eliminar las posibles intervenciones extracontinentales en las Américas. O sea, América para los americanos.[19] Y que certificaba la exclusión europea, esa Europa que la novela *Over* retrata, anticipándose a los sucesos que luego ocurrirían en la región, así:

> pero yo creo que eso es una invención de Inglaterra para mantener esclavizados a millones de negros que podrían formar una nación. (O, 101)

Pero los nuevos mercaderes tenían que lograr una vía de comunicación y puede decirse que, de cierto modo, se repiten partes del evento trascendente del "Descubrimiento", pero ahora en forma más sofisticada -no menos violenta y cínica-; esto no sólo ampliaría majestuosamente las nuevas sociedades comerciales, sino que coronaría la mejor empresa del sistema: el militarismo.

Nace de esta manera en la historia caribeña el Canal de Panamá. Su construcción y continuos trabajos, que añadían nuevas secciones al proyecto, se alargarían por tanto tiempo que han abarcado un periodo muy significativo en el historial de este siglo y de las colectividades envueltas como se puede colegir de estas palabras:

> Sin embargo, los periódicos anunciaban a Hitler, Stalin y Mussolini; la guerra española y las nuevas obras que se emprenderían en la zona del Canal (LV, 17)

Consolidados todos estos poderes, económico, político y militar, las Compañías -incluyendo la que administraba el propio Canal- se lanzaron a la conquista de mayor extensión de tierras y obtensión de más y mayores riquezas anuales. Los recursos para hacerlo parecían ilimitables, la moral de su ejecución queda explicada por este personaje de *Puerto Limón*:

> Contra ellos despliega todos sus recursos la omnipotente compañía: compra políticos, moviliza a sus hombres apostados en los puntos claves de la administración; azuza la codicia y el temor de los finqueros nacionales; toca a rebato en las columnas de la prensa y con ello logra movilizar contra los linieros la hostilidad de una opinión pública desorientada; organiza provocaciones dirigidas a empujar a las fuerzas policiales a la masacre, deja caer su dólares aquí y allá con parsimoniosa sabiduría; promete, amenaza, miente, deslumbra... (PL, 184)

Para lograr todo este dominio las Compañías alcanzaron el control de un gran porcentaje de los medios de comunicación, tal como dice un actuante de *Tilín García*: "dominando esa salida de ferrocarril, no se podrá traer caña de ningún lao, ..."[20]; o sino, se manejaban los medios periodísticos y noticiosos e inclusive elaboraron "libros explicativos"[21] sobre las bendiciones que recibían "los países huéspedes" de las empresas transnacionales. Todo esto trae una situación de circularidad a lo histórico o de reversión de sus procesos, ya que las corporaciones volvieron a traer al área la condición de plantación que había dominado en la zona desde el 1680 hasta el 1880, y que aparentemente, ya se había superado por una economía de minifundios o de pequeños campesinos.[22] Pero este revertir no se limitó sólo al uso de la tierra sino que se movilizó, por segunda vez, la trata de esclavos negros. Ahora no había que buscarlos en Africa, el mismo Caribe ofrecía gratuitamente material para ser dispuesto de inmediato. Se trajeron negros de las Antillas bajo unas condiciones laborales que no tuvieron nada que envidiarle a la antigua y forzada diáspora de la esclavitud. Al controlarse los recursos de comunicación por las transnacionales, los pequeños agricultores que aún quedaban libres del emporio quedaron como satélites dependientes de la compañía extranjera. Se fue gestando un caso insólito de nueva colonización y ahora de tipo empresarial.

Con gobiernos dictatoriales y totalmente corruptos, sin ningún tipo de ley que pudiera proteger a los obreros y con las empresas comerciales en poder de los medios mencionados de comunicación: carreteras privadas, telégrafos, teléfonos, red de trenes y una flota de barcos -la famosa línea Blanca- presentada en varias de las novelas de la serie de las compañías-, la suerte del proletariado estaba en situación precaria, aunque no exenta de lucha. Se lee entonces, lo siguiente en *Los ojos de los enterrados*:

...con eso de la huelga quieren tumbar al gobierno y poderle a la Compañía
Frutera, a la Empresa Eléctrica y al Ferrocarril. (LOE, 197)

Con estos controles a su disposición, la compra de malos gobernantes y el respaldo de la marina del ejército de su país, las Compañías muy prontamente, adquirieron un poderío que empañaba el mismo de los gobernantes que permitían sus negocios. Las decisiones nacionales se hacían en combinación con la embajada representadora del Imperialismo. Si un presidente -de las llamadas despectivamente, "Banana Republic" por ese mismo Poder extranjero- dejaba que los pruritos de conciencia lo hicieran titubear ante el empuje de los obreros, quedaba un último recurso, "pedir" ayuda al exterior para solucionar el problema de violencia interna. Los soldados "marines" -se mencionó ya algunas de las intervenciones que han llevado a cabo en este siglo XX- no tenían que pasar mucho esfuerzo para llegar al lugar de los hechos, ya que en Europa se libraban para ese tiempo importantes campañas bélicas como las Guerras Mundiales y la Civil Española y, por lo tanto, los gobiernos centroamericanos y del Caribe permitían a aquel ejército todo tipo de operativos en sus suelos y aguas adyacentes; a modo de salvaguardar una democracia que ellos no practicaban. Otra vez vuelve Asturias, con actitud preocupada, a recrear hechos casi increíbles:

> ...cuál será la actitud de los efectivos acantonados en las bases norteamericanas, cedidas por el país, en concepto de país aliado, frente a una huelga general revolucionaria,... (LOE, 223)

Era tan insólita esta situación que, a veces, los mismos nacionales no podían identificar los límites de su propio país:

> ...porque los soldados gringos estaban de maniobras en Manteca, Cerro Viento y Cerro Batea, lugares muy lejanos, en donde los cazadores nunca saben si están en la reserva militar de Curundú o en jurisdicción panameña. (Cu, 78)

Bajo el poderío corporacionista la masa obrera vivía subyugada, hasta el grado de que algunos autores la presentan a un nivel de animalización como se hace en *Viento fuerte*:

> ...lo que nos hace morir, lo que nos enferma es la desesperación de un vida de fieras que se pasean en su jaula! (VF, 41)

O sino, se describe con realismo impresionante las condiciones en las cuales trabajaban como se hace en *Mamita Yunai*:

> Piernas enfermas, piernas hinchadas, piernas deshechas, todo lo pudre el suampo del banano. (MY, 51)

Pero en estos días nuevos vientos ideológicos rondaban por el globo. Comienza entonces el proletariado a enfrentarse a la explotación extranjera en las regiones de la América media. Los medios para lograrlo variaban en las dos áreas. Esto, precedía un recurso que conllevaría un enfrentamiento más directo con el patrono: las huelgas.

En Centro América esas mismas huelgas se representan como una lucha dual contra el abuso patronal y contra la dictadura; ésta, aliada y sostenedora incondicional de las Compañías del exterior. El confrontamiento acaecido en la zona centroamericana resulta más violento en su exposición al lector de LNC que el que se representa al otro lado del Caribe. De una parte, la crueldad de los tiranos de la América Central parece sobrepasar la de sus colegas antillanos; por otra, el interés en el Canal de Panamá trae una consigna superlativa que permea todas las relaciones que se generaban en la zona.[23]

Es innegable que los problemas del canal han sido siempre de importancia tan absoluta que dejan de ser nacionales para convertirse en internacionales. Hasta los extranjeros que vinieron a trabajar en su construcción temían a las operaciones que se llevaban a cabo allí:

> Lo encontró en Puerto Limón y se asociaron. Ambos andaban en el mismo negocio. Proporcionar a los infelices italianos y españoles que trabajaban en la construcción del canal de Panamá el medio de evadirse, de no dejar sus huesos a lo largo de los caminos de hierro en construcción, ya blancos de esqueletos,... (EPV, 241)

En todas las narraciones se relata el que la tradicional triple alianza en el mundo latinoamericano, incluidos la clase latifundista, el clero y el ejército, hizo todo lo posible por detener el movimiento obrero naciente; pero el intento fue improductivo. Para esta ocasión el mundo entero, mundo entre las dos grandes conflagraciones mundiales, se encontraba en continua inquietud, y la organización del proletariado pudo lograrse; fue a sangre y fuego, pero se logró.

En este momento jugaron papeles muy importantes para la organización obrera, es una ironía, tanto los escritos socialistas que provenían de la URSS como las diferentes manifestaciones ideológicas provenientes de los EE.UU. Este, al estar más cerca de la región, podía ejercer una gran influencia en el mundo de las ideas.[24] Eran tiempos de gran significación en la historia mundial, no sólo los escritores progresistas ponían en ejercicio su influjo sobre los movimientos del proletariado sino también, se llevaban a cabo innumerables acontecimientos de la humanidad -en evolución hacia el futuro- que ocurrían alrededor del globo. Fueron eventos tales como, las Revoluciones Mexicana y Rusa y las Guerras Mundiales, por mencionar sólo los que afectaron a modo de chispa inicial, los nuevos cambios que habrían de ocurrir en el área caríbica.[25] Todos estos sucesos sirvieron de escuela a las mentes lúcidas y de vanguardia de las zonas ístmica y caribeña.

Al unísono que emergían los grupos que trataban de concientizar al obrero también se cuestionaban profundamente, valores importantes de la burguesía criolla.[26] Uno de los ejemplos más importante, dentro del conjunto de piezas literarias que componen este estudio, es el presentado en *La llamarada*, la cual dedica gran parte de sus planteamientos y argumentaciones al concepto de la tenencia de tierra. Valores que eran también discutidos por la sociedad al tiempo de la escritura de la obra. En una de las digresiones en dicha obra se dice:

> ...se van acabando los ricos de antes, así se va debilitando el nervio insular... (L ll, 117)[27]

Todos estos eran elementos de la ideología de la vieja clase terrateniente, y fue imperativo que se abriera paso a un pensamiento social más dinámico que representara nuevos valores. Una nueva visión cobró vida entre los que favorecían el patriotismo regional o regionalismo económico.

Es el instante en que la imagen del campesino y el proletariado pasan a primer plano en todo el orden social. Sus sufrimientos son narrados ahora en las obras literarias desde todos los ángulos posibles. Se recrean sus vidas dentro de un espectro que abarca desde la auténtica y responsable discusión argumentativa de los problemas de clase hasta la representación del personaje melodramático que sirve solamente, como fórmula para llenar un espacio ficcional; en otras palabras desde el hombre con problemas trascendentales hasta un campesino folklorizado.

Estas nuevas formas de visualizar la realidad social van dando paso al populismo que fue un movimiento político de tipo masivo, y al que se podía rastrear sus raíces en el nazi-facismo europeo. Este populismo encajaba perfectamente en la América Latina, ya que en el fondo quedaba aún la vieja imagen de la sociedad rural en estos casi dos continentes; aquella imagen de la fuerte figura masculina irradiando poder; era la misma del viejo patrón ante los peones ahora llamados seguidores; esto fue el "caudillismo"[28].

Junto a esos movimientos paternalistas hacia las masas, discurría otro que se movía hacia la raíz de los problemas que generaban tanta inestabilidad social, era el de los llamados radicales.[29] Estos fueron los que buceando en los problemas del colectivo dieron una nueva visión a los planteamientos sobre las contradicciones en la sociedad, y fueron preparando a la vez, el camino para la actual, dividida y altamente politizada Latinoamérica de fines de siglo.

Estos pensadores radicales dieron base a una nueva manera de presentar la literatura. A estos nuevos giros se los llamaría el realismo enunciador y el realismo social latinoamericanos.[30] Movimientos que habría que ubicar históricamente en sus momentos iniciales -y es una ironía- con los escritos de Domingo Faustino Sarmiento; ya que él rompe con el romanticismo-costumbrismo para dar comienzos a una literatura que busca el cambio social, lo cual la coloca dentro de los parámetros del realismo-social.[31]

Pero mientras la vanguardia de los intereses proletarios afianzaba, adelantaba y generaba dialécticamente nuevas posiciones, el Imperio no detenía tampoco su marcha histórica. En el ínterin, a nivel militar-estratégico, la América Central y el Caribe eran considerados por los especialista en técnicas militares norteamericanas como las "líneas de menor resistencia de Latino América".[32] Pero es en Panamá[33] con su Canal, que no es otra cosa que "el latifundio vital y estratégico de los E.U. en la América Latina"[34] o mejor aún, "una Compañía" que responde al extranjero para servirle "en sus necesidades de expansión industrial y comercial en el Universo",[35] donde el confrontamiento adquiere el sentido de un pueblo en lucha no sólo contra una empresa comercial abusiva, sino también contra el ejército invasor que la protege:

> Para lograrlo aplican los mismos métodos técnicos y disciplinarios de su conquista. Las sanciones severísimas. El orden militar. Las regiones prohibidas. Zonas exclusivas para los hombres que no pertenecen a su raza, a su lengua y a sus costumbres. (Cu, 179)

Para la construcción de este canal se trajo gran número de antillanos de las colonias inglesas cercanas, hombres que al término de sus "contratos" quedaron desamparados y culturalmente desubicados.[36] Son los llamados "chombos" que añaden otro problema más a la nación ístmica; ya llena de soldados y extranjeros venidos tras la codicia; y estos últimos, se aprovecharon muy bien de la desorganización interna que acompañó la edificación del canal entre los dos océanos. Es aquel chombo uno de los mejores representantes del hombre caribeño: las más de las veces de mezcla racial[37], obrero explotado y etnia aún en estado de ubicación social ante la explotación y sujeción a un poder extraño. Pero este grupo racial no es el único problema social que tiene que afrontar Panamá. Son otros muchos más como el engaño de las tropas a muchas mujeres a quienes abandonan al primer aviso de preñez:

> Hay miles de niños, hijos de gringos cuyos padres nunca han sido castigados. (G, 29)

Y se suma a todo este complejo, la enorme cantidad de prostitutas que llegaba al suelo nacional de todas partes del mundo para servir a los soldados acantonados en el lugar y a los hombres que trabajan en las construcciones. Un personaje se refiere al respecto:

> Ellas son el filtro más potente que atrae los dineros de la soldadesca y de los civiles de la Zona, a los canales del comercio en la Avenida Central. Nos libra de la necesidad de hacer turismo. (LV, 177)

Trae esto nuevas mezclas raciales y mayores problemas al colectivo. Y toda esta gente acorralada se va moviendo a la capital -de igual manera que en las plantaciones de caña y bananos los proletarios abusados se mudan a las ciudades cercanas- en busca de un futuro; ya alejados de lo rural o canalero. En medio del caos las diferencias campo versus ciudad se recrudecen como puede observase con las siguientes palabras:

> Crees que en la ciudad vive una sola clase de hombres: los grandes,
> y los juzgas como juzgas a los poderosos; eso es absurdo. (PV, 39)

B. LNC: voz de conciencia de la historia moderna de la Cuenca

Se hacinan los trabajadores en los lugares donde puedan ubicarse, lo cual va generando otra situación antagónica que se suma a todas las ya enumeradas. La historia moderna del ámbito de la Cuenca del Caribe va tejiéndose lentamente y, como si fueran una supranarración, *Las Novelas de las Compañías* van exponiendo acompasadamente toda la génesis de esa procreación a modo de un discurso dialógico de esta área del Caribe.

Estos pueblos emergentes[38] dan un salto histórico a lo citadino; las grandes urbes caribeñas comienzan a gestarse. Es un moverse lleno de conflictos sociales producto de la confusión y la desorganización de naciones no preparadas todavía para los cambios que estaban viviendo, a la vez que sufren una intervención social, económica y militar. Queda sintetizado esto en la trágica cita de la siguiente narración; la cual retrata las acciones de un grupo de niños abandonados al azar:

> Levantan ampollas de vergüenza la oscuridad de cuerpos tiernos reclamando placer y locura... Se agarrán y se besan, niños y niñas. El alcohol les revuelve toda la hiel escondida de los hombres primitivos. Se menean ebrios, cuerpo a cuerpo, en un mundo de ferocidad y se revuelcan por el suelo, en jadeo baboseante de aguardiente, incitados al placer por el recuerdo de escenas nocturnas que nadie les niega ver. (LV, 52)

Los obreros cansados de las promesas de las compañías, no quieren volver al antiguo lar y ahora invaden los bordes de las ciudades grandes. La cita anterior -una de las más patéticas en LNC- retrata una escena que no es muy extraña de las que suceden en los barrios populares urbanos día tras día.

La formación de estas comunidades fue un factor de gran relevancia, ya que no sólo cambió lo que se tomaba como típica población latinoamericana -una con mayor densidad en las áreas rurales que en los pueblos-, sino que también crean estos últimos, el ámbito donde se mezclarán las diferentes sociedades étnicas. La descripción a continuación puede dar idea de algunas de estas combinaciones raciales:

> El negro era bajo profundo y cuando entonaba cantos misteriosos, con palabras en zambo y caribe, no necesitaba de acompañamiento. (Co, 88)

'Estos colectivos son núcleos que se compenetraron por primera vez en los suelos de las compañías, y que ahora van a volver a mezclar sus vidas en los poblados "marginales".[39] Este es el inicio de lo que hoy está en fermento como la cultura popular emergente de las comunidades proletarias de Latino América. Estas comunidades, que actualmente son una bomba de tiempo respecto a los inminentes cambios sociales que la colectividad caribeña (y toda América Latina) demanda, son retratadas fielmente en la obra *Luna verde*:

> Cuartos solos, tristes, lentos, cálidos y recogidos en enigmática pobreza de dinero y miseria. Luz de roedores, lentes de telarañas, vaho asfixiante, pringos de manteca, motitas de hulla eructadas en columnas de fuego por la Planta de Gas. Miseria, chisme, enfermedades, sexo y ropas de mil colores. Eso es un barrio proletario. (LV, 13)

Los grupos se iban mudando lentamente y procedían de diversos lugares de toda la cuenca caríbica. Ofrecían sus servicios a cualquier postor:

> En diciembre la sierra se puebla de agitación inusitada. Millares de operarios llegan de todas las regiones del país ofreciendo sus brazos. (LE, 25)

Si el viaje no ocurría dentro del mismo país lo era entonces a nivel internacional, aunque hubiera un riesgo legal en la mudanza como se desprende de este comentario:

> En cualquier goleta nos podemos introducir en Puerto Rico. Allí nos proporcionaremos papeles como súbditos americanos; y ya tenemos las puertas del mundo abiertas! (O, 217)

Los sueños no abandonan las mentes de estos hombres que recientemente habían recibido la desilusión de las compañías, las que sólo buscaban su explotación. Ya, aparentemente independientes del Poder de las corporaciones extranjeras, estos pueblos continúan su marcha hacia nuevas etapas de este complejo mundo de la mitad de las Américas. Pero tal independencia fue en apariencias. El Poder extranjero no iba a ceder las fabulosas riquezas que ha obtenido y obtiene, tan fácilmente, de esta sección geográfica americana. El encuentro entre las dos facciones protagónicas y la resolución a esta importantísima parte de la historia de la región está aún por dilucidarse.

Terminada esta corta visión de algunos de los eventos más importantes de la primera mitad del siglo, que LNC recrean sobre el mundo de la Cuenca del

Caribe, debe pasarse a la discusión de algunos elementos de creación intelectual y artística en esta zona; los que se iban desarrollando durante ese mismo tiempo y cómo se relacionan las narraciones con ese cosmo de creatividad intelectiva.

II. El estado ideológico-cultural y artístico en la Cuenca del Caribe

A. Debates ideológicos en Centro América y el Caribe

En el mundo socio-histórico que se ha presentado hasta ahora, no hay que dudar que el estado de las discusiones culturales era uno de efervescentes y acaloradas argumentaciones. La América Latina ardía en planteamientos que respondían a su traumática situación política y a las concepciones sobre la identidad americana. Este problema ha hincado como aguja la conciencia americana por largo tiempo, y es entendible esa justa preocupación en pueblos tan jóvenes. Los movimientos filosóficos y culturales se fundamentaban en las principales escuelas europeas, las cuales imponían su presencia no sólo por su producción sino por su edad y relación histórica con el continente; pero cada vez eran más fuertes las voces que clamaban por interpretaciones que respondieran a los problemas y realidades continentales. Una de estas voces fue la de José Carlos Mariátegui quien escribió:

> El criollismo no ha podido prosperar en nuestra literatura, como una corriente de espíritu nacionalista, ante todo porque el criollo no representa todavía la nacionalidad.[40]

Ante la cita y el prestigio de este ensayista, es evidente el grado de preocupación y discusión continental sobre esa identificación cultural de que se habla. Amén, de que queda claro en sus palabras que lo criollo[41] no es el mejor representante de esa nacionalidad. No se debe olvidar que junto al Modernismo se elaboró, paralelamente y en muchos lugares, una serie narrativa, la de "la novela criolla". Relatos que centralizaban sus nudos organizativos alrededor del típico señor (¿feudal?) ahora latinoamericano -no de extracción hispánica-, quien convivía en su hacienda entre indios o negros (dependiendo la zona de la región caríbica donde se dasarrollaba el asunto novelístico).[42]

Esta serie narrativa antecedió inmediatamente a *Las Novelas de las Compañías*; aunque hubo un grupo de relatos que sirvió de puente entre los dos universos artísticos, al cual se lo llamará por ahora, "los defensores de la heredad", ya que enfrentaron sus plumas ante los embates desproporcionados del Imperio y sus aliados nacionales.[43]

Toda esta situación denota una serie de alegatos y debates repecto a la lucha contra el colonialismo cultural; éste, todavía estaba prendido en el corazón de los hombres -no obstante los lazos coloniales con Europa estaban rotos-, dado el caso de que aquel colonialismo había sido reforzado posteriormente, por los intereses internacionales de las Compañías que "convivían" en los suelos patrios en gran amistad con la vieja ideología burguesa nacional. Dice Carlos Fuentes sobre esa dependencia cultural:

> "hasta hace poco el escritor de Latino América tenía dos traumas: ser universal (entiéndase Europa) o nacional (con temas sociales ya tratados por otros en Europa y, por lo tanto, el fondo sería provinciano y la forma anacrónica)".[44]

La cita se presta a discutir sobre ese mundo intervenido y apresado entre dos aguas. LNC tratan de evadir esa aguas sujetadoras; y que lo fueron para muchos. Pero no todos eran ideas o abstracciones relacionadas con la identidad cultural; desde los EE.UU. llegaban otras influencias que afectaban principalmente a los trabajadores. Dice el ensayista hondureño Rafael Heliodoro Valle:

> ...la revolución industrial en los Estados Unidos creció... y las reformas sociales emprendidas... por el presidente Franklin Delano Roosevelt, tuvieron que repercutir visiblemente en la vida centroamericana,

removiendo el sustrato popular e instigando en los obreros el deseo
justificado de mejorar sus condiciones de vida...[45]

Todo ese universo de ideas se debatía en los límites de la Cuenca del Caribe
donde imperaban por un lado las visiones que se tenía sobre la esencia del hombre,
y por otro se buscaban soluciones a la precaria condición socio-económica que
dominaba en el lugar.

Todas estas posiciones y argumentaciones permitieron señalar, al fin, la
importancia de los grupos que componían los trabajadores, todos miembros de
diferentes razas; aquéllos, excepto el que representaba a la clase privilegiada,
siempre habían quedado en un limbo cultural, casi en un plano de innombrables.
Era el trabajador el tuétano de la sociedad constituida. A las poblaciones indias y
negras les tocó un turno de preponderancia; ambas representadas por millares de
hombres de estas tierras, a veces la mayoría de la población, pero siempre
ignorados. Con este mismo interés fue que se les presentó en *Las novelas de las
Compañías*, como parte integral y de peso en el conjunto total de la nación.

Desde los comienzos de la colonización las comunidades indígenas tuvieron
que acatar las nuevas doctrinas españolas, y para sobrevivir trataron de huir o
mantenerse en las sierras, lugares totalmente despoblados, donde no estarían tan
expuestas a los peligros de los cazadores de hombres. El hambre y las necesidades,
junto a imposiciones imperiales, les obligaron a volver por temporadas a las
costas. Aquí, por decretos y luego por tradición, fueron la principal fuerza obrera.
Su importancia como seres humanos se relegó a su capacidad física para cargar
pesos. Un europeo se expresa sobre el indígena, en uno de los relatos bajo estudio,
de la manera siguiente:

...los españoles saben que cien espaldas de indios cargan mejor que un
camión, y no les cuesta nada. (LOE, 64)

En muchos lugares a la suerte de los grupos indios se la llamaba "el problema indígena"[46]; pero a pesar del sistema de castas, la presencia del grupo era imperante traerla, cada día más, a un primer plano. La polémica sobre el origen cultural pasó a ser con esta etnia una sobre el status de derechos humanos.[47] La presión de los sectores proletarios empujaba ideológicamente estas posiciones. Y he aquí uno de los logros humanos más significativos relacionados con estas controversias.

La segunda raza, la negra,[48] con grupos mayoritarios de población en el Caribe, pero no por esto de poca importancia en el Istmo, sufría la misma situación histórica. Pero estas poblaciones, conocidas popularmente como "la carne de trabajo", ya comenzaban a batallar por los derechos en favor del obrero y la búsqueda de sus raíces culturales en esa parte del continente.

No se puede dejar de mencionar una tercera posición que también aplicaba a la cuestión indígena, y que se preocupaba por estas sociedades como un problema "cultural"[49]; reduciendo así toda la importancia humana del conflicto a una de naturaleza antropológica.

En ambos lados del Mar Caribe pronto comenzó a dilucidarse que la solución a los problemas proletarios y étnicos no podía ser planteada en forma separada ni tomarse como asunto temporero, independiente de la nación o como de tipo "cultural" o folklórico. Inmersas en estos criterios, *Las novelas de las Compañías* visualizaron estos grupos sociales dentro de los esquemas ya discutidos, y fueron una fuerte voz en su defensa; hoy lo atestigua la historia. Todavía lo son, el drama social no ha concluido. Debe pasarse ahora a la escena literaria de aquel momento y su visión sobre las etnias en este conflictivo mundo de la parte geográfica media americana.

B. La creación literaria y lo étnico en América Central y el Caribe

En la región comprendida en esta investigación es obvio que, al imperar gobiernos autoritarios o de pobre calidad en la representatividad de sus pueblos, a los literatos no se les facilitaba su trabajo; en el caso de que se les hubiera permitido vivir en el país. El exilio o el ignorarlo como entes de peso en la sociedad, fue algo tan común que en el caso de los autores envueltos casi podría decirse que no hay una excepción.

Pero dentro del espíritu de lucha social y cultural que se ha ido relatando hasta aquí, los escritores jugaron un papel primordial. Asturias, por ejemplo, creía que era el momento de que la narración del área tomara un papel de importancia, el que antes perteneció sólo a la poesía. Y no sólo en término de la narración, sino que él consideraba la literatura como algo que es "vida", y la mejor forma de utilizarla es como instrumento para representar la de estas tierras.[50]

La poesía no por esto puede quedar relegada en este momento, ya que el Antillanismo[51] -como movimiento poético dentro del Vanguardismo, para esos días- creaba muchas de sus mayores obras en dos de sus figuras cimeras, Nicolás Guillén y Palés Matos. Tanto en la narrativa como en lo poético, el elemento social que preocupaba primordialmente en otros órdenes intelectuales también estuvo presente aquí, en especial para Guillén.

LNC no están ajenas a las producciones estéticas de estas escuelas y en sus páginas se recrean sus giros como es el caso de Laguerre, quien dice:

Pío Pachú, un viejo ágil, aprieta la vida en un salto y la reduce a un grito. ¡Pío Pachú! ¡Viva Pío Pachú! Pío Pachú no es ningún chamalungo. Pío Pachú no es ningún mongo. Se suelta la serpiente, se suelta... (L ll, 212)

Estas líneas recuerdan versos del famoso poema de Nicolás Guillén, *Sensemayá*, escrita en el 1934:

|Mayombé - bombe - mayombé!
Mayombé - bombe - mayombé!
La culebra tiene los ojos de vidrio;
la culebra viene y se enreda en un palo;[52]

En unión a esta interpretación de lo negro y su ámbito cultural en la literatura de lengua castellana de la cuenca caribeña[53], se desarrollaron literaturas en otros idiomas, principalmente inglés y francés, con interesantísimos trabajos en la misma línea de pensamiento que la discutida en *Las novelas de las Compañías*; o aún, en una de mayor combatividad como es el caso de la literatura de la Negritud.[54] Este movimiento de origen afro-europeo fue mucho más allá de lo puramente literario, e incluyó muchos aspectos que pertenecen a otros campos socio-estéticos. Además, presentó un frente de lucha política que sobrepasó en mucho al del Nativismo o Antillanismo -movimiento que fue producto del populismo mundial-; el cual se limitó mayoritariamente a elaborar sobre la estructura de lo artístico. En EE.UU. hubo otro movimiento paralelo, el que fue conocido como Harlem Renaissance.

Otro interés literario, cuyas raíces nacieron en el siglo XIX, fue el indigenismo[55]. En la literatura indigenista se buscó no sólo la denuncia de los problemas raciales, sino también se fue tras la búsqueda del pasado, de lo radical, de tratar de sentar unas bases sólidas que fundamentaran la identificación cultural del hombre latinoamericano.

La literatura castellana continental generalmente ha tomado los temas indígena y negro como si fueran los únicos grupos raciales con los cuales lo blanco tenía conflictos; pero *Las novelas de las Compañías* expanden, todavía más, ese espectro de razas. No se abundará mucho sobre este aspecto en estos momentos, ya que el capítulo que continúa a éste se ha dedicado a lo racial, pero se pueden anticipar algunos datos.

Es conocida la gran importancia de Asturias como recreador de todo el mundo indígena maya-quiché, pero en las obras que conforman a su *Trilogía* no sólo dedica importantísimo espacio textual a estos grupos, sino, al igual que otros autores del conjunto que se investiga, expone con gran amplitud otros colectivos étnicos. La *Trilogía*, llamada "novela río" por su extensión e importancia literaria, tiene ilimitados confines para presentar no solamente las diferentes culturas y sus cosmos, sino que también hace uso de estas sociedades para orquestar en forma magistral la composición de la novela. Fluyen los textos del indio al negro, al mulato, al mestizo, al oriental, oscilando de unos a otros y enriqueciendo, a niveles de lenguaje secundario, los tejidos narrativos e ideológicos. Pero no es Asturias el único interesado en las etnias, la narración *Cosmapa* -como se verá en su momento dado- centra parte de su producción alrededor de lo indígena; pasando a ser un legado trascendente a la nación nicaragüense. Beleño,[56] en su *Trilogía* canalera, dedica mucho de su creación al chombo negro, hombre venido al istmo desde las islas caribeñas. En casi todas las demás narraciones de esta familia ocurre idénticamente igual. Así puede observarse que en lo relativo a las razas, no sólo la blanca jugaba un papel fundamental en el momento, contrario a la literatura criollista que antecedió a la producción de LNC y los demás movimientos literarios anteriores (exceptuando el indigenista y el antillanismo). Creaciones que nuclean sus ejes narrativos alrededor del hombre de origen europeo.

Fueron estos hechos los que maduraron los momentos que se viven en la actualidad en el mundo hispanoamericano, fue el nacer del hombre nuevo; proceso que aún está en etapa de desarrollo vital. Siguiendo así, una vieja tradición de los escritores del continente, la creación ficcional de este momento de la historia tomó papel de voz ensayística. La búsqueda de lo fundamental en las culturas que han dado origen al latinoamericano y la defensa del proletariado, se enlazaron en la elaboración de LNC para crear una organización de lo tramático que sería al mismo tiempo, voz denunciadora[57] e imagen icónica de todos estos problemas hasta aquí discutidos. Fue una literatura que se introdujo entre los intersticios que el Sistema dejaba ya en libertad, tras su rígida estructura del pasado, para aprehender valores y ser voz auroral de una nueva sociedad que se venía gestando históricamente. Por lo tanto, uno de sus propósitos fue la condena del neocolonialismo, de la penetración cultural, económica y militar extranjera, de los gobiernos corruptos y la dictadura. Un protagonista de *Los ojos de los enterrados* dice:

> El "viento fuerte" que ahora empieza aquí, aquí en esta plaza, que lo oigan los que deben oírlo, no viene a barrer las plantaciones, sino a hacer justicia...! (LOE, 474)

La literatura toma el papel de voz de las culturas. Estas, como guardadoras de la conciencia social atesoran en los textos literarios parte de lo que el colectivo considera indispensable y fundamental para dar al conjunto unidad como ente socio-étnico.[58] La obra creativa literaria se convierte en algo más que entretenimiento, ficción y arte por el arte. Surge como náufraga en un mar de muy turbulentas aguas. Si hay que considerarla como voz responsable ante la situación imperante, esto la obliga moralmente a tomar una línea parcializada en favor de millones de hombres. La suerte de estos se vio como un problema ético para el arte. Por tal motivo, este capítulo que ubica histórica y culturalmente al lector sobre esta región del Caribe, abre la exposición de un grupo de obras comprometidas con la elaboración del arte literario como instrumento al servicio de sus pueblos. Se analizan tales relatos desde una perspectiva que trata de recobrar estas voces históricas regionales y continentales que hablan sobre sus dolidos pueblos. Otra vez es la vieja disputa en relación a la función del arte, entretener o moralizar; es la vetusta argumentación sobre la ficción o la realidad en el arte. Estas palabras de García Márquez, que cierran esta sección, dan una versión al respecto:

> En síntesis, los escritores de América Latina y el Caribe, tenemos que reconocer, con la mano en el corazón, que la realidad es mejor escritor que nosotros.[59]

Notas

[1] "Fuera del área caribe, difícilmente hay otra región en el mundo que esté caracterizada por tan gran número de idiomas diversos; se hablan, hasta lenguas de regiones muy distantes del Asia como el javanés, chino, hindi. Desde los primeros días del "Descubrimiento" llegaron negros, pero sólo se "habla" parte de estas lenguas en ceremonias religioso-congregacionales".

Mathias Perl. "Panorama lingüístico de la región del Caribe." Santiago 52 (1983).

[2] Ver: Juri Lotman. *The Structure of the Artistic Text.* Ann Arbor: University of Michigan Press, 1977; donde quedan explicados sus conceptos sobre el lenguaje primario o natural y el lenguaje secundario que es el que encierra semánticamente, toda la riqueza polisémica de la obra de arte.

[3] En 1825 Centro América obtiene su independencia de España y ese año, ya tiene que firmar un tratado comercial con grandes desventajas con los EE.UU. En 1855, el conocido bandolero William Walker, llega a Nicaragua con un grupo de filibusteros. Un año después, con la ayuda de grupos de la sociedad hegemónica del país, logra escalar la posición de la presidencia nacional.

[4] Cuba y Puerto Rico todavía luchaban por su independencia de España.

[5] La expansión de los EE.UU. sobre el Pacífico y el Caribe fue corolario de su previa expansión sobre México a mediados del siglo XIX.

[6] Fue Centro América, dentro de la gran nación Latinoamericana, el lugar donde se encontraron continuamente las culturas hispánicas e inglesa. Opuesta a la unidad histórico-política que hubo en casi todo el continente, por el contrario, en la parte media americana se discutía y peleaba centímetro a centímetro cada palmo de tierra. El mar Caribe era un portal muy valioso a todos los imperios europeos para cederlo fácilmente a sólo un contrincante; cada país era un potencial bastión o "isla" de abastecimiento. Tras el triunfo burgués de la Inglaterra de 1649, dirigido por Cronwell, pronto su gobierno da "apoyo oficial" a variadas empresas de rapiña colonial (corso y piratería). Lo que se tradujo, tras esa revolución, en un exitoso esfuerzo por controlar el mercado internacional de productos coloniales. Mas sin embargo, ya el Caribe estaba bajo la lupa del creciente imperio inglés. En 1561 John Hawkins había iniciado el contrabando de negros en el área. Las consecuencias de la situación histórica descrita, todavía afecta a los pueblos del Caribe.

Ya para el el siglo XVII, Jamaica había sido convertida en el principal centro de contrabando en la zona. Como enclave inglés tuvo una importancia que dura hasta nuestros días. Si se considera que Panamá, el gran centro medio de comunicación entre los dos gigantescos continentes, estuvo tan mal atendido y protegido que no tenía comunicación terrestre con sus vecinos de la América Central ni tampoco con Colombia, no es de extrañar que los imperios europeos rondaran por estos lares, buscaran aliados y trabajaran afanosamente, para obtener ganancias de tierra o personajes en su favor. De tal manera, ocurrieron en la región eventos tales como la coronación en 1687 del primer rey miskito, Jeremías I, acontecimiento que no ocurre en Centro América sino en Jamaica; ceremonia que todavía es foco de mofas. Pero lo que queda claro de toda esta comedia histórica, es la sujeción de estas tierras de la Cuenca caribeña a los dictámenes de intereses que son totalmente diferentes a los del área; además de la utilización de unos suelos en beneficios de otros vecinos como si todos fueran meros salones de palacio; sin dejar de olvidar que hoy día, en EE.UU., se la llama a toda la región de la Cuenca del Caribe: "our backyard" (nuestro traspatio).

[7] Cuba logró su independencia en el 1902, pero con una enmienda en su constitución -la enmienda Platt- que concedía a EE.UU. el derecho de intervenir en los asuntos del país. Estuvo en vigencia esta pieza "legal", de obstinada calidad neocolonial, hasta el 1934.

[8] O, p. 62.

[9] Se hace referencia a uno de los puntales ideológicos que se discute en la obra *Civilización y barbarie: vida de Juan Facundo Quiroga* de Domingo F. Sarmiento, escrita en 1845.

[10] EPV, p. 338.

[11] La preponderancia de los EE.UU. en el Caribe se afianzó tras el tratado Hay-Panceforte, donde Inglaterra renunció al derecho de construir un canal interoceánico junto al país norteño. En esta forma, el control del área quedaba ahora en manos de éste. Así, a este país le tocó: erigir el canal de Panamá, imponer protectorados, hacer supervisiones financieras, tener dominio de las regiones marítimas y adquirir estaciones navales.

[12] En la famosa revista centroamericana de literatura e historia Repertorio Americano, hay diversos ensayos que discuten ampliamente esta situación, la que obviamente afectaba a todos y que en aquel momento era tan candente; algo no muy alejado de la situación actual. Uno de los artículos mejor documentado es:

Américo Lugo. "Asunto de las Antillas." Repertorio Americano 7.10 (1924).

[13] El recurso de aparentar ataques de un país por otro fue muy usado en toda la región. Así, el país Imperial salía en defensa del "invadido" y se facilitaba diplomáticamente la operación. De esta forma, las tropas "defensoras" podían entrar "legalmente", ante la opinión mundial, en el territorio que fuera necesario y satisfacer los intereses del Imperio.

Como se trata de presentar en este estudio, estas situaciones de política internacional en la Cuenca del Caribe no venían aisladas de la presencia de las Compañías en la zona. *Las novelas de las Compañías* se convierten en una voz moral de su suelo y, aún hoy, de la época.

[14] De igual forma, esas invasiones no han terminado en los días actuales, se pueden se pueden mencionar algunas muy recientes: Guatemala, 1954; Bahía Cochinos (Cuba), 1961; República Dominicana, 1965; Granada, 1983; Panamá, 1989; y en los periódicos se discute y se está a la expectativa de la próxima, sin gran esfuerzo para adivinar el nombre del país a ser afectado.

[15] Desde los inicios de la colonización española, a Panamá se la vio como la vía hacia Catay y luego como base para colonizar a Centro América y la costa pacífica de Sur América. Así, esta nación ha estado siempre en la actividad de puertos, transporte transístmico, almacenamiento e intercambio de productos extranjeros y de protección militar. La producción que se originara en estos suelos no fue importante. De esta forma, la economía oscila según los avatares y se crea una cultura de contingencia, muy poco estable. Y todo el país gira en torno a una condición de zona de tránsito, la cual ha tenido desde los tiempos precolombinos; según se deduce de los estudios de excavaciones indígenas que lo caracterizan como centro de contacto entre los pueblos americanos de la región.

Los choques iniciales entre lo panameño y lo norteamericano no ocurren con la construcción del canal interoceánico. Ya desde los comienzos del siglo decimonónico, al ocurrir la llamada fiebre del oro californiano, trae este evento histórico enorme cantidad de aventureros al suelo de Panamá. Gente que tiene que viajar de la costa este a oeste de EE.UU. a través del Istmo, dado que su país no tenía todavía el apropiado desarrollo de transporte que hoy cuenta. El fluir de tantos extraños se asocia en 1850 a los primeros encuentros sangrientos entre hombres de ambos países. Hechos a los cuales la nación del norte replicaba con desmesuradas exigencias.

Entre las primeras compañías norteamericanas que se establecen en el suelo panameño para estos años, está la empresa ferroviara, la cual tenía -como un anticipo o heraldo histórico a las que luego llegarían en el próximo siglo a toda la zona del Caribe- su propio cuerpo armado formado por pistoleros californianos; individuos de la misma estirpe como se les presenta hoy día en la ficción cinematográfica. Muy pronto, esta guardia estableció un proceso de "pacificación" de horca y cuchillo, dirigida por "marshalls" contratados por la tal compañía del tren. Unos de estos agente "western" de "la ley y el orden" fue el notorio Ran Runnell. Estas acciones se pueden considerar como las primeras experiencias protoimperialistas de Norteamérica en Panamá y Latino América.

El Canal, que se concluyó en el 1914, trajo también enorme número de hombres de todas partes del globo terráqueo, los que participaron en su construcción. Esta población flotante siguió dándole a Panamá esa característica de paso perentorio.

[16] Las necesidades militares de los EE.UU. convirtieron prontamente, la economía del país en una de tipo de cuartel, situación que perdura hasta el presente. Esto trae una

particularidad a la nación, dentro de la economía de carácter imperiado que caracteriza a la de toda la América Latina.

La mayoría de los productos de que se habla son producidos con materia prima obtenida en la misma Latinoamérica, pagada a unos precios risiblemente bajos. Tómese como ejemplo la producción de banano, una tan significativa en la discusión literaria que se presenta. Mientras el precio de las manzanas y peras ha aumentado increíblemente en los últimos cincuenta años, el del banano se mantiene, para beneficios de las empresas comerciales que lo controlan, prácticamente el mismo. De igual manera, el nivel de vida del obrero bananero ha quedado estancado en la historia; no así las fabulosas ganancias de las empresas internacionales que intervienen en estos negocios.

Ver: Gloria Marsan. "Bananos: amarga fruta política." Bohemia 66.2 (1974).

[17] Desde el 1952 se conoce esta "posesión" con el rimbombante y retórico nombre, Estado Libre Asociado de Puerto Rico. La contradicción (o disparate) en su propia denominación ha levantado un sinnúmero de preguntas que ni sus creadores pueden explicar. Estas confusiones son parte ya, de la historia de sujeción en la región. A partir de 1825 Puerto Rico adquiere el eufémico status de "plaza sitiada", con clara intención represiva contra cualquier intento de liberalizar las riendas del poder colonial español. Toda la "libertad" que posee hoy el nombre el Estado de Puerto Rico puede ser resumida con estas palabras:

"There are Puerto Rico and the U.S. Virgin Islands, both of them unincorporated territories, where the seat of authority in innumerable areas of public policy still remains with the president, congressional committees, and federal agencies."

Gordon K. Lewis. *The Contemporary Caribbean: A general Overview*. The Woodrow Wilson International Center, Washington, 1985.

A través de las páginas de LNC hay continuas referencias al miedo, en los distintos países, de que se los incorporara a la nación del norte. Hoy es conocido que varios de los estado del área tienen "oficinas" con técnicos y especialistas de EE.UU., que hacen labores de co-gobierno o gobierno paralelo con las dependencias gubernamentales nacionales correspondientes. Así, ya ocurre en Guatemala y Honduras. En el caso de Puerto Rico, hay más de medio centenar de estas instituciones de gobernación paralelas sin incluir las que lo hacen desde el mismo país norteño, debido a su poder colonial, tales como el Congreso, el Ejército, las comunicaciones, etc.

[18] En Cuba hay la poderosa base naval de Guantánamo y en Panamá ya es conocida la Zona del Canal.

[19] "La doctrina Monroe, a nombre de proteger a Latino América, más bien su interés era proteger a los EU de que alguna potencia de Europa estuviera cerca, por lo tanto, se convirtió en el avasallamiento de LA. No se ha tomado posición de defensa, sino posiciones de ventaja para adelantarse a cualquier intento ajeno o << local >>".

Véase: Raúl de Cárdenas. "La preponderancia de los EU en el Mar Caribe." Repertorio Americano 2.17 (1921).

A esta llamada doctrina siguió una política de "Panamericanismo", que tuvo aceptación entre los gobiernos dictatoriales y los comprometidos con el país norteño, y que se antepuso a la doctrina del Interamericanismo; ésta fue propulsada por los elementos progresistas de estas tierras desde comienzos del siglo.

En 1889 se prepara en Washington el Congreso Interamericano de Washington, que daría cuna al movimiento de "panamericanismo" colonial, el que eventualmente desembocaría en otras organizaciones por el estilo como lo fue por muchos años la Organización de Estados Americanos. Ya, José Martí había advertido sobre estos movimientos que no ocultaban su cara neocolonial.

[20] TG, p. 165.

[21] Las críticas contra los procedimientos usados por las compañías fueron tantas, que la United Fruit decidió editar un libro en el cual se alabaran los logros sociales y otros beneficio que habían recibido las áreas que "hospedaban" a las compañías.

M. Stacey, G. Plaza. *The United Fruit Company in Latin America*. N. Y.: Business Performance Abroad, 1958.

[22] La maquinaria de operación de las Compañías fue el mismo de represión que caracterizó al régimen de la antigua plantación de los tiempos coloniales. Dice el crítico Antonio Benítez Rojo:

"Las mejores tierras fueron apropiadas o controladas por las compañías plantadoras, y los campesinos pequeños propietarios fueron desplazados violentamente hacia zonas marginales, no beneficiadas por las mejoras del transporte y las comunicaciones efectuadas bajo los intereses plantadores."

Antonio Benítez Rojo. *La isla que se repite*. Hanover: Ediciones del Norte, 1989.

En el caso de Panamá esas tierras tomadas dieron creación a un nuevo "país" o estado dentro del estado: la llamada Zona del Canal.

[23] Desde el inicio del Canal, la zona a su alrededor fue dedicada a "defender" ese canal y, por lo tanto, se construyeron alambradas, nidos de ametralladoras, y se permitieron tugurios de prostitución y todo tipo de actividades delictivas de corrupción, comercio con drogas y desmoralización politiquera.

Ver: Nils Castro. "Panamá: Antiimperialismo y personalidad nacional." Tareas 31 (1975).

La Zona tiene como objetivo servir de infraestructura al funcionamiento, manejo y conservación del Canal. Además, tiene catorce bases militares. Es un enclave colonial -ya que explota servicios derivados de su particularísima posición geográfica, en beneficio de la metrópolis- que sirve a la política de hegemonía de EE.UU. y da servicios a la marina mercante y a la industria de este país. Finalmente, en los últimos cuarenta años preparó a miles de militares latinoamericanos en entrenamiento contra levantes de la población civil, en la singular institución, de tan triste fama continental, la USARSA: United States Army School of the Americas, en el fuerte Gulick. En español se conocía este lugar retóricamente, como la Escuela de las Américas.

La Compañía del Canal manipula toda situación de empleomanía y no sigue una política de empleo total; así, todo beneficio marginal queda para la corporación. La situación inconstante de empleo mantiene una población dócil y sumisa. En el ínterin, polulan oportunistas, usureros, agentes de drogas, maleantes de toda calaña y un sin fin de prostitutas; todo producto del Sistema que la Zona ha creado y patrocina abiertamente. Al igual que muchas de las prácticas sostenidas por el Apartheid de Sur Africa, la Zona mantiene a los obreros "nativos" en las ciudades canaleras panameñas fuera de su territorio exclusivo. De esta forma, todo problema social es transferido al lugar de destino de los trabajadores "extranjeros".

Ver: Marco A. Gandásegui. "La lucha de clases y la zona del Canal." Tareas 30 (1975).

[24] Uno de los autores norteamericano que demostró una gran y sincera amistad hacia el mundo latinoamericano, fue el gran escritor impresionista Waldo Frank. En la revista literaria-cultural Repertorio Americano la comparecencia de Frank fue frecuente muchas veces. Su hermosa solidaridad y comprensión del mundo al sur del Río Grande, dan testimonio, en las páginas de la citada revista, tanto de su valía humana como del concepto de la amistad, la adhesión y el entendimiento intercontinental.

[25] Deben recordarse algunos datos históricos que ocurrieron para esta época y fueron vitales al mundo que se recrea en estas narraciones:

"En la década 1930-40, cuatro acontecimientos obraron conjuntamente para liquidar la vieja tradición cultural centroamericana: la depresión mundial, el gobierno del general Lázaro Cárdenas en México, la guerra de España y el nacifacismo."

Mario Monteforte Toledo. "Los intelectuales y la integración centroamericana." Revista Universidad de San Carlos 72, (1968).

[26] De 1930-40 hay crisis en todo Centro América que van liquidando parte de las viejas fortunas, lo que obliga a trabajar a muchos y se crea mobilidad social. Los cambios económicos hacen morir la economía feudal imperante y hacen que se renueve lo nacionalista. Se crea un nueva ideología política, donde la "democracia occidental" escuda un conservatismo ultramontano. Todo desemboca en: anticomunismo, neoliberalismo, marxismo idealista y neocapitalismo desarrollista. Ese moverse hacia la tradición occidental hace rechazar la cultura nacional por cosiderársela retardataria y chauvinista.

El estimar que la inversión y colaboración extranjeras motorizan el progreso son también componentes de esta ideología. Todo era también parte del populismo que rondaba por el continente.

Ver: Mario Monteforte Toledo. "Los intelectuales y la integración centroamericana." Revista Univesidad de San Carlos 72 (1968).

[27] Como se indicó en la nota anterior, entre los años de 1930-50 ocurrió el desarrollo del populismo político, el cual trae, a su vez, un populismo de tipo cultural: se valoriza lo arcaico y popular del lenguaje (campesino). Varias de las narraciones de la serie que se estudia, son buenas representantes de esto.

En la actualidad, en algunos países del área, ese populismo cultural ha desembocado en uno, que algunos llaman "socializante", donde el lenguaje del lumpen se ha glorificado; creándose una especie de "terrorismo lingüístico", al que se lo considera nuevo arte. Sin que a todo esto, el proletariado realmente, sea motor en esa nueva narrativa. La primera situación es otra forma de afirmación nacionalista; a la segunda se la puede asociar con la presencia e importancia pujante de las comunidades marginales y una mala interpretación del papel del creador de arte y su relación con las zonas de privación económica.

Ver: Jose Beauchamp. "La novela puertorriqueña: una estructura de resistencia, ruptura y recuperación." Casa de las Américas 21.124 (1981).

[28] Seguidores de este populismo fueron muchos de los personajes que hicieron historia en el segundo tercio de este siglo en la América caribeña. Los representantes de la Cuenca incluyen, entre otros, a Luis Muñoz Marín de Puerto Rico, José Figueres de Costa Rica y Rómulo Bentacourt de Venezuela. Todos fueron atacados por los grupos conservadores tradicionales de sus países debido a sus ideas "revolucionarias"; luego, premiados, en diversos momentos, en Washington por su Panamericanismo y defensa de la democracia. Sus gobiernos se caracterizaron por abrir, amistosamente, los brazos a las compañías del exterior que iniciaban negocios en la región, y éstos son algunos de los mismos que se representan en las obras bajo estudio.

[29] Entiéndase por este término, no el dado regularmente con obvias intenciones políticas, sino el que se refiere a la persona que busca la raíz de una situación o problema.

[30] C. Bogante, U. Kuhlmann. "El surgimiento del realismo social en Centroamérica 1930-60." Revista Crítica Literaria Latinoamericana 9.17 (1983).

[31] Alejandro Losada. "El surgimiento del realismo social en la literatura de la América Latina." Ideologies and Literature 3.11 (1979).

[32] R. de Cárdenas. Ver cita número 19.

[33] Es una ironía que Panamá fue la primera región de tierra firme continental, se descubrió por Colón en el 1502, mientras que como nación formalmente es la más joven en las Américas; su creación fue en 1903.

[34] G, p. 87.

[35] LV, p. 17.

[36] Las Antillas inglesas fueron el centro de trato negrero más grande que ha conocido la humanidad. Si se extiende la zona ocupada por estos negros hasta incluir Belice, la costa de los Miskitos, la de los chombos de Panamá y las islas bajo poderes extranjeros a comienzos de este siglo, hace pensar que, aunque las viejas sociedades esclavistas habían sido abolidas, las estructuras sociales que las caracterizaron aún estaban intactas.

[37] Contribuyen estos hombres a la mestización de Panamá como también lo ha hecho la gente que acompañó la llegada de la compañía del tren, la construcción del canal francés, las compañías bananeras, el canal americano y las reparaciones que han seguido a este último.

[38] Término acuñado por el antropólogo brasileño Darcy Riberio. Ver:

Darcy Ribeiro. *Configuraciones histórico-culturales americanas*. Montevideo: Centro Estudios Latinoamericanos, 1972.

[39] Estos encuentros históricos han acelerado enormemente, la "criollización" del hombre del Caribe. La sintetización de tantas culturas que se han dado encuentro en la región no sólo incluye los grupos principales de negros e indígenas, abarca ya, tras la construcción del Canal, prácticamente gente de todo el globo terráqueo.

[40] José C. Mariátegui. *Siete ensayos de interpretación de la realidad peruana*. Lima: Amauta, 1967.

[41] Hay infinidad de estudios sobre el origen y significado de la palabra criollo, tanto en la literatura hispanoamericana como la brasileña. En términos generales puede decirse que es una descripción que se aplica para definir al hombre, primordialmente de raza blanca, hijo o descendiente de europeos con ninguna, o a lo sumo, mezcla con las otras razas que interactúan en la América Latina. También es terminología que puede como adjetivo referirse a lo que sea típicamente del continente en contraposición a lo extranjero principalmente, europeo. Ya esto conlleva que la palabra se ha convertido en definidora de todo lo típico o autóctono de las Américas; de tal forma, es así la acepción más conocida en la actualidad.

[42] Algunas de las mismas narraciones clasificadas en este trabajo como LNC pueden acercarse a esta nomenclatura de criollas o sino comparten algunas de las

características de éstas como se las describió en el texto. Puede decirse que entre LNC se emparentan con las novelas criollistas, *Cosmapa*, *Los estrangulados* y *Tembladerales*.

[43] Hay una serie de novelas que se dedican profundamente, a cuestionamientos sobre lo nacional y regional del área y son contemporáneas con LNC. Estas piezas desarrollan sus discursos novelísticos alrededor de presentaciones de tipo ético, respecto a las diferentes realidades nacionales o eran sus voces advertencias sobre los peligros que traía la indiferencia nacional ante los extranjeros que copaban, día tras día, las riquezas y vidas patrias. Una de estas obras, *La heredad* del autor hondureño Marcos Carías Reyes, puede muy bien servir, por sus cualidades de documento de la Nación, regional y artístico, como portadora onomástica para señalar a este grupo narrativo. Este, merece otro espacio de discusión mayor que el que se puede brindar aquí debido a su importancia para las literaturas nacionales de la Cuenca del Caribe.

[44] Carlos Fuentes. *La nueva narrativa Hispanoamericana*. México: Cuadernos de Joaquín Mortiz, 1969.

[45] Rafael Heliodoro Valle. *Historia de las ideas contemporáneas en Centro-América*. México: Fondo de Cultura Económica, 1960.

[46] Miguel León-Portilla. "Trauma cultural, mestizaje e indigenismo en Mesoamérica." Cuadernos Americanos 34.4 (1975).

[47] La suerte del indio en algunos países de Centro América, como Guatemala por dar un ejemplo, se ve actualmente en una lucha de sobrevivencia entre los ataques de genocidio, aunados éstos a un sistemático etnocidio. La censura oficial de las Naciones Unidas solamente ha logrado que el problema sea uno de conocimiento internacional.

[48] El negro, que fue oficialmente el esclavo, no tenía las "consideraciones especiales" que la Corona le confirió al indígena -que muy pocos respetaron- y que en muchos casos mas bien sirvieron para disquisiciones filosóficas como los famosos debates entre Fray Bartolomé de Las Casas, defensor de los indios, y Ginés de Sepúlveda, defensor del Imperio. En el caso del negro, cuando su siquis no pudo resistir tanto horrores, huyó y creó los famosos palenques. Esta fue una ciudad antiplantación, antiesclavitud y antiexplotación del hombre. Los intentos del sistema para destruir estos "ghettos" de los cimarrones eran constantes y de primera prioridad. Eran comunidades transgresoras y, por lo tanto, de alta peligrosidad para el Sistema. Por tal razón, se puede decir que paralelo a la historia de la plantación siempre hubo una historia de la cimarronería.

No se puede terminar esta nota sin aclarar que la referencia al Padre Las Casas, egregia figura del mundo de la Cuenca caribeña, no debe tomarse fuera del significado situacional; siendo él, portaestandarte de valores que le ubican éticamente, en planos muy superiores -como español, seguidor de Cristo y Hombre- a los representantes del reino con los que tuvo que lidiar. Son precisamente esos valores, los que *Las novelas de las Compañías* enfatizan sin cesar. Tampoco debe pasarse por alto que España ha sido el único imperio europeo que tuvo, por lo menos, cuestionamientos morales sobre sus propias acciones durante aquellos años iniciales de la colonización.

[49] Héctor Díaz-Polanco et al. "Sobre la cuestión étnico-nacional en América Latina." Boletín de Antropología Americana 7 (1983).

[50] "..en la actualidad la novela americana representa la literatura de nuestro continente, como en otra época fue la Poesía. He dicho otras veces que a los que cantaban han sucedido los que cuentan. La novela americana está sólo en los umbrales. ... Toda novela es por excelencia acción, movimiento, vida ..."

Trigueros de León. "Miguel Angel Asturias" Cultura enero, 1955. San Salvador.

[51] Este antillanismo o negrismo fue un movimiento de intelectuales primordialmente, blancos que se inspiraron en el folklore afroantillano. Los primeros intentos de incluir al negro en la literatura castellana se remontan a los tiempos del teatro del Renacimiento español, luego retoman el mismo tema autores barrocos como Góngora, Lope, Sor Juana Inés.

[52] Raquel Chang-Rodríguez, Malva E. Filer. *Voces de Hispanoamérica*. Boston: Heinle & Heinle, 1988.

[53] Aunque el presente estudio se limita a la literatura de novelas escritas en castellano, no se puede ignorar que en la Cuenca del Caribe hay otros dos grupos de naciones: aquellas cuya (o cuyas) lengua nativa es de otro origen europeo o regional (principalmente, francés, inglés, creole y holandés) y aquellos grupos en la costa atlántica de Centro América donde predominan los indios miskitos y negros caribes. Costa donde alternan el castellano, el inglés criollo y el miskito. En concordancia con todos los investigadores caribeños se debe extender la región hasta sus límites en la costa norte de Brasil.

[54] La Negritud es la versión moderna del viejo cimarronaje: forma vigorosa de protesta en su humanismo negro-africano.

Horts Rogmann. "Realismo mágico" y "negritud" como construcciones ideológicas." Ideologies and Literature 2.9 (1979).

Otro estudio importante sobre este tema es:

René Depestre. "El problema de la identidad del hombre negro en las literaturas antillanas." Casa de las Américas, 1968.

El autor antillano René Depestre cree que el antillanismo es un reconocimiento tímido, matizado de humor y de ironía: glorifica en lo más, estereotipos sobre el negro. Lo considera superficial, formal y folklórico; le falta la rebeldía y la cólera. Como ya se indicó, la Negritud, que es un movimiento de extracción negra y coexistente con el nativismo caribeño, fue una cinta de dinamita: profunda mirada al pasado, quizo romper mitos. Presenta como coinciden los negros del Caribe en dos puntos: no conocer su identidad y el que sus culturas son una elaboración sincrética de elementos que provienen tanto de Africa como de Europa.

[55] Haití, tras su Independencia -única revolución existosa de esclavos en el mundo-, es el primer lugar donde la cultura antillana se enfrenta a un conflicto entre el academismo y el indigenismo.

[56] Este autor, dentro de sus creaciones en LNC, es otro de los grandes continuadores de la tradición de escritura de crónica en la literatura de la América Latina: describe desde lo más íntimo del alma humana.

[57] Son estas narraciones literatura de testimonio y esto va más allá de hacer valer los derechos de algún grupo en particular. Trata esta literatura de englobar toda la nación. Julio Cortázar acierta a describir este sentir continental que coincide con las obras que se estudian. Dice él:

"El éxito extraordinario de lo que podría llamarse "literatura de testimonio", la alianza de la indagación sociológica con una ficción que la exalta y la lleva con más fuerza al espíritu del lector, es una de las muchas pruebas de que nuestras literaturas se abren cada día más a todo lo que las rodea, las angustia, las acompaña o las enfrenta, y que las actitudes prescindentes, aunque hayan podido dar y sigan dando productos muy válidos en un plano cultural, se ven más y más rebasadas por una intención de análisis, de toma de contacto, que sigue siendo literatura en la mejor acepción del término, pero que a la vez entra a formar parte de las vivencias históricas y sociales de cada uno de nuestros pueblos."

J. Cortázar. "La literatura latinoamericana a la luz de la historia contemporánea." Inti 10-11 (1979).

[58] Jurij Lotman. "The Future for Structural Poetics." Poetics 8 (1979).

J. Lotman, B. A. Uspensky. "On the Semiotic Mechanism of Culture." New Literary History 9.2 (1978).

J. Lotman. "On the Metalanguage of a Typological Description of Culture." Semiotica 14.2 (1975).

[59] G. García Márquez. "Fantasía y creación artística en América Latina y el Caribe." Texto Crítico 14.5 (1979).

Capítulo II

Encuentro, choque y conjugación racial en el mundo del Caribe

A. Las novelas de las Compañías y lo étnico

Las novelas de las Compañías fueron escritas dentro de un doble acto subversivo, no sólo han subvertido la narración para crear un legado cultural más amplio y comunicativo, sino que también usan sus páginas para cuestionar ideas sociales estancadas en su sociedad, en muchos de los casos el propio estamento burgués. El diálogo y los deseos de comunicación, por lo tanto, cobran gran interés en su nivel semántico. Son narraciones en las cuales el personaje principal es el colectivo. El fluir de voces es constante y, a través de la lectura, parece que hay un llamado incesante desde otros ámbitos o dimensiones. Desde un nivel antropológico muy bien representan un pueblo al habla. Los saltos y cambios en las voces y su malabarismo verbal obligan a una lectura e interpretación en varios niveles, donde los modelos secundarios de información enriquecen el plano primario de la lengua franca. Los ejes narrativo y cultural coexisten en continua interacción.

Es una literatura tendenciosa y anticlasista, esto, tanto en contra de lo tradicional como en contra de la clase que controla el poder nacional y, por lo tanto, la que determina también los gustos estéticos.[1] Como también es la subversión o el cuestionamiento del canon vigente o de lo que otros han convertido en clásicos de la literatura. Lo cuentístico y lo ensayístico se dan las manos y sobre sus estructuras lingüísticas se deslizan, entonces, los substratos narrativos.

La estructuración de estas piezas a veces parece antiliteraria, otras, más en los casos de Asturias y Beleño, se convierte en una extraordinaria elaboración de magia barroca, tanto en el lenguaje como en la organización del ente artístico. Pero lo más importante es que, en cada uno de los países donde se produjo esta narrativa, ha quedado como testimonio para la historia de la cultura patria, así en el aspecto literario como en otros, en especial, el socio-antropológico. Todo lo cual hace que el interés primordial de este capítulo sea analizar la elaboración, a través de estas novelas, de uno de los elementos de cultura más significativo en todo el mundo centroamericano y caribeño: el papel y desarrollo de los diversos grupos étnicos en la sociedad. Con esta inclinación principal se estudia, por ahora, esta serie de relatos; ya que se considera que limitar el énfasis del análisis literario, principalmente en lo llamado "cosmopolita" o la experimentación literaria, es dejar vastas regiones de rico estudio fuera de foco.[2] Aquel factor cultural es, uno entre varios, otro de los que también ayuda a clasificar estas narraciones en una gran familia que refleja no solamente lo nacional sino lo regional.

Esta literatura que quiere conmover conciencias tiene que ser subversiva, no acepta lo establecido, va en busca de algo nuevo.[3] Su lenguaje asume otro trabajo particularísimo: trastocar la realidad que se toma como la nacional, voltear un mundo que se ha explicado de una manera, descubrir otro al que se lo ha mantenido al margen, fuera del foco del "arte oficial".[4] Si bien es cierto que sus autores muchas veces se distancian lingüísticamente de algunos de sus propios personajes,[5] en especial los rurales, proletarios y diferentes etnias, no se puede obviar la intención de que se elabora una obra artística fundamentada en una lengua común hispano-latinoamericana, de cuya unidad comunicativa nos sentimos tan orgullosos gran parte de la población de esta región del globo. Es entonces, esa aparente contradicción -armazón lingüística de la clase burguesa dominante y ataque, a la vez, a ella misma- comprensible dentro de una creación textual donde el entendimiento nacional y regional es imperativo.

Hay que visualizar estas producciones de ficción como un universo icónico; donde lo narrativo plasma una situación ancestral de todo el continente latinoamericano: la división racial. Paralela entonces, a la expresión literaria subyace otra intención ética-histórica, la cual es ya casi tradicional en una buena parte de la creación artístico-textual de este mundo.

Esta forma de ver estas piezas parte de conceptos semióticos para el análisis literario/cultural. En la búsqueda del **Texto** se puede hacer otro viaje **a través del texto**. De forma tal, que esas páginas escritas son algo más que una narración; son también el empaque de una estructura socio-cultural que artísticamente queda oculta, tras la riqueza polisémica que posee todo texto de arte. Pero no puede quedarse el análisis en ese viaje a través del discurso secundario textual. Trasmitida esta información, hay una segunda fase que es la **generación de un nuevo contenido**. Es obvio, que en el caso del lector/autor coincidentes en los códigos expuestos, esta segunda fuerza generatriz alcanza niveles más altos de interacción comunicativa. Esta **generación** hay que engranarla con la realidad actual.

En el momento que se vive hoy, haciendo un alto en la Cuenca del Caribe, LNC presentan una riquísima fuente de información útil para una elaboración argumentativa que brinde luz al futuro de estos pueblos que han comenzado una marcha irreversible hacia su "futuro histórico". Por tal motivo, abunda en este estudio, como ya se indicó en el Prefacio, la presentación de citas provenientes de esta novelas y, que justamente hoy, deben lograr la detención de su lectura y estimular una marcha atrás para la meditación; la cual debe abrir canales interpretativos para el mejor entendimiento de esa historia que está en un proceso aún por fructificar.

El grupo social hegemónico quiere mantener su concepción del arte estática, sin cuestionamientos de tipo alguno. Ante esa pared inconmovible se levanta entonces, una serie de obras a las cuales un nuevo lenguaje artístico es vital; ya que será la base sobre la que se levantarán los planteamientos que cuestionen la "**verdad oficial nacional**".[6] Al mismo tiempo esas obras recrean la vida, cultura y mitos como también sus espectativas para el futuro de las razas y los grupos sociales mantenidos al margen de la sociedad que obstenta el poder colectivo. Por tales motivos, es una literatura a la cual hay que estudiarla, dentro de una crítica eminentemente latinoamericana como es el propósito continental que va en aumento en estos días y es ánimo fundamental de este trabajo.[7]

Las diversas formas en que se construye el conjunto artístico-cultural de LNC, se fundamenta en una elaboración lingüística y narrativa con variaciones de los patrones establecidos por el "gusto estético" de "alta cultura" que determinó el Sistema. Los personajes centrales no son ahora las castas privilegiadas; es el turno de los diversos grupos raciales quienes componen la mayoría de la población en todos los casos. La violencia de la semiesclavitud, los "feísmos"[8] de vidas violadas y violentadas se trenzan con maravillosas metáforas que tratan de remedar el multidinámico mundo tropical de la Cuenca del Caribe. Lo narrativo quiere romper los límites de la anécdota y penetrar en otro mundo real al que se lo ha tratado de ocultar por ser feo, indio, negro,[9] rústico o proletario. Giran y se tuercen las palabras para circundar y exponer este ámbito y sus intensas relaciones interraciales. Dinamismo que está, aún hoy, en evolución y formando una nueva capa étnica-social en estas tierras. Quedan expuestos negros, blancos, indios y orientales; las visiones que tienen unos de los otros tanto positivas como negativas y el racismo y rechazo entre ellos. Todas estas interacciones quedan entretejidas en el cosmos de la América media, a través de los constantes e interminables viajes de estos hombres, los cuales los mantienen en una emigración perenne.[10]

A lo largo de las páginas del material ficcional, parece como si los antiguos barcos negreros de los tiempos coloniales volvieran a zurcar puertos; de nuevo se escuchan las voces de los amos regateando precios; otra vez las nalgas de las mujeres como ancas de mulas son apretadas, contactadas en su dureza para el trabajo y el placer. Ese ir y venir genera un energético caos, coronado por unas estructuras de Poder que afectan a unos y a otros, trayendo transculturación, aparente destrucción y dialécticamente, todo va generando una nueva cultura, una cultura citadina, la nueva raza mestiza de los barrios populares. Este fluir tan dinámico hace aparecer el espacio en *Las novelas de las Compañías* como uno volátil, imposible de ser determinado.

Se valen estas narraciones de varios personajes, escenas y elementos especiales literario-narrativos para acentuar ciertos aspectos, y cierran sus páginas otros tantos que enriquecen así, en forma semiológica los diversos mensajes que cada autor plantea y quiere hacer sobresalir. Constantemente traen diversos testigos al juicio de la historia; es un procedimiento de articular discursos dentro del discurso. Los mensajes se convierten en palabra alada, con significados que sobrepasan el de los mismos hechos que dan vida a lo que se discurre. Rompe lo narrativo los límites de la fábula, para penetrar en un mundo comunicativo de mayores dimensiones.

B. Razas y culturas

A modo de una génesis, los relatos se inician con la llegada de los trabajadores y comienzos de una nueva vida en las hasta ahora, tierras desconocidas. Tanto es así, en las plantaciones que se van levantando en ambos lados del Mar Caribe como en el Canal panameño que se comienza a construir. Van los hombres confundiéndose, reparando en sus ropas y figuras, en sus diferencias y similaridades. Se les decribe, entonces...

> Mestizos insignificantes... medio indio, medio ladinos; zambos retintos, mulatos licenciosos, asiáticos, con trenzas y blancos escapados del infierno de Panamá... (EPV, 239)

Diferencias éstas que para los representantes de la etnia que controla las puertas de entrada y salida del Canal de Panamá, no significan nada: "son todos latinos".

> Sin embargo, el gringo burócrata no le preguntó su color. Escribió mecánicamente "brown". (Cu, 19)

Simbólicamente en ese mismo Canal se encuentran otros hombres de razas distintas, uno de origen francés y dos indios de San Blas, Panamá, para dar inicios, de esta manera, a la *Trilogía* canalera de Joaquín Beleño, en medio de la selva, de sus ruidos, animales y vegetaciones intrincadas. Es casi un mundo mítico y mágico donde la luz solar no puede traspasar por completo el dosel del bosque, entonces lo hace por secciones. Permitiendo en esos momentos que los hombres se vean, se atisben, se puedan observar detenidamente hasta la comprensión cabal de cada uno. El proceso cognocente une individuos que hasta ese momento eran totalmente extraños unos de los otros, aunque vivieran en el mismo suelo. Beleño sabe que entre los mundos étnicos se agita un mar casi insondable. Los hombres también lo saben. Se temen. Comparten un mismo país, pero las situaciones históricas los han convertido en extraños, a veces parias. Tropiezan entonces sus manos, en un cierto momento durante las construcciones en el Canal. Comprenden ahora, que una porción de sus vidas pertenece a una misma realidad: el mismo proletariado al servicio de otra de las Compañías que explotan el área. Esas manos van dejando...

> las huellas digitales de las dos razas, rigurosamente impresas en toda construcción de importancia, para siempre. (Cu, 89)

Y en el ínterin estos seres pueden esperar un futuro más halagador, que es lo único que se les ofrece.

> Nosotros los latinos, los negros y los chombos tenemos que seguir trabajando para ellos, a la espera de una recompensa celestial que es un obsequio demasiado costoso y tardío. (Cu, 26)

Estas razas y culturas van expandiendo sus horizontes a lo largo de las páginas de *Las Novelas de las Compañías*, para ir manifestando interioridades y relaciones más íntimas entre sí. Descorren las narraciones el velo de un mundo prácticamente ignoto. En una de las obras al indio se lo define de esta forma:

Raza indígena, pegada a la tierra... Raza triste, explotada y misteriosa. Raza animal, raza vegetal, raza mineral, eres el misterio, el problema, el tuétano de América. (Co, 18)

O en forma metafórica queda retratado así:

Me volví hacia el diminuto indígena de San Blas. Su piel morada era del color del retoño de la hoja de marañón. (G, 47)

Tras la descripción física del indígena, los relatos pasan a describir su mundo social y personal. Uno de los aspectos más importantes obviamente, es su concepción del cosmos religioso. En la cita que continúa, él no olvida, ni en su ocio, los aspectos más trascendentales de su antigua cultura.

Los indiados bailaban severos, la cara igual que en la iglesia, ...Los mestizos bailaban con los desplantes del enjaezado por el demonio, ... El mestizo apretaba a la mujer hasta lo último y le hablaba a la oreja... donde bailaban los criollos, se oía el habladero antes y después de cada fox, de cada vals, de cada tango, son o pasodoble, no así en la otra zarabanda "Azules Horizontes", donde bailaba el pueblo. El sentido religioso de la danza, ancestral en el indio, exigía callar mientras se bailaba. (LOE, 271)

Esto no obvia que también se presente lo erótico y sexual en el indígena, a la vez que da un cierto humorismo al relato. De esta forma, un actuante habla a otro sobre los hábitos sexuales de unas indias que encontró en una región:

Si dicen "éjem" es que no quieren salir con uno. Y si dicen "ejém" es qu' están di acuerdo. (MY, 7)

Hay también belleza en el mundo indio, tienen ellos la hermosura física que da placer estético como la que lo describe: "imagen de un lejano jefe, señorial, altivo, necesitaba corona de plumas, cacique indio".[11] Este aprecio puede aún, llevar a los autores a niveles semántico-culturales más lejos, hasta los altares de los dioses, donde la virgencita de *Los ojos de los enterrados* es "india, descalcita y trigueña, y no puede estar contra los que son como ella"[12]. En otro caso lo que se aprecia es la entereza, dignidad y valentía de la raza.

> ... ¿eran los decendientes de aquellos belicosos talancas? ¿No fueron sus antepasados los que hicieron famoso, con su bravura, el nombre de su región en los tiempos de la Colonia? ¿No fue esta raza, altiva otrora, la que mantuvo en jaque al audaz y fiero conquistador hispano? (MY, 75)

Pero esos hombres valerosos fueron apresados, marginados y esclavizados. En la obra *Mamita Yunai* se les refiere con la metáfora, "arrastrando a través de los siglos el pesado fardo de su piel quemada"[13]. Y continúa Falla diciendo que ni siquiera en las zonas más desoladas y remotas se salva la raza de la vigilancia del Poder, donde "el agente de policía es el amo y señor de la región y ejerce un control absoluto sobre las indiadas."[14] El abuso no sólo es físico, ya que penetra hasta lo más íntimo e inviolable del ser humano: la dignidad de la persona.

> Y tenía queridita india, era de buen gusto entre sus compañeros tenerlas. (Co, 195)

Toda esa violencia se va acumulando hasta cercar al ser humano y volverlo contra sí mismo, contra los suyos. Es una vía que lo conduce al suicidio racial, a la autodestrucción, al autorracismo. Los horrores de los tiempos coloniales no parecen tan alejados en momentos como estos.

> -¿Por qué insultas así al señor? ¡Indio infeliz!
> ...El cabo era un indio puro, tal vez más indio que el muchachón a quien estaba acribillando. (T, 18, 20)

Mientras al indígena se le presenta muchas veces hermético, callado y misterioso, al negro se le señala, intencionalmente, en la forma en que se le ha querido presentar por siglos: con la imagen de la lujuria o lo primitivo. Si se habla de sus actos, sus bailes[15], y movimientos, se ironizan tras signos tales como, tienen que estar "remedando los espasmos de la cópula". En calidad de voz histórica LNC coinciden en presentar la situación del negro proletario, como una cercana al momento aquel en que las naves negreras inglesas zurcaban las radiantes aguas caribeñas. Aquellos esclavos fueron llevados, hoy también lo son.

> ... Los mitos y leyendas de aquellos tiempos en que vivían en Jamaica, antes de que los trajeran a Costa Rica a trabajar en el ferrocarril y en las plantaciones de cacao, y otros, más borrosos, más lejanos, del Africa... (PL, 120)

¿Y cuál es el origen de estos negros que vienen a trabajar en estos lugares?[16] En *Cosmapa* se presenta una muestra del interés sobre ese aspecto: "a Lino se le pegó la negra Pina, una tremenda mulata cubana, puertorriqueña o panameña...".[17] El mensaje subyacente explicita el interés de que es mujer, tremenda y mulata. Mientras tanto, en el desarrollo narrativo de otra obra los hombres estarán en el mar en actividades como pescadores o de carnada...

> ...remados por negros y caribes, que muestran los dientes de coco aún entre la esclavitud de la faena. Galeotes del siglo XX, se complacen en servir a los gringos blancos, porque les pagan con "green-bucks" y botellas de ron. (LE, 211)

Al negro del relato a continuación, se le ve "adusto o fornido", pero se le quiere identificar con lo esencial de la tierra y la reproducción.

> ...y se aferraba al negro, levantándole el gran sexo de ébano, con mano ensortijada de esmeraldas, en medio de una carcajada siniestra. (LOE, 323)

Y cuando llega el momento de usar la imagen de la mujer negra, el mensaje es unívoco al de su contraparte masculina.

Hasta allí habían seguido los ojos de Tilín García las amplias y redondas nalgas de las dos mulatas que en esos momentos se perdían envueltas en oscuridad, humo y buenos deseos. (TG, 22)

Pero el interés en *Las novelas de las Compañías* es la defensa de lo positivo o constructivo respecto a todo conjunto racial. Así se hace, ya sea mediante la metáfora en *Puerto Limón*, "el negro hizo rodar sus grandes ojotes de porcelana"[18] o proclamando su dedicación y valentía en el momento de empeñar el arma en favor de lo justo, como se dice en otra narración.

El negro ha sido el primerito en empuñar el machete. Aunque dispue' el blanco si aproveche di lo que él luchó. (L ll, 117)

O en otro caso se le trata de enlazar con el tiempo, el arte y la eternidad para retratarle más humano, como en el que se le confunde con su instrumento, su música y su Dios.

Atá regresa a su ukelele e improvisa calipsos de una extraña tristeza antillana, parecidos a esos Gospels tiránicos y estimulantes que quieren ocultar un Dios todavía no desenterrado de las selvas africanas. (G, 122)

Busca el autor un dios que le sea imprescindible al negro, que le sirva de enlace entre un universo lejano y aparentemente perdido, y que le brinde -aunque sólo sea una ilusión- un ajuste a su abandonada realidad. De esta forma más adelante, Beleño al hablar de las cantinas en que ellos se reúnen dice que "son tristes en contraste con sus iglesias, de una alegría pegajosa."[19]

A pesar de la presentación como pueblo no feliz, la voz narrativa de LNC enfatiza siempre el optimismo de esta raza y su responsabilidad ante la vida. Van estos seres siempre en movimiento, sin descanso, donde sea, en busca de un futuro que se les ha negado.

Todos esos morenos que venían en el tren van pal' otro lao, con el
propósito e' cruzar la frontera, atraídos por los trabajos del Canal,...
(MY, 7)

Falla demuestra en *Mamita Yunai* un gran interés por los problemas de los

negros; no así, muchos de sus personajes, quienes expresan un marcado racismo;

pero el autor no cesa de exponer las luchas de los primeros por mejorarse. Luchas

que otros explotan:

Este Nuñez es de los que contrata a los haitianos que traen como si fueran
esclavos, sin paga y sin ná, los tiene toa la zafra aquí por la comía y
dispués le da vales pal siguiente año. (TG, 157)

Llega la desesperación a llevarlos a negar su propia raza, de la misma

manera como ya se vio con el indio o quizá aún peor. Sus hijos deben cambiarla,

pertenecer a otra o evitar hablar del tema.

Hay mucha gente que elude el tratar esos asuntos. Hay otros que invectivan
para que los crean sin mezclas. (L ll, 118)

Estas situaciones crean varias interpretaciones, lo que hace decir a otro de

los actuantes: "el aliento de la noche sopla secretos de otras edades"[20]. En otro

caso, una mujer espera modificar el estado racial por asociación con otros.

Y su madre orgullosa le repetía, a cada paso, que lo trajo a vivir al barrio
de los "blancos" para que se codeara con buena gente y no con los
chombos, que había dejado en aquel remoto inmueble. (Cu, 86)

Como si fuera una respuesta irónica al deseo de desaparecer, el encuentro

de todas estas etnias va generando una enorme cantidad de hombres mestizos. Son

seres que quieren confundirse en una y otra raza. Estas combinaciones híbridas

fueron creando, a su vez, un nuevo tipo de ruralía étnica que va ocupando poco a poco grandes áreas de las zonas caribeñas. Y esa mezcla produce buenos sementales como don Lolo de *Cosmapa*, cuya fortaleza sirve "para patrón racial del mestizo indohispano"[21]. Esas combinaciones traen y han traído situaciones aun más serias al continente como se expone en otra obra, donde se dice que "la mezcla de sangre es un problema íntegramente americano"[22].

La sociedad blanca representada en estas obras es de origen europeo como sucede en *La llamarada*, donde la madre del protagonista es "hija de corso acomodado" o sino, representan a algún miembro de las Compañías, a quien en la mayoría de los casos se asocia con el explotador o las fuerzas represivas. Esto, como una obvia respuesta a la realidad histórica por la que pasaban estos pueblos al momento de la escritura textual. En la siguiente cita se enlaza la etnia representante del Imperialismo con un hecho histórico que hasta el día de hoy tiene su secuela:

> ...pero al soldado rubio y bonito lo embarcaron para Nicaragua a matar cholos nicaragüenses... Para ese entonces, Sandino andaba alzado por la Segovia. (G, 59)

Ese color blanco se usa en otra ocasión para efectos de voz lírica como ocurre en uno de los momentos dramáticos al final de *Viento fuerte*, cuando los representantes de la Compañía reciben su castigo:

> Leland, a quien su blancura daba una insensibilidad de leche, sólo mobilizaba sus facciones cuando hacia esfuerzos para tragar saliva seca, pastosa, o cuando se le amontonaba el dolor, el dolor, el dolor indefinido e indefinible. (VF, 228)

Un aspecto que relaciona las razas con las culturas es el de la comunicación. Obviamente, cada grupo racial representa un lenguaje diferente, los cuales vinieron, exceptuando el castellano, a quedar opacados ante el dominio imperial hispánico. Antes del inicio del proceso colonizador estos hombres estaban aislados, y no es hasta que tienen que enfrentarse directamente al europeo que sus lenguas sufren grandes cambios o desaparecen. Su dominio del idioma castellano está ahora en relación directa con las posiciones sociales que les concedía el sistema, dentro del nuevo complejo comunal creado. Puede haber entonces, indios, negros, mestizos o mulatos con mayor poder de mando que cualquier de los otros representantes raciales.

Cosmapa es, dentro de la serie que se estudia, la obra que expone en forma más amplia las diversas variantes de la lengua rural. Las cuales se presentan también en todas las obras, en mayor o menor grado, y puede decirse que éstas incluyen y elaboran sobre tres aspectos fundamentales del lenguaje:

modal	(estilo: franco, llano)
fonético	(corrección de la pronunciación)
gramatical	(corrección de la lengua)

Estas diferenciaciones lingüísticas van aparejadas con los correspondientes grupos etno-sociales dentro del colectivo. Se entiende, entonces, que el que mejor habla el castellano ha logrado los niveles más altos -permisibles- en la sociedad. De esta manera el lenguaje modal ocupa el lugar de los que están en posición intermedia entre el grupo racial no blanco, que aún no domina la lengua hablada o escrita, y el que la habla gramaticalmente correcta.

Abundan en *Cosmapa* los diálogos, muchos ricos en humor, donde se explicita extensamente el habla de la ruralía. Véanse estas partes de una conversación donde aparecen algunos de los aspectos señalados anteriormente:

-Caramba, don Linóo, despliéguese; yo soy toda óidos; y su amiga que lo estima al de verdá.
-Bueno, pero antes metámono jotro calazo...
-Dele viaje, hombre, pero suelte la sin güeso....
-'te mangostá muy áccido; me atraganta el güergüero. (Co, 100)

Otro aspecto que se expone en estos relatos se relaciona a elementos de cultura de estos pueblos campesinos principalmente fiestas, actividades religiosas y funerarias. En todas LNC se presenta a grupos de regiones remotas y, en la mayoría de los casos, no se los identifica con una raza en particular, lo cual los deja como un grupo étnico especial. Sus hábitos, costumbres y concepciones de la vida se señalan como unos diferentes a la cultura dominante. Se presta su señalamiento también para hacer altos en la narración y recrear elementos no conocidos del país. Los mismos no han sido difundidos porque provienen de grupos "humildes" de la sociedad nacional (por lo tanto, se los ha condiderado de poca importancia literaria). Sirva como ejemplo de lo discutido, un velorio relatado en *Viento fuerte*, el cual ocurre en zona india. Es oportunidad social de reunión de gente, inclusive de establecer relaciones sentimentales. Dice alguien:

> Todo el patio de atrás, en la mayor sombra, estaba lleno de cuchicheos amorosos, como si las gallinas y los gallos soñaran que eran gente y las gentes hubiéranse vuelto gallos y gallinas a espaldas de la casa para aprovechar el velorio. (VF, 83)

No sólo el narrador anuda eventos del relato, sino que también da un toque de sabor campestre y rural al acto, en el cual la gente se animaliza y los animales se humanizan en un mundo distante, diferente; aunque las distancias físicas no sean tan grandes entre los hombres de todas las etnias envueltas.[23] Estas recreaciones de los grupos aislados brindan oportunidad para embellecer el texto y redondear significados, obvios y no obvios en las obras; significados que cruzan la frontera de la propia narración. En las diferentes presentaciones se considera a estos grupos como un colectivo rústico, perdido en la lontananza debido a las condiciones sociales.

> Así vegetan los pueblos del interior, empobrecidos, en un eterno "tiempo muerto", en la indolencia, en la inopia, en la masturbación. (TG, 226)

Tras esta visión general sobre los grupos o razas más importantes en el área del Caribe y Centro América que se presentan en las narraciones, se puede pasar a otro evento de gran importancia en la región. Este es uno de los más claves en lo que eventualmente, daría lugar a la creación de las actuales culturas y sociedades populares urbanas en el área.

C. La emigración

Desde el comienzo de la Colonización el grupo dominante forzó los movimientos masivos de los demás grupos raciales.[24] Este constante fluir todavía no ha cesado. *Las novelas de las Compañías* van subrayando los casos más representativos de estas mudanzas en el siglo veinte, donde se observa una dicotomía entre el deseo positivo de progreso en los mudados y, por otro, el del grupo que busca la explotación de aquéllos. Así, alguien describe en *Over*:

> Esa gente viene de Haití y de las islas inglesas todos los años, con la idea de trabajar para volver a sus casas dentro de seis meses y no pueden. (O, 68)

El que este moverse sea un interés agrícola o de otro tipo, es el hecho más importante para que se vaya gestando una sensación de no pertenencia, de lejanía entre los descendientes del antiguo campesinado. Esto afectará luego a los pueblos mestizos que se irán formando en estas regiones. Colectivos que han ido creando su mundo aparte, dado el caso de su total enajenación de lo rural. Dice un personaje de *Gamboa Road*:

> No soy nadie. Nada me pertenece. Mis padres vinieron de lejos a morir aquí para construir el canal. (G, 150)

Vuelve a repetirse con estos viajes, la atmósfera de los tiempos de la esclavitud.

El deseo de encontrarse y unirse de nuevo, pero no abandonar el bajo fondo de una historia de barco negrero que trajo esclavos para construir el canal, en nombre de la humanidad. (G, 173)

Ni siquiera, cuando la migración está más localizada y reducida geográficamente o aunque su movimiento parezca una alegre peregrinación, no deja de haber una lejana nostalgia; en el fondo, la esencia es la del moverse obligatorio.

La romería tiene los aspectos de éxodo, pero no hay tristeza en la marcha. Los mozos van cantando,... (LE, 31)

La emigración convierte el mundo caribeño en uno efervescente: es un ir y venir de gente que se cruza. Parece como si los encuentros y desencuentros de los tiempos coloniales no hubieran dado fin. Todo semeja una gigantesca creación que está continuamente moldeándose. Es la versión caribeña del gótico, como si toda esta situación fuera una catedral colosal bajo construcción, en la que todos trabajan, la añaden gárgolas, detalles, pero muy pocos se atreven a intentar la fina elaboración de los vitrales. Es una búsqueda y espera al mismo tiempo. El futuro se convierte en un laberinto que todos se han lanzado a resolver o tan siquiera, parparlo. De esta manera, la próxima cita enmarca un universo en cambio continuo:

En medio de un maremágnum, de inglés y español comenzó el desfile de las estacioncillas. (MY, 6)

Tanto el pasado como la realidad presente de ese cosmos en agitación quedan plasmados por Miguel Angel Asturias en estas palabras:

...seré el que era, pescador de perlas...; venderé indios de Castilla del Oro..., comerciaré con ébano humano y vegetal..., con pepitas de oro y con oro de cabellos de rubias vendidas en Panamá. (EPV, 319)

Pero los caminos no están accesibles en todo momento. A estos hombres también se les controlan sus vías arbitrariamente, para decidir en forma unilateral los límites y lugares a donde cada uno debe dirigirse. Se les cortan sus espacios vitales. Lo insólito de esta situación imperativa llega a lo absurdo en Panamá, donde sus ciudadanos quedan excluidos de una región del propio país, la llamada Zona del Canal.

> Yo soy un desterrado de ese latifundio inmisericorde que se llama la Zona
> del Canal. No puedo cruzar sus diez millas de ancho para ir de un extremo
> a otro de mi país. (G, 186)

Toda la situación de movimiento va generando un enlace de pueblos y culturas, la que casualmente da inicio a una nueva creación étnico-cultural[25]. La necesidad obliga a todos los hombres que se lanzaron en busca de nuevas fuentes de trabajo -tras la ilusión que las Compañías dejaron remontar- a dar sentido, a establecer las bases de una realidad más concreta que la fragilidad de un sueño. Esa realidad comienza al nivel más elemental de la comunicación, el lenguaje. Este, al no ser comprendido deja a todos en un mar de incertidumbres que tiene que ser salvado. Hay que volver a enlazar a todos los individuos que se sienten "lejos de las cosas que amo" o que perciben que están "solos entre tantos hombres de ceño torvo que hablan idiomas diferentes".[26] Es imprescindible unir al hombre con el hombre.

> De todos los países fronterizos e internacionalmente cercanos allí está el
> indio de pura raza que se codea con el negro de Belize. Norteamericanos
> del Sur y del Norte de los E. U., panameños negros, panameños blancos.
> Hombres de facciones combinadas y vueltas a combinar en ese omnicreador
> empuje de la mezcla de razas. (LV, 100)

No importa que haya que renegar, pero se requiere que todos lo entiendan en un sólo espíritu lingüístico que unifique el sentir, como en el caso de esta mujer:

> ... una martiniqueña sudorosa y muy llena de motivos, al momento de llegar Rubén Galván reniega en inglés, patuá y español contra algún irresponsable que le ha prendido el turbante. (Cu, 133)

Hay intereses que se interponen en la integración, ya que obviamente en un Caribe segregado imperará la torre de Babel y la no identificación social. Un personaje de la novela cubana *Ciénaga* arroja luz sobre esos obstáculos:

> Esclavas por el oro del Norte y la rapacidad desleal de los políticos intertropicales. (Ci, 227)

Estas acciones de rapiña y entreguismo se han liberado de una caja de desdichas para prodigar su mal por el mundo de las muchas razas que buscan concierto.

> Y era, entonces, la ciénaga de Cuba, en el nuevo mundo, ya liberado por una nueva conciencia, la caja de Pandora, antes de que la Conquista hiciera salir los males que azotan a Hispano-Indo-Afro-América. (Ci, 228)

Otro de los males acompañantes que se escapó fue el racismo. Esto da objeto a otra sección.

D. El racismo

Todas las manifestaciones de racismo que se presentan en los relatos bajo discusión, involucran tanto a los extranjeros contra los nacionales como éstos contra ellos mismos. Casi como repetición de lo aprendido, tras siglos de explotación, el obrero desprecia a otros por diferencias raciales:

...eran hombres para los que no había lugar en los cuartos ni "cuzules"; por que eran negros. (PV, 77)

A pesar de que la actitud hacia el indígena ha sido de verlo como la raza vencida, cuando se le trata, el racismo contra él es exactamente igual que el usado contra los demás conjuntos étnicos. Uno de los personajes de *Gamboa Road*, la mujer india, queda definida en ese estilo típico de uso de adjetivos en cadenas que caracteriza al autor Beleño; lo que tampoco no deja de ocultar una fina ironía, al utilizar sus particulares "oraciones" cortas:

Rubia. Linda. Limpia. Decente. Fina. No una chola. (G, 45)

No importa qué rincón del Caribe o Centro América sea el ficcionalizado, la Compañía es siempre una de las principales entidades encargadas de clasificar y segregar a los grupos colectivos.[27] Situación que viene en relación directa con la forma en que organiza su modo de trabajo, al establecer separaciones étnicas dentro de sus dominios.

Van detrás los demás empleados de trescientos, doscientos, cien dólares mensuales. Todos -con rarísimas excepciones- extranjeros que ocupan las mejores residencias. (O, 29)

Y no ha sido el racismo una actitud solamente contra unas razas, preferentemente la negra y la india, sino contra los ciudadanos de toda una nación, sin óbice de las etnias envueltas. Ahora, obviamente, la violencia cobra una magnitud mayor. En el caso de Panamá la versión de lo anterior tiene un nombre en particular, Gold y Silver Roll como se ve a continuación:

El capataz gringo no se debe reunir con el empleado del rol de plata. ...Esta división racial se mantiene en las fuentes de beber agua, en los restaurantes, comisariatos, cines y en todos los lugares... (LV, 18)

Esta situación de división no les brinda a los distintos grupos raciales base para cimentar una solidaridad, y las viejas rencillas ancestrales afloran fácilmente, como se deduce de este diálogo entre un grupo de obreros chombos y panameños. Lo cual también retrata el laberinto cultural creado entre hombres que tratan de comunicarse en diferentes lenguas:

> -You drunk! Get out from here, niggers...!
> -Indios pinches de cocina, arrastrados y pulguientos, venidos de la jungla.
> -Get out West Indies! (Cu, 250)

Esta citas representan el mundo alrededor de las diversas construcciones que se hacían en el Canal de Panamá e irónicamente -como una contradicción-, la propaganda oficial en los días de la escritura del texto se jactaba del papel histórico que jugaban el Canal y los hombres de tantas razas trabajando allí, en un esfuerzo mancomunado para mantener y preservar la libertad y la democracia.

Estas luchas racistas y raciales ocurrían a diversos niveles culturales, y uno de los más sutiles era el religioso. Las etnias entienden que los "nuevos ministros" traen, tras ellos, algo más que una nueva interpretación religiosa; son los colaboradores de una penetración, que a varios estratos, complementa un sistema que horada todos los cimientos de la cultura nacional. En muchas de *Las novelas de las Compañías*, la exposición -y ataque frontal- de esta situación es franca y abierta. Quizá, los dos autores que en forma más notoria se enfrentan al protestantismo del norte son Asturias y Beleño. A la secta "Testigo de Jehová", que por ironía, postula el no reconocimiento del Estado, es a la que más se satiriza y cuestiona en algunas de estas narraciones.

En un plano no tan obvio, estos conflictos y confrontamientos raciales vienen acompañados de un aparato de transculturación que va minando las bases de las culturas -en proceso de gestación-, en especial en el caso de los nuevo grupos creados mediante el mestizaje.

E. Transculturación y mestización

En una Guatemala india y mestiza, uno de los personajes de estas historias se cuestiona la imaginería sagrada blanca de moda en el país.

> ...aquí donde hasta los santos deben ser gringos canches y con ojos azules... santos de pasta blanca que venden por docenas, no nuestras imágenes antiguas, aquellas de madera. (LOE, 327)

Más bien, el deseo del personaje es ver dioses aindiaditos más cercanos al vetusto mundo maya-quiché:

> Dice, además, que ya no estamos solos en las plantaciones, porque está con nosotros una Virgen que es como nosotros, pura india...¡Nada de extranjeros! ...india descalza, de pelo negro y ojos achinaditos...
> (LOE, 286)

Queda patente en estas palabras la lucha que existe entre las diferentes culturas, donde la mayoría, al estar en posición de desventaja social, tiene que ejercer gran esfuerzo para contrarrestar las intenciones homogenizadoras de la minoría dominante. Dentro de la asociación que obliga el confrontamiento de estos mundos, en *La llamarada* se vuelve a establecer nuevamente, la relación entre el indio y su cultura ya muerta, a modo de solución del presente inmediato, confuso y problemático:

> ¿dónde se encontrará ese refugio? ¿en la montaña? ...el último indio se refugió en el Yunque y allí murió con sus dioses... (L ll, 229)

Este mismo autor al referirse al "problema negro" lo hace más patético: es una mancha que hay que ocultar.

Hoy se baila en casa de Ña Saturna...Atavismos ancestrales golpeaban
salvajemente el pecho de la noche... El negro ha dejao de ser negro; a
veces es más blanco que el blanco en sus cosas,... (L ll, 209)

Y esa fiesta se celebra no porque "los mozos" lo deseen, sino "se celebra
porque vive Ña Saturna". El autor da ahora su versión sobre la raza negra y su
destino, en palabras parecidas a las que usó para describir la suerte de la ya
muerta, cultura indígena: con el último de los viejos se muere la cultura; al joven
no le interesa integrarse a ella. Pero queda latente una serie de preguntas. ¿Ese
joven se ve "forzado" a cambiar de modelo cultural? Ante lo corto de la vida
humana y lo difícil de una lucha de este tipo, ¿no parece un náufrago agarrado a
una tabla de salvación que cree le va a abrir las puertas de un mundo cruel: el
mismo que por varios siglos ha despreciado a sus mayores?

La fiesta se ubica en la ficción, tras la muerte del importantísimo actuante
Don Polo -y también, luego del enfrentamiento del protagonista con Don Oscar,
el representante de la Compañía-; es el momento en que Juan Antonio decide
rechazar la civilización cañera y regresar al lar nativo. Obviamente lo negro se
enaltece, ya que no es la primera fiesta en la novela, no es la *fête champêtre* del
inicio de la fábula ni la que preparó el personaje obrero -mestizo-hispánico-, es
ahora la negra. Las tres fiestas (blanca, mestiza y negra) son otro recordatorio, a
niveles semánticos más elevados, de la mezcla del hombre de Puerto Rico.

La transculturación no sólo afecta a los diferentes grupos raciales, sino que
atenta en la Cuenca del Caribe contra naciones completas. En este caso,
corresponde el turno a esos dos países de la región que parecen condenados por
la "historia del hombre occidental"[28], a ser ambos el umbral y cierre de la entrada
al mundo latinoamericano. Desde el "Descubrimiento" a las dos naciones se las
valorizó por su particular posición geográfica y hoy el Imperialismo, queriendo
sujetar "la historia del Hombre", trata de cosificarlas de la misma manera que se
hizo en el pasado. Las domina no sólo en el aspecto militar-económico sino, a la
vez, en muchos otros de la vida colectiva. En *Luna verde* y *Gamboa* se exponen

aspectos de relaciones raciales en la región caríbica y las mismas entre los países referidos, antillano uno y centroamericano el otro (Puerto Rico y Panamá). Véase primero un aspecto general sobre pueblos del área; habla un personaje que representa al país ístmico:

> Quizá estemos más cerca de las Antillas que de Colombia y de allí la confusión de nuestras almas y nuestras decisiones. La aristocracia criolla vive una incolora combinación de colombianismo y yanquismo, mientras que el pueblo vive una etapa de antillanidad impuesta por este sedimento negro venido de las islas del Caribe. (LV, 179)

Pero esa antillanidad que este país ha heredado puede ser un peligro, ya que suele afectar la cultura nacional típica.

> ¿No te parece una honrosa coincidencia que todavía seamos latinos? Todo está en contra de nosotros. La Geografía. Millones de dólares, miles de antillanos que piensan y sienten con las ideas y los sentimientos de las revistas norteamericanas que leen. (LV, 210)

El otro frente, más directo, violento y racial, enfrenta a hombres de ambos pueblos en un ataque de tipo militar. Ahora el país antillano se presta al "ataque" del centroamericano.[29] Son muy dramáticas las siguientes citas:

> Los puertorriqueños son ciudadanos de segunda categoría en los E. U. Son como nuestros chombos, tienen patria y no tienen patria. Tienen que defender otra Patria que no es suya. (G, 29)

> ...y nadie nos tiende una mano para mitigar el ardor de nuestras propias lágrimas arrancadas con el fuego de los gases lacrimógenos que disparan los mismos puertorriqueños, que tampoco tienen Patria. (G, 95)

Hay que interpretar el ataque descrito en las citas novelísticas como uno que encierra varios significados. Los atacantes sienten escalar un grado en el espectro de valores que la metrópolis colonial les propaga. Es otra forma de negarse racialmente, de transculturarse.

Estos dos países, su tierra ocupada en parte o parcial por tropas extranjeras, son los que más tienen que batallar en la región contra la destrucción de su lengua castellana -otro de los problemas más serios relacionados con la transculturación-; la cual se va degradando. En el caso de Puerto Rico la enseñanza pública en este idioma fue prohibida oficialmente por el gobierno norteamericano desde el momento de la invasión en el 1898; luego derogado el propósito (nunca legalmente)[30] ante la respuesta popular. En el año de 1990, el gobierno de esta isla decidió decretar el castellano como la única lengua oficial de la nación. Gesto que indica la lucha y confrontamiento colectivos contra la condición colonial que se les ha impuesto. Este acto, que puede ser incomprendido por millones de otras personas, hizo que se concediera al país el premio hispánico, Príncipe de Asturias para ese año.

Otro personaje de otra de las novelas presenta la misma problemática lingüística, la cual ocurre ahora en Panamá.

> ...de la corrupción que transitaba desde el bajo fondo de una antillanidad envilecida y de un yanquismo degenerante del idioma que ascendía corrompiendo las formas de expresión. (Cu, 139)

Sirva todo esto a modo de recordatorio o acentuación de que lo lingüístico en LNC, es una problemática que se discute constantemente, desde diferentes puntos de vista de acuerdo al aspecto nacional o regional que está afectando.

Estas comunidades representadas, que los intereses y conflictos de clase no quieren entender por considerarlas simples y rústicas, son un pueblo proletario que tiene que hacer constantes e intrincados malabarismos culturales para la comunicación en su diario vivir. El enfrentamiento entre hombres que no hablan la lengua del país o de la zona, obliga a unas continua **traducción lingüística y cultural**: es un proceso complejo de transcripción idiomática; cuya presentación en estas obras puede traer a la luz símbolos unificadores entre los pueblos que componen este universo. Los conceptos científicos de "langue" y "parole" cobran mayor significado en este laboratorio vital de hombres en creación de historia viva. Hombres que quieren ser participantes decisionales de su propia realidad.

Hasta el momento, se puede detectar que *Las novelas de las Compañías* no solamente recrean los mundos étnico y cultural en sus interrelaciones entre sí -sin olvidar la presencia del grupo racial dominante y dominador-, sino que también permiten palpar el desarrollo de un nuevo pueblo mestizo que se va cimentando a lo largo de los procesos dialécticos de la historia. Ya las razas puras, separadas y desconectadas son del pasado, y la evolución social a través del tiempo las conducen al enlace e interacción. Va quedando atrás el recuerdo de la antigua segregación histórico-geográfica: indios en la sierra, negros en la costa.[31] Ahora el nuevo hombre producto del mestizaje o hibridación busca su nicho en las periferias de las ciudades grandes; o mejor dicho, las va haciendo grandes. La vieja sociedad agraria va dando paso a una, donde los ejes interactuantes quedan centralizados en una burguesía y un proletariado citadinos; quedando el poder real en las manos de la primera.

F. El Poder

El hombre de este nuevo cosmos sigue siendo la máquina que tiene que producir para que haya ganancias máximas. Así, máquina, producción, ganancia y hombre se van convirtiendo en la razón que dinamiza esa sociedad. Pero el hombre queda en último plano y, por lo tanto, no es extraño que se le reparta o venda tal y como se le concibe: un instrumento para producir riqueza. Esta situación es un ejemplo de que otro de los intereses de LNC sea la censura contra la manipulación inmisericorde del obrero en la región. A un grupo de haitianos se lo describe a continuación:

Entonces son repartidos.... En un corral de alambre de púas, encerrados
como ganado, vigilados por los policías del central que rondan cejijuntos,
armados de revólver y machete, son contados y apartados, para ser
remitidos a las diversas colonias. (O, 80)[32]

Cuando la máquina no servía o cuando la situación político-económica lo

requiriera, a los hombre-objetos se les hacía mudarse, pero esta vez no bajo la

organización de la Compañía. Era una emigración forzada a su propio riesgo:

Centenares de trabajadores nicas son expulsados del país con los harapos
que llevan puestos y sus mujeres y niños quedan atrás abandonados en
constante peligro. (PL, 187)[33]

Se presenta entonces, la misma situación de desamparo y sujeción a intereses

extraños, ahora en la versión que corresponde a la zona ístmica panameña:

...por la humillación a que ha sido sometido en la Zona del Canal y en su
propia tierra por una aristocracia no panameña, sino extranjera venida de
Asia, Asia menor, Europa y Norteamérica y que obligan al Estado
panameño a adoptar leyes y tributaciones con un sentido colonial.
(LV, 228)

En el caso especial del país canalero, se ha formado una fuerte burguesía,

ajena a la sociedad e intereses del pueblo ístmico, que se ha aliado a los

dictámenes provenientes de la Zona del Canal. Se ha conformado aquel grupo

social con el papel de "subdominadores". El novelista Beleño va más allá de estos

explotadores clásicos, y ataca en sus obras la enorme cantidad de prostitutas que

han venido al país a servir de "carne de placer" a los numerosos soldados. Estas

mujeres tampoco actúan en pro de los intereses nacionales, más bien pertenecen

a una quinta columna. En *Luna verde* se dedica amplio espacio textual al tema que

se ha discutido hasta ahora.

Ante toda la situación de dominio y explotación extranjera, es imperativo que se concierte una acción colectiva; defender lo propio es defender lo nacional. Ya sea en el canal o en la plantación, la batalla es la misma.

> Contra ese señor tenemos que luchar... pero los que nos sigan en la trinchera, si, si es que se mueven como nosotros, como el viento fuerte, que cuando pasa no deja nada en pie, y lo que deja lo deja seco...
> (VF, 112)

En el peor de los casos la acción que se ejecuta no está planificada y lo que se crea es confusión étnica. Uno de los personajes y escenas mejor logrados, y de fuerte simbolismo en *Las novelas de las Compañías*, es el de Ramón de Roquebert cuando va a la casa de su abuelo, ya muerto, y quema las pertenencias que enlazaban al viejo con todo su mundo cultural. De esta manera Ramón, héroe en *Luna verde*, también quema sus naves quedando en un vacío significativo, sin raíces, ahora a la deriva. O quizá, algo más positivo, el acto lo guía hacia el camino de la nueva nación, la que es su nueva realidad, independiente de su origen extraño -francés- a las tierras americanas. Aunque esta escena se refiere sólo a un personaje, puede dar idea del desconcierto general en un país con muchos extranjeros y tropas iguales que están acantonadas en una sección del suelo nacional.

Estos hechos pueden servir de puente para hacer observaciones respecto a algunos recursos literarios usados por los diferentes autores en la elaboración del tema racial.

G. Recursos literarios y lo étnico

Uno de los recursos literarios utilizados por los narradores de LNC es el de crear "personajes especiales", cuya función artística y narrativa es la de puntualizar, reforzar y hacer patentes ciertos aspectos de tipo cultural a lo largo del discurso textual. Entre estos personajes sobresale en la novela *Cosmapa*,

Ubeda, a quien se le dio el rol del humor, pero a la vez es la voz descriptiva de las culturas maya-quiché. Es muy interesante este Ubeda, ya que también se encarga de enlazar secciones internas de la obra y, bajo la excusa de su uso del alcohol, también muchas veces es voz de coro y voz lírica del discurso. Al ser tan multifacético ayuda a darle al texto energía semántica[34] y unidad estética. Toma Maese, en un momento, más aguardiente de lo acostumbrado y se lanza desnudo a imprecar la tormenta:

> Donde están esas tres señales, allí está el Corazón del Cielo: Oh, serpiente de Fuego, Xiucoatl.

> Hombre de carne que se pudre, admira y póstrate ante Ajatazak que es el Edificador y Xpiyacoc que es el que da las formas, que estamos bajo el Signo del Corazón del Cielo. (Co, 247)

La escena tiene funciones de humor, de contenido y de recreación étnico-cultural. En la novela *Curundú*, la abuela española del protagonista, doña Carmen de Uriola, trae ya en su apellido cierto estirpe que usará el autor para contrastar el interés de su nieto por sentirse hijo de la tierra panameña, ante las muchas y diversas inclinaciones egoístas de gran número de extranjeros en el país. En *Viento fuerte* aparece el personaje norteamericano Lester[35], el que por sus actitudes es un fuerte contraste con sus compatriotas miembros de la alta jerarquía de la Compañía sobre la cual gira la obra. Además, tiene el rol de apreciar constantemente la seriedad, dedicación al trabajo y formalidad del obrero indígena. En *Prisión verde,* el personaje de Benítez no sólo representa al nacional entreguista, sino que brinda situaciones para desarrollar un subtema de la narración: la transculturación lingüística. En *Puerto Limón*, la negra Azucena es obrera chomba de primera generación; cultural e idiomáticamente no pertenece a la nación costarricense, es en esencia antillana. Por el contrario Atá, personaje de *Gamboa Road*, es chombo de segunda generación y simboliza esta etnia a la cual no se la ha permitido integrarse a la sociedad panameña, y que vive en una especie de limbo cultural apegada a la nada; ya que tampoco los chombos pueden sentirse anglo-antillanos por su desconección con estas naciones caribeñas de sus abuelos. En el conjunto de narraciones de LNC, Atá es uno de los personajes mejor logrado, a la vez es uno de los más solitario y patético.

Como elementos que ayudan a mover la acción, se elaboran en estas piezas narrativas varias escenas -cargadas de altos enlaces de energía semántica- que, tanto en el desarrollo del discurso ideológico como en el desenlace tramático, ejercen funciones que trascienden ambos aspectos. Un ejemplo que puede citarse es el discurso que Rubén Galván da en *Curundú* al grupo de indios de San Blas sobre el estado de Panamá. Además de presentar una oportunidad para la exposición de un tópico ético sobre la vindicación de la nación, tiene una proyección en la elaboración textual del discurso ideológico al enlazarlo con el estado febril y la pesadilla que sufre el personaje; todo esto último ya parte de la fábula en la ficción. Trenzando niveles cada vez más ricos de comunicación, no se debe olvidar que antes de ese discurso Rubén había probado marihuana, por pimera vez en su vida, y en esta situación tampoco tenía el dominio de su intelecto debido a su previo estado de enfermedad. El autor da en forma subyacente otros mensajes. El estado del país no es fácil de explicar y queda expuesto como algo muy confuso que merece seria atención.

En dos de LNC hay escenas dedicadas a las culturas indígenas que son contrastantes entre sí debido a sus ubicaciones dentro de los discursos narrativos. Una es la inicial en *Luna verde*, donde el realismo mágico llena de simbolismo barroco el comienzo del drama cultural. Este también es el comienzo de toda la *Trilogía* canalera, dedicada a presentar la lucha de los diversos pueblos que a su vez componen la nación ístmica panameña. La escena presenta el encuentro entre el personaje Ramón y dos indios en un ambiente no bien definido; y es, de igual modo, otro intento del autor para enfatizar lo difícil de una explicación sobre el origen y desarrollo del pueblo de Panamá. La segunda escena es la última en

Viento fuerte donde Asturias concluye su obra con otra recreación de lo real y mágico, y en la cual no quedan espacios vacíos, todo se llena con furia de elementos de la cultura maya -relegada y olvidada-; y así se sugiere un nuevo comenzar, un nuevo futuro de justicia y bienestar para todos los hombres. Además de hacer su mensaje uno poético y pacifista -ya que se habla de una furia ideológica, no contra persona alguna-, la antigua cultura es vindicada.

No es ésta la única obra donde el cierre del conflicto está fuertemente, enlazado al subtema de los grupos raciales. En *La llamarada*, ya se dijo, Laguerre organiza tres fiestas campesinas que recrean las visiones cosmológicas de los actuantes; dos de ellas están distanciadas de la que se identifica con la Compañía de la plantación. Las primeras dos fiestas las celebran los grupos europeo y criollo (asociado a la tradición hispánica) y ocurren en los comienzos de la novela. La tercera es por iniciativa del colectivo representativo de la raza negra, pero al acercarse la actividad al final de la novela obliga al lector a comparar todas las fiestas y reconsiderar la suerte de este último grupo históricamente rechazado. El mensaje de Laguerre es sutil, pero no debe pasarse por alto.

Volviendo a considerar al hombre chombo de *Gamboa Road*, Atá, al cerrarse la narración cree que ha logrado alcanzar la libertad que anhelaba. Al verse fuera de sus ataduras físicas reorganiza su psiquis para el nuevo estado y, en medio del caos cultural que persigue a este grupo racial en la Cuenca del Caribe, opta por pronunciar sus últimas palabras en el idioma inglés: "I'm safe! Safe! Safe"! De esta manera el hombre regresa a la raíz de su origen y Beleño rinde homenaje al grupo marginado. Cabe preguntarse el lector, ¿de qué está o es salvado ese negro producto de un arrabal panameño?

En la obra *Los estrangulados* se da muerte al militar Peter Robinson, quien simbólicamente representa al famoso aventurero y bandido norteño William Walker; el que merodeó y afectó a la nación nicaragüense por largo tiempo en el siglo pasado -como si esto hubiera sido un aviso de la suerte que esperaba al "sufrido pueblo" de Sandino. Toca de nuevo el turno a *Curundú* y a *Los ojos de los enterrados*, la primera, a modo de cierre de la *Trilogía* canalera, concluye con un adolescente que se enfrenta a las fuerzas opresoras con un simbólico Cristo colonial (el origen hispánico) en una mano y en la otra un machete. Arma ésta, que dio la libertad en la primera guerra de independencia a muchos de los países caribeños.[36] *Los ojos de los enterrados* concluye la *Trilogía* bananera centroamericana, y le corresponde al grupo de mulatos en el relato ser los responsables de viabilizar el que se organizara la caída del dictador y el vencimiento de la terquedad de la Compañía frutera. Se agiganta entonces el significado del cántico mulato que ha corrido a lo largo de casi toda la tríada asturiana; es el canto simbólico de la libertad: "cos, cos moyon con..."[37]. Y da Asturias mayor contenido al mensaje racial, ya que uno de los personajes, Juambo el Sambito -interpretando literalmente la simbología de "los ojos de los enterrados"- va y desentierra a su padre muerto para certificar si aún tiene los ojos abiertos. El mito, de esta manera, privado del significado colectivo obviamente, es tonta superchería.

Las mismas condiciones históricas han acercado a todos estos hombres y los han mestizado. El tiempo de las etnias puras ha concluido para dar paso a una o unas nuevas culturas que tienen un futuro por delante y mucho que aportar a la gran cultura de Latinoamérica. En *Las novelas de las Compañías*, la conclusión de *Prisión verde*, quizá la novela más sórdida y cerrada del conjunto, da una idea de ese pueblo nuevo que va emergiendo en el arrabal, en los barrios pobres de las ciudades grandes. Ya esos grupos raciales no volverán a la campaña de donde salieron cuando escucharon el canto de sirena de las Compañías. En dicha obra el pequeño grupo de hombres, mujeres y el niño por nacer -los que han sido echados de los terrenos de la Compañía en Honduras- sale cantando la canción recién compuesta por el personaje cantador Rivicho. Ese canto es una producción de la nueva cultura popular de estos pueblos asediados. Salen en segunda emigración desde los terrenos de la misma Compañía hacia un posible arrabal[38]; pero su cantar alaba un acto revolucionario y, contrario a la atmósfera amargada de toda la narración, cierra a ésta en forma optimista. El grupo proletario citadino -la nueva raza- no ha sido vencido, tiene ímpetus y hambre de futuro.

Se observa en todas las piezas que componen el corpus novelístico de LNC, que lo étnico juega un papel primordial a nivel ideológico-discursivo. E interpretando lo postulado por Lotman, "las culturas son otro lenguaje secundario, ya que encierran una complicada red de comunicaciones"[39], se puede decir entonces que los grupos raciales representados en todas estas novelas son algo más que el conjunto de sus propios pueblos.

Se ha expuesto en este capítulo la voz de LNC como un testimonio cultural de la América comprendida en los "discursos de los otros". Los discursos de los que no representan la etnia dominante.[40] Es el habla continua, incesante, que en toda esta serie de narraciones a veces aletea, otras explosiva, deja sentir las mil y una voces que fluyen como clamor de Voz, como relato histórico.[41] Es un cúmulo de personajes comunicantes que abarca tanto a seres humano, seres sobrenaturales y mágicos y hasta la naturaleza misma.

Uno de los valores positivo en estos relatos no es solamente el recreo de uno de los mundos del Caribe, mundos que apenas ahora se abren a sus propios hermanos latinoamericanos, sino es su espíritu optimista y afín con los procesos evolutivos de la historia. La venganza contra las Compañías o el poder dominante no es nunca el cierre discursivo; más bien es éste el descubrimiento de un nuevo pueblo mestizo producto de todas estas interacciones históricas; y es a ese pueblo al que hay que dirigir la atención. Es nuestro futuro.

Notas

[1] Angel Rama llama "la ciudad letrada", en varios de sus libros y artículos, al grupo que ha tomado la dirección y determinación de los gustos literarios y artísticos en las sociedades latinoamericanas. En otras palabras son los "regentes" de esta cultura.

[2] Ver: Saúl Sosnowski. "Sobre la crítica de la literatura Hispano-Americana: balance y perspectivas." Cuadernos Americanos 6 (1987).

La discusión en Latino América sobre el origen de la cultura y sus raíces europeas y las del nuevo mundo son constantes en la argumentación ideológica. Son parte del proceso de maduración cultural de sus pueblos tan jóvenes. Se pueden citar, a continuación, palabras del ensayista Henríquez Ureña sobre esto, ya que las suyas aplican perfectamente a lo expresado en *Las novelas de las Compañías*, dado el explícito interés de éstas en incluir en sus páginas temas, poemas, etc. que son elaboraciones artísticas de profunda raíz hispánica, sin que esto indique el que se fomente el eurocentrismo.

"Volvamos la mirada hacia los europeizantes, hacia los que descontentos de todo americanismo con aspiraciones de sabor autóctono, descontentos hasta de nuestra naturaleza nos prometen la salud espiritual si mantenemos recio y firme el lazo que nos ata a la cultura europea. Creen que nuestra función no será crear, comenzando desde los principios, yendo a la raíz de las cosas, sino continuar, proseguir, desarrollar, sin romper tradiciones ni enlaces".

Pedro Henríquez Ureña. Seis ensayos en busca de nuestra expresión. México: Fondo de Cultura Económica, 1960.

[3] Se pueden considerar estas novelas como unas que pertenecen a las manifestaciones de la contracultura. Se convirtieron, quizá sin la intención expresa de muchos de sus autores, en parte de esas creaciones modernas que quieren dar paso a una cultura alterna a la metropolitana. Es ésta el símbolo del poder político-económico real o se refiere a esa cultura dominante que proviene histórica y tradicionalmente de Europa, la llamada occidental. Exponen y hablan aquellas narraciones sobre el indio y el negro, grupos étnicos que en el momento de la escritura estaban distanciados de la etnia dominante por una extensa brecha.

Es interesante notar que LNC, con sus intentos de ser expositora de un cultura paralela a la cultura homogenizadora hispánica, coinciden con las expresiones actuales de contracultura en la América Latina: cine documental, canción de protesta, poesía anticlásica, teatro de barricada, cartel y mural político y otras manifestaciones artísticas no coincidentes con los valores del arte del Establecimiento.

Como son textos nacidos dentro de una situación de conflicto cultural no crean un producto de fusión, sino un espacio donde se siguen enfrentando las culturas opuestas. Sin ser revolucionarias, a estas obras se las puede clasificar como contestatarias.

Las siguientes palabras de Lienhard dan más luz sobre el particular:

"Por estas razones, cuando en un texto se enfrentan real y prácticamente dos sistemas literarios... el conflicto semiológico tiende a implicar los trasfondos socio-culturales respectivos".

Martin Lienhard. "Las huellas de las culturas indígenas o mestizas-arcaicas en la literatura escrita de Hispanoamérica." Hispamérica 13.37 (1984).

Ver también: Manuel Picado. "Carlos Luis Fallas: visión de conjunto." Revista Iberoamericana 53 (1987).

[4] Miguel Angel Asturias, en busca de nuevas interpretaciones artísticas, cambió el concepto mítico que había ensayado en la relación hombre-maíz anteriormente, y ahora, en su grupo narrativo la *Trilogía*, lo convierte en hombre-banano. El primero ve al individuo de color amarillo en contacto con su dios y con su origen en la antigua cultura maya. En el segundo el color se convierte en el verde de las bananas y el de los billetes. Hay un estudio interesante sobre estos cambios en la concepción mitológica de este autor, en el ensayo de N. Megged:

Nahum Megged. "La culture de la banane, clé mythique de Miguel Angel Asturias." Europe 553-54.53 (1975).

[5] Ver sobre las contribuciones del Modernismo a la literatura Hispanoamericana en Angel Rama, *La transculturación narrativa en América Latina*. México: Siglo Veintiuno, 1982.

[6] Este es otro de los ejemplos de los intentos para contrarrestar en la región caríbica, lo que el gran novelista haitiano René Depestre llamó "neocolonialismo zombificante". En otras palabras, el mantener a las masas adormiladas como zombíes; ajenos a todo razonamiento propio.

Ver: Rafael L. Limia. "Apuntes acerca de las culturas caribeñas." Santiago 56 (1984).

[7] Dice el crítico Bueno Chávez:

"El notable desarrollo de la literatura latinoamericana contemporánea y el interés extracontinental que ella suscita han contribuido a que se reflexione desde hace algo más de una década en la constitución de ya no sólo una crítica literaria latinoamericana, sino de algo mucho más sustancial y sistemático: de una teoría literaria nuestra (de la literatura latinoamericana, se entiende), que mediante categorías básicas y modelos de estructura y función articule un objeto que haga justicia a lo específico de la naturaleza y las manifestaciones del fenómeno literario latinoamericano en su totalidad, y que, por ello mismo, nos afirme como descolonizados culturales en este aspecto de las ciencias humanas y sociales".

Ver: Raúl Bueno Chávez. "Teoría literaria y desarrollo social en América Latina."
Hispamérica 15.43 (1986).

[8] Entiéndase por este término aquellos recursos literarios que rompen el tono lírico, poético y artístico que caracteriza a la obra y lo revierten en uno vulgar, ordinario o violento. Al romperse aquél, se trata de desviar la atención hacia lo nuevo propuesto y, se trata así de centralizar la atención hacia este punto que es principal ahora en el discurso que se presenta. Es un recurso de contrastes que rompe violentamente una forma en otra; esto trae una mayor energía semántica al texto en discusión.

[9] Los vocablos indio y negro no denominan solamente, a un grupo socio-lingüístico o cultural sino que implican un estado de subdesarrollo, opresión y una relación clasista. En toda la Cuenca del Caribe hay infinidad de regiones donde, tanto uno como el otro grupo étnico han quedado separados y aislados del resto de la comunidad nacional. Hoy en la ciudades grandes son los grupos mestizos o combinatorios los que han sido segregados en las llamadas "comunidades marginales" -o con otro tipo de taxonomía clasificatoria-. Tómese como ejemplo el nombre que se les da en Puerto Rico: la gente del "caserío"; o sea, los que viven en los lugares creados especialmente para ellos; obviamente, no integrados al resto de la sociedad.

En mucho lugares se ha creado una visión dualista (de color o "blanco") no clasista, y se crea una concepción tautológica que no brinda claridad al problema intrínseco que realmente existe.

[10] Esta emigración de los nuevos proletarios es antesala a los famosos viajes que la literatura continental presentó años después. Como lo son el viaje mítico en *Cien años de soledad* y el viaje que se hace al infierno en *Pedro Páramo*.

Son todos estos desplazamientos una continuación realmente, de los iniciados con el libro de viajes de Cristóbal Colón, *Diario*, pasaron por *Los infortunios de Alonso Ramírez* de Sigüenza y Góngora y *La peregrinación de Bayoán* de Hostos, continuaron con muchos otros más para desembocar en los actuales viajes de hoy. El continente mestizo está aún en busca de su total liberación a través de estos movimientos.

[11] L ll, p. 107.

[12] LOE, p. 286.

[13] MY, p. 18.

[14] MY, p. 9.

[15] El baile ha sido para el negro de la región un tipo de exorcismo: para aprehenderse a sí mismo y a los demás. Ha sido también un modo de conocimiento intuitivo y un mecanismo para perpetuarse.

[16] Fue muy común en el área de Caribe el que los negros obreros se movilizaran continuamente en busca de trabajo; procedían de los viejos entronques de esclavos en las diferentes islas.

Manuel Alvarez Nazario. *El elemento afronegroide en el español de Puerto Rico*. San Juan: Instituto de Cultura, 1961.

[17] Co, p. 105.

[18] PL, p. 50.

[19] Cu, p. 212.

[20] L ll, p. 213.

[21] Co, p. 63.

[22] L ll, p. 117.

[23] Es muy significativo que estos hombres que conviven una misma nacionalidad y pertenecen a diferentes razas, debido a sus diferencias de desarrollo cultural e interpretación de las realidades que los rodean, vivan entonces en épocas distintas. Esto le da carácter de unidad a *Las novelas de las Compañías* debido a que platean problemas idénticos; no importa las concepciones artísticas para su elaboración. Paralelismos no extraños en la literatura latinoamericana. Véase la siguiente cita del crítico cubano Fernández Retamar:

"Hasta el presente ella [la literatura latinoamericana] no es otra cosa que la suma, con algunas correcciones estructurales, de las literaturas nacionales. Paradójicamente, ocurre que en estas literaturas, aunque viven en muchos casos enteramente separadas [...], registran un paralelismo sincrónico sorprendente. Cuando se enfrentan autores, corrientes artísticas, concepciones estéticas, de unos y otros países, se describe, por debajo de las reconocidas diferencias comarcales, ritmos de desarrollo y problematización muy similares."

Roberto Fernández Retamar. "A propósito del círculo de Praga y del estudio de nuestra literatura." Casa de las Américas, 1972.

[24] Toda la serie que comprende estos relatos trata ampliamente, este tema y se exponen tanto los problemas de los que se mueven fuera del país como los que llegan a un área nueva. Con el desarrollo de las industrias cañera, banánera y la construcción del Canal de Panamá, se atrajo gran cantidad de obreros a estas regiones. En todos los casos la gente se mudó principalmente, de las sierra centrales a las costas. Luego aquí, rotas las uniones con su centro terrígeno y cultural, siguieron las emigraciones a otras tierras vecinas o a las metrópolis nacionales o coloniales.

Para la misma época que se concibieron LNC se escribió el drama de René Marqués, *La carreta*. Esta pieza teatral, una de las obras latinoamericanas más dramática en la exposición del problema de referencia, desarrolla no una, sino dos emigraciones a la vez, una que se mueve del campo a un arrabal en tierra nacional y otra, de aquí, a una ciudad de la metrópolis dominadora.

Estos mismos movimientos se observan en las novelas *Mamita Yunai*, *Viento fuerte*, *Luna verde*, *Curundú* y *Prisión verde*. Traen problemas similares a los que se presentan en el drama mencionado: la pérdida de los substratos que dan fundamento a la vida del hombre.

De esta forma, la obra teatral es espejo de esa desorientación, desubicación y ruptura con la realidad social que enajena a todos estos personajes que deambulan por el inmenso mundo de la Cuenca del Caribe.

Así doña Gabriela, personaje central de dicho drama, ante la muerte de su hijo, quien es atrapado por una máquina la cual no sabe manipular, quiere regresar a su antigua tierra:

"...porque ahora me doy cuenta lo que noh pasabah a toh. ¡La mardición de la tierra! La tierra es sagrá. La tierra no se abandona. Hay que volver a lo que dejamoh pa que no noh persiga mah la mardición de la tierra".

René Marqués. *La carreta*. Río Pidras: Cultural, 1963.

[25] "Las migraciones entre países, de acuerdo con el desarrollo preferencial que les concediera el poder hegemónico a sus enclaves, desplazaron nuevas masas de individuos de procedencia antillana hacia las plantaciones bananeras... con la consecuente interculturación."

Emilio Rodríguez. "Pluralidad e integración en la literatura caribeña." Revista Universidad de La Habana 212.4 (1980).

[26] LV, p. 35.

[27] Esta clasificación no era nueva para el hombre del área. En los años coloniales hubo un escrito oficial "el documento de gracias al sacar", el que legalmente certificaba la "blancura" de una persona. No debe pasarse por alto el uso de la palabra gracias en el título de esta certificación, o sea, era un favor o benevolencia el ser considerado blanco en aquella sociedad.

Ver: José Piedra. "Literary Whiteness and the Afro-Hispanic Difference." New Literary History 18.2 (1987).

[28] Los criollos no patrocinaron nunca la enseñanza de la cultura occidental a sus "súbditos" colonizados como una manera más de ejercer control político sobre esa población; fue un hecho general para toda la zona.

[29] Es obvio que Puerto Rico no tiene la fortaleza militar ni razón alguna para atacar a la nación hermana de Panamá. Todo es una situación forzada que enfrenta tropas con componentes de ambos países; pero detrás hay otros intereses foráneos que utilizan al soldado de Puerto Rico, salvan a los militares nacionales del imperio y queda el asunto, para efectos de los medios de comunicación masiva, entre nombres y apellidos "latinos" como si todo hubiera sido un problema local.

[30] La lucha por el lenguaje en PR ha llegado varias veces hasta las cortes. Los presidentes de los EE.UU. han interferido directamente, en el asunto cuando los "gobernantes" de la isla han tratado de imponer el castellano. En el 1938 el presidente liberal Franklin D. Roosevelt nombra un nuevo secretario de educación para la isla y, en la carta que le envía a éste sobre su nombramiento, le dice, respecto a la lengua inglesa: "Sólo mediante la adopción de dicho idioma podrán los puertorriqueños compenetrarse en los ideales y principios americanos". La intención transculturadora queda explícita. Esta carta ha aparecido varias veces en diferentes periódicos de la isla borinqueña, y se da a continuación la fecha de la última: Periódico El Mundo, 8 de octubre del 1988. La traducción es del diario.

Esta actitud del presidente respondería, quizá, a los consejos que su oficina recibía como el caso del Insular Board of Education, que consideraba que el castellano que hablaban los puertorriqueños era mas bien uno dialectal (patois), el cual no podían entender los españoles europeos, por lo tanto, el aprender inglés era indispensable.

Ver: Juan J. Osuna: *A History of Education in Puerto Rico* Río Piedras: Editorial Universidad de Puerto Rico, 1949.

[31] Tradicionalmente los indios de la América del Caribe vivían en la sierra desde que la Colonización los despojó de sus terrenos. A los negros, tras su secuestro en Africa, se les trajo a vivir cerca de las costas, lugar donde se cultivaban los productos que ellos tenían que trabajar. Con la llegada de las Compañías este esquema se cambió, y muchos indios fueron ahora a las costas en busca del futuro prometido por aquellas. Dice el autor Megged, en su obra ya citada:

"...l'homme qui cultive est cultivé par la banane et les hommes de la côte sont les "hommes de banane" semblables aux "hommes de maïs", dans la montagne, les enfants de la vieille culture".

[32] Esta cita de la novela Over toma actualidad ante la situación que se presentó en Puerto Rico en el 1982, cuando un barco lleno de haitianos se acercó a las costas patrulladas por la marina de los EE.UU. La gente fue apresada y traída a la isla. Dada la gran cantidad de cautivos, fueron colocados en casetas de toldos de lona en una reservación militar abandonada; lo que en otras palabras se convirtió en un mal disfrazado campo de concentración. El sufrimiento de los apresados, debido al calor y otros efectos dado que el lugar se encuentra en un área de chaparral, hirió la sensibilidad del pueblo puertorriqueño. La protesta popular logró que se liberara a los prisioneros.

La escritora borinqueña Ana Lydia Vega, escribe para la misma fecha una colección de cuentos, la cual recibió el prestigioso premio internacional, Casa de las Américas de 1982. Se presenta la siguiente cita de una de las narraciones, *Encancaranublado* de dicha colección, la cual enlaza ficción y triste realidad:

"Atrás quedan los mangós podridos de la diarrea y el hambre, la gritería de los macoutes, el miedo y la sequía. Acá el mareo y la amenaza de la sed cuando se agote la minúscula provisión de agua. Con todo y eso la triste aventura marina es crucero de placer a la luz del recuerdo de la isla."

[33] En el caso de huelgas, las compañías, principalmente la United Fruit, expulsaba primero a los extranjeros. Este recurso, dada la gran cantidad de obreros provenientes de otros países cercanos, era usado para presionar los reclamos laborales utilizando la excusa de que los despedidos no eran nacionales, y así, retrasar o evitar el paro. Un estudio sobre estos problemas se puede encontrar en:

Ariel James. "La United Fruit Company y la penetración imperialista en el área del Caribe." Santiago 15 (1981).

También ver a Gloria Marsan. "Bananos: amarga fruta política." Bohemia 66.22 (1974).

[34] Ver Yuri Lotman: *The Structure of the Artistic Text* donde se exponen sus teorías sobre la calidad de la comunicación en términos de la cantidad de energía semántica envuelta en cualquier discurso.

[35] Personaje que, como el histórico Lope de Aguirre, se lanza al mundo latinoamericano en una lucha y búsqueda de soluciones no tradicionales.

[36] El machete ha pasado a ser un símbolo de revolución en muchos países de la región del Caribe. Hoy, en la misma Panamá, se ha blandido en tono simbólico de pueblo en lucha ante el empeño e interferencias del gobierno de EE.UU. en aquel país. En la isla de Puerto Rico uno de los grupos revolucionarios más activos, actualmente, se llama "Los Macheteros".

[37] Esta voz de colectivo que habla de esas manos extranjeras que pegan al grupo social puede cuestionarse: se refiere al momento actual o a la tragedia de una historia de siglos de opresión o incluye ambos tiempos. De esta forma se puede explicar entonces, porque el autor la ha usado a lo largo de todas sus páginas; representando una voz que va más allá de lo mero tramático, de la fábula del momento. Su significado cobra una fuerza comunicativa de gran envergadura.

[38] Las comunidades del arrabal son una especie de estado transitorio entre la cultura rural y la proletaria urbana; no encajan aquellas sociedades realmente, entre ninguna de las dos últimas. También se ha ido creando en la sociedad marginada una especie de independencia cultural de lo establecido, debido a que el colectivo al mudarse

pierde parte de su antiguo acervo. Al encontrarse en un sitio nuevo o tierra de nadie, efervesce la creatividad y da lugar a nuevas creaciones culturales.

[39] Juri Lotman. *The Structure of the Artistic Text*. Ann Arbor: University of Michigan Press, 1977.

[40] Muchas de estas obras son también, uno de los inicios de lo que hoy es el movimiento Pancaribe.

Mathias Perl. "Panorama lingüístico de la región del Caribe." Santiago Vol 52 (1983).

[41] La cultura es un sistema semiótico de información altamente complejo. El arte tiene una complicada relación con otras manifestaciones de él mismo, la cultura y la sociedad, al igual que con la evolución de los sistemas artísticos y sociales. La obra de arte es una realidad perceptiva que se relaciona con otra fuera de ella, a la cual señala y evoca.

Ver: Thomas G. Winner. "Some Fundamental Concepts Leading to a Semiotics of Culture: An Historical Overview." Semiotica 27 (1979).

Capítulo III
Palabra y forma, juegos y realidad en la Poética
de la Narrativa

Partiendo del pensamiento crítico semiótico que interpreta todo texto artístico como uno que encierra mensajes que van más allá de sus propias palabras, o sea, que incluye mayor información que la que indica el lenguaje natural o primario; entonces el discurso guardado en él dará origen a un lenguaje secundario que mediante una elaboración intrincada, va tejiendo lo que se podrá considerar como la obra de arte. La semiótica, como método de análisis literario, se encargará de descifrar esos signos polisémicos para ir descorriendo la riqueza semiológica contenida en el texto literario. Es éste, no sólo el que refuta sistemas lingüísticos y de arte sino que también se encarga de mantener vivos en la conciencia del lector éstos, y otros signos, a modo de una memoria cultural. Así, la interacción del texto y lo externo a éste amplían el ámbito de la información. Van formando en la marcha un sistema de modelo secundario de comunicación que ordena la visión cosmológica que el autor y, a la vez, su cultura comparten. Se enlazan entonces, a niveles más altos de comunicabilidad, tanto el estilo del creador de arte, la cultura representada y los usos de la lengua -ya sean naturales, artísticos y los de tendencia polisémica obvia- para transferir mayor verbo a la obra que se ha creado. Por tal razón, los sistemas extra-textuales serán un factor clave a este método de crítica literaria. Método que al fomentar que se juzgue el discurso desde muchos niveles, evita el reduccionismo en el estudio literario; dado que la narrativa es realmente una jerarquía de niveles o estratos[1].

Al considerar que esta metodología puede traer más luz al entendimiento de las culturas de la región de la Cuenca del Caribe, es hacia el desentrañamiento de esos códigos no obvios que el presente estudio quiere dirigir su atención. Se entiende que el arte literario, como sistema complejo de signo, lleva al propio lenguaje más allá de sus límites naturales. Se parte de la premisa de que los discursos de *Las novelas de las Compañías* forman un gran texto de la cultura hispánica en la Cuenca del Caribe; ya que fueron escritos en momentos históricos de la región y sus páginas son un reflejo de tal ocasión. Y este corpus narrativo, al enlazar Centro América y las antillas hispanas dentro de sus similaridades, afinidades y características propias, hace que el conjunto forme un canon aparte.

Si los autores de esta narrativa no siguieron la línea de composición típica del estilo criollista que la antecedió al tiempo de la composición ni la del vanguardismo cosmopolita con el cual convivían, entonces su escritura se desvía con intención ex profeso. Aunque el discurso principal de las obras gira principalmente, en torno a la denuncia social, no puede considerarse que éstas hayan sido creadas con esa sola idea[2]. Si fuera ése su caso, el autor pudo haber intentado el género ensayístico o la escritura científica de los estudios sociales. Es a partir de este criterio que se estudia estas creaciones, esto es, desde el punto de vista de la búsqueda, a través de la elaboración del texto, de otros mensajes intrincados que recrean los ámbitos en los que desarrollaron los pueblos del mundo caribeño y centroamericano durante una época en particular. Y no sólo interesa el develar códigos sino relacionarlos con los momentos actuales de esta parte de las Américas. Así, el pasado puede clarificar el presente, hoy tan confuso.

A lo largo de este libro se ha presentado una visión del momento histórico que vivió el área de la Cuenca cercano a la escritura de las obras; también se ha discutido la concepción de los mundos étnicos caribeños en aquélla; toca el turno ahora al análisis de la poética de la narración que se elaboró para dar creación artística a estas novelas. Se cubrirán en esta sección, muchos de los recursos literarios utilizados en la construcción del relato. Esto incluye el estudio de los principales bloques narrativos, la trama, la caracterización e interpretación de los personajes y la ambientación de lo narrado. Todos, estudiados dentro de la interrelación dinámica que generan y la cual va desplazando su energía semántica a diversos niveles del conjunto total.

Como eje principal de las historias sobresale el personaje dramático, el cual se verá junto a sus funciones dentro de la máquina estructural que compone el relato. Ese actuante refleja el epicentro de todo el universo artístico. El tema central y sus derivados, los subtextos narrativos, se analizarán junto a otros recursos estilísticos; los cuales amplían los centros informantes y articulan la estructura de arte. Principalmente son muy importantes en esta discusión, las referencias intra y extratextuales -todas movilizan y enriquecen los núcleos narrativos-, a la vez que los conceptos de espacio y tiempo; éstos como elementos que solidifican el armazón del conjunto. Esto es, en sus funciones como fuente de información al conflicto central. También se discutirán algunos de los recursos que se elaboran alrededor de los diferentes puntos de vista; ya que sirven de base al fortalecimiento de los planteamientos ideológicos. Finalmente, se verán el montaje total de la pieza, el tiempo como fuente de ideas y la aportación artística de la obra a la nación y a la región circundante. Esta última, se estudiará dentro de los criterios de la tradicionalidad del texto, sus posibles contribuciones a la novelística latinoamericana actual, y la inclusión de aquél como modelo secundario de información que brinda espacio estético y que enriquece los conocimientos sobre las diversas etnias y la clase proletaria del lugar.

A. Los bloques narrativos

Tras las experiencias que dieron origen y desarrollo al Modernismo en la zona caribeña, la narrativa que siguió fue una que giró en torno a lo telúrico y lo criollo. En estas obras el centro que generaba las acciones entre los actuantes, era la hacienda. Un patrón de origen criollo[3] era el protagonista, y el papel permitido a los miembros de los otros grupos étnicos era el tradicional reservado para los sirvientes. Siguen históricamente a estos relatos, los que motivaron el estudio que se presenta en estas páginas; o sea, los que están ubicados entre la producción telúrica, ya mencionada, y la urbana o "cosmopolita" que sigue inmediatamente.

En la serie que se analiza, la narración tiene otras funciones que van más allá de las tradicionales que estaban en boga en el momento de la escritura; o en otras palabras, no sigue el esquema establecido por las literaturas europeas, principalmente España ni el de la criollista antes citada. Son obras que mezclan en sus relatos códigos occidentales con otros de origen negro (antillano-caribeño) e indios (maya-quiché) y otros grupos. En la región es una necesidad la **cimarronería** de la cultura occidental y transformar los valores de ésta en función de la necesidad de una expresión más auténtica con la realidad americana. A la vez, el arte del relato de LNC -el de la zona caribeña/centroamericana fue y es el más radical de la literatura latinoamericana- es uno tendencioso, esclarecedor y anticlasista.

En las piezas novelísticas que las antecedieron, la presencia de los grupos étnicos, negro, indio y combinaciones mestizas fue más bien de sostén de la fábula sin ninguna otra labor de preponderancia. LNC son elaboraciones que trabajan la evolución de sus sociedades al modo de crónicas. En especial, esto aplica a la *Trilogía* de Asturias, *La llamarada, Los estrangulados, Mamita Yunai, Prisión verde, Tilín García, Luna verde* y *Curundú.*

Y también puede considerarse a LNC como uno de los Romanceros de la región, ya que sus relatos tratan de ser épica del pueblo. Es esta conciencia de la América Latina lo que enlaza a todas estas producciones literaria a un nivel que trasciende el de superficie. Si con los *Comentarios reales* del Inca Garcilaso comienza en la literatura continental esa búsqueda de la identidad cultural, LNC siguen, por lo tanto, otra de las viejas tradiciones literarias latinoamericanas. Siendo explicable este hecho dado el origen histórico tan particular de las sociedades del Nuevo Mundo. Interés que parece nunca terminará, ya que tras los años de la Independencia y pasada la liberación de los esclavos, se persistió, como se hace actualmente, en la investigación histórica para sacar a la luz las raíces originarias del hombre latinoamericano.

Las novelas de las Compañías, sin tomar el formato del ensayo, copian los modelos de cuestionamiento y de análisis discursivo de este género literario. Esto da fuerza y personalidad a dichas obras como documentos culturales y de fuentes históricas, y facilitan con esta colaboración el paso a la adultez de la literatura y la cultura de estos casi dos continentes. El texto recibe el formato de novela debido a la organización de los bloques narrativos, pero en el tratamiento de las ideas es de tipo ensayístico; así, parece ser una combinación literaria entre ambos.[4] Y como en el cosmos de lo ideológico tratan de ser relatos que buscan la transformación de la sociedad obviamente, se convierten también en medio de conocimiento intelectual por su función informacional como sistemas de modelo secundario de la realidad que pesa sobre la región.[5]

1. Trama

Respecto al primero de los bloques narrativos, la trama, es una de fuerte raíz histórico-realista en todas estas producciones. Hay dos variaciones, una es la inicial de *Luna verde* de Beleño -y algunas escenas en las otras obras de esta *Trilogía*- y la segunda se presenta a lo largo de la *Trilogía* de Miguel Angel Asturias, donde el elemento de realismo mágico juega un papel simbólico. En el caso de este autor, justificó varias veces el uso de esa magia, explicando que era un elemento principalísimo de la cultura maya de su pueblo y, que por lo tanto, dejaba de ser algo sobrenatural para convertirse en lo que esa etnia en particular consideraba como lo suyo y familiar.[6] Para Beleño, ya era un recurso literario que estaba de moda en la literatura continental.

El resto de los relatos tiene un esquema realista y en ellos se recrea la vida diaria de los trabajadores en diferentes tipos de plantaciones hasta desplazarse al mundo del Canal de Panamá. Todas estas novelas se caracterizan por tomar su base de hechos de la historia nacional inmediata. Pueden tomarse las citas que siguen como ejemplos de referencias realistas o históricas. Se puede observar la penetración e imposición extranjera sobre lo nacional:

> Antes de partir, el líder aseguró que todo se arreglaría, que iba, conjuntamente con una Comisión mediadora de San Juan, a conferenciar con los directores de la Central. (L ll, 129)[7]

...los echamos de Honduras Británica, invocando la doctrina de Monroe, que ya nos valió una isla de azúcar. (EPV, 380)

... sino el convencimiento que tengo de que entre la Tropical Platanera y la Frutamiel Company, aunque las dos son malas, es peor la Frutamiel. (EPV, 597)[8]

2. Caracterización de los personajes

En el caso del segundo bloque de la narración, la caracterización se vuelve a repetir el interés de traer o girar la atención sobre el eje dual, etnia/proletariado. Si algunos autores no se atreven aún a romper viejos esquemas, prefieren presentar a los dos grupos mencionados mas bien como víctimas. Se puede observar esto en *La llamarada* y *Ciénaga* o sino se los convierte en los héroes de la narración como en *Prisión verde* o *Tembladerales*. O se opta por etapas intermedias como en *Cosmapa*, donde estos grupos toman el papel del humor y son principalmente, el núcleo del cual parten los abundantes juegos lingüísticos tan ricos en esta obra. Esto último se puede observar en la siguiente cita donde se juega con el habla popular:

-Se hombre's tan tranquilo porque loj tiene rayados. Quien le toca loj guevoj al tigre! (Co, 149)

En otros casos esa caracterización posee fuertes tonos eróticos, los cuales abundan extensamente en todas las piezas:

...más sabrosa la carne de hembra...y abrazó a la ñata, apretándole uno de sus pechos todavía duros. (Co, 98)

...y volviéndose a la india..., le pinchó con cariño la tinaja del vientre. (Co, 276)

Como extremo a este humorismo, se observa en *La llamarada* un tratamiento más serio y parco para caracterizar a los personajes:

> ...jíbaros sumisos y melancólicos, negros adustos, mulatos fornidos...
> (L ll, 93)

Otras veces lo que abunda y rodea esa representación es una magia barroca que parece una cascada lingüística interminable:

> La noche se llenó de gritos de mujeres que enmudecían al caer y quedar junto a los durmientes, abandonadas, golpeadas, sangrantes, como inertes sacos de carne. (LOE, 322)

O en otros casos, como ocurre en *Tilín García*, y en las obras en las cuales la violencia juega un papel conspicuo, se describe a los grupos protagonistas de forma tal que se ofrece una imagen negativa o pesimista:

> Entraron en el barracón que hacía de fonda y bodega....En realidad era una jaula de bestias pacíficas. (TG, 69)

Las caracterizaciones varían de acuerdo a las concepciones individuales de cada autor respecto a los grupos raciales y proletarios; pero lo que sí es importante es que a éstos se los ha movido a un primer plano (heroico) o a un plano de gran dignidad en la narrativa. Dejan de ser servirles, el "gracioso" o el degenerado descartado por la sociedad. Aun, dentro de un plano como víctima, se los eleva a un nivel artístico trascendente.

Mas específicamente, se distinguen, entre otros, los siguientes personajes con características particulares: en *Cosmapa*, la cual no recrea la historia nicaragüense del momento, pero revive parte de la ya pasada, hace del personaje Ubeda un instrumento para tales efectos. En *Gamboa Road*, Atá viene a simbolizar los hombres antillanos que deambulan sin patria por el Caribe. En *Tilín García*, Tilín es el hombre con buenas intenciones, pero falto de la educación y los recursos para alcanzar el mejoramiento nacional que se propone. Situación muy parecida ocurre en *Curundú*, donde la juventud e inexperiencia de su protagonista es un factor limitante. Lester, en *Viento fuerte*, ya se indicó que es un actuante de tipo transgresor tanto dentro de la historia como en la literatura continental de protesta. En *Los estrangulados*, Gabriel recrea a un personaje histórico.[9] *Tembladerales* y las dos *Trilogías* tienen, en buena porción de sus páginas, la participación del colectivo como centro de sus caracterizaciones.

3. Ambientación

El tercer bloque, la ambientación, se desarrolla principalmente en tres etapas, en la primera se hace destacar porciones de la historia nacional, como ocurre en *Cosmapa, Los estrangulados,* parte de *Mamita Yunai* y las *Trilogías*. En la segunda, el ambiente se presenta dentro de un nivel de mayor intimidad. Se prefiere recrear a los grupos en su medio diario, dentro de un círculo más familiar. Este es el caso de *La llamarada, Tembladerales, Ciénaga, Tilín García* y *Puerto Limón*. En el tercer nivel se relacionan ambientes nacionales y extralocales, presentado uno de los problemas sociales más serio y candente en el segundo tercio del siglo en marcha en toda Latinoamérica: la emigración interna y la que se hizo fuera del país. Esto, sin dejar de exponer los aspectos negativos que acompañan esos movimientos de masas, ya que desubican culturalmente al individuo al romperle las estructuras en las cuales había fundamentado su cosmos. Además de que alteran procesos evolutivos en los desarrollos normales y transicionales en el paso de un grupo social de ambientes rurales a citadinos. Obviamente, estos procesos conllevan adaptaciones y otros aspectos de ajuste, dada las diferencias entre ambas sociedades. Así se presenta esta situación en *Mamita Yunai, Viento fuerte, Luna verde, Over* y *Prisión verde*.

Es, entonces, el momento para que se escuche la voz narrativa que señala los clamores que invitan a moverse a nuevos lugares, que advierte sobre los peligros de estas nuevas tierras; se oye la llamada de la tierra prístina o sino la atención se dirige a la advertencia sobre la desorientación cultural que todo esto causa. Así, dice un personaje en *Viento fuerte*: "...ofertas no les ha faltado y buenas para ir a trabajar a la costa..."[10]. Se movilizan las masas tras las promesas que se les hacen. El progreso y la civilización han llegado. No importa que haya riesgos; "pero hay tanta enfermedad por esos lugares, tanto peligro"[11], así contesta otro personaje. Esta es la hora de las esperanzas. El dorado sueño del progreso se convierte en el norte de estos seres. Con confianza arrostran las eventualidades que se puedan presentar. Pero muy pronto todas la ilusiones se desvanecen ante la cruenta realidad. Las Compañías les brindan tugurios como viviendas y el trabajo diario es la misma esclavitud, varias veces centenaria, que han vivido intensamente. Ahora lo que se reclama es el lar nativo:

¡Allá es mi tierra, Max, Mi Tierra! (PV, 79)

En otra obra, lo foráneo es lo que identifica a la cultura madrastra, de esta manera, alguien dice en *La llamarada*: "...empeñados a idiosincracias extrañas"[12]. Las ofertas fueron pompas de jabón y todos continúan en el abandono y la pobreza de siempre.

Muchas de las narraciones de LNC completan un cuadro sinóptico de lo que ha ocurrido en las tierras de las Compañías: génesis de éstas, sueño de la tierra prometida y, finalmente, el apocalipsis que dio al traste con las ilusiones de millones de hombres. Situación toda que Asturias trata de resumir en las siguientes líneas metafóricas:

... entre antorchas de racimos de oro más oro que el oro y esclavos centroamericanos de hablar tan melancólico como el grito de las aves acuáticas. (EPV, 373)

Y estos hombres no han terminado aún su historia; ahora, en las nuevas tierras ante una cultura que no les pertenece, en la cual son rechazados, deambulan solos, desubicados...

> a través de los bananales o los cañaverales con las borlas de palta rosada mecidas por el viento caliente. (EPV, 275)

Sería apropiado interrumpir la discusión en curso para mencionar someramente, que estos desplazamientos conllevaron la ruptura de etapas que han seguido otros grupos en la transición "evolutiva" de gente de áreas rurales aisladas a ciudades grandes. Muchas veces los personajes de estas narraciones (que son un cuadro icónico de la realidad) se mudaron de una de esta regiones a una ciudad metropolitana (de dos o tres millones de habitantes) sin haber visitado jamás una "ciudad" de 40 ó 50 mil almas. Sin lugar a dudas, los choques culturales de adaptación a la nueva sociedad trajeron problemas y angustias a los seres envueltos; los cuales han sido muy bien tratados a lo largo de las diferentes narraciones, tanto en la representación de la lucha de entorno (el poder detrás de esas aflicciones) como la de centro (lo que es relativo a lo familiar, nacional, clasista).

4. Interpretación

El último bloque narrativo es la interpretación de los personajes, esto es, sus actuaciones. Se les convierte, mediante los manejos y técnicas de cada autor, en reflejos simbólicos y vivos de lo que ocurre en el país. Vuelven los novelistas a desviar la atención y, en vez de héroes únicos, se les conduce hacia lo colectivo, lo social. Lo conspicuo en esta ocasión son las columnas de hombres, mujeres y niños de diversas etnias, buscando, marchando y encontrándose con un panorama nacional que no es el mismo que expone la voz de la clase dominante.

Ellos no han existido para la Nación, su importancia es cuestionable, es quizá esto, una de las realidades más trágicas y significativas que se encuentra en las páginas de *Las novelas de las Compañías*. Estos hombres, que se ha tratado de esconderlos, de negar su existencia, viajan por los largos caminos de la América Latina en grandes números y bajo un indiferente anonimato. Esta situación trae el recuerdo de un hecho, no tan alejado en la historia continental y que, magistralmente, Gabriel García Márquez recrea en *Cien años de soledad*, novela que en una de sus secciones se emparenta con LNC, la que dedica a las empresas del negocio bananero:

> ...las reclamaciones carecían de toda validez, simplemente porque la compañía bananera no tenía, ni había tenido nunca ni tendría jamás trabajadores a su servicio, sino que los reclutaba ocasionalmente y con carácter temporal. ....y se estableció por fallo de tribunal y se proclamó en bandos solemnes la inexistencia de los trabajadores.[13]

Pero esos obreros están allí y se convierten a través de sus actos, a lo largo de sus acciones, en una acentuación de las contradicciones existentes.

En estas novelas abundan la violencia y los feísmos, los cuales se trenzan con lo poético y lo lírico para recordar que es narrativa de ficción. Mientras tanto, sus personajes hablan y actúan como voz de realidad y cultura de la Nación Caríbica. Hay amargura en *Los ojos de los enterrados* cuando un actuante, despectivamente, comenta, "...porque sólo sois útiles para dejar paso al excremento de nuestras cochinas vidas"[14] o sino es en *Cosmapa* donde se mezclan lo lírico y lo violento para exponer el mundo que rodea a todos, "...veía destrozar, castrar y nacer, como sentía el olor de las flores y oía el canto de los pájaros"[15]. Pero son otras voces las que van dando fe de esa terrible violencia que va en aumento sin detenerse nunca:

.

Los zopilotes inician el festín con vísceras fresquecitas, graznando disputándose las tiras azulencas de los intestinos, enredándose en ellas. (LE, 194)

Iba dejando toda la vida de la colonia atrás, con las tragedias de la guardarraya, con la esclavitud de la peonada. (L ll, 229)

Cabe preguntar ahora, ¿hacia dónde se dirigen estos personajes?, ¿qué buscan? ¿Son esos intestinos que cargan los zopilotes los mismos que cargan esos animales cuando los escuadrones de la muerte -según se lee en los periódicos de hoy- asedian un lugar?[16] ¿Hasta qué grado el paso "del excremento" de aquellas vidas se fue en el tren de la bananera cuando el Gobierno dijo que nunca hubo tal tren ni tal gente? La historia, la ficción, *Las novelas de las Compañías* y la nueva literatura latinoamericana, se dan las manos en este gran drama humano, que se vive en los extensos dominios del mundo de la Cuenca del Caribe.

B. El personaje dramático

Obviamente en la elaboración de estas narraciones, la interacción entre el protagonista y el antagonista tiene una gran importancia. La distancia que media entre estos dos elementos se acorta mediante la introducción de un tercer personaje o actuante, quien, a modo de puente, se encarga de completar el cuadro narrativo. De esta forma en *Viento fuerte*, es el mago maya, es el chamá Rito Perraj, quien le pidió la cabeza a Hermenegilo Puac como precio a la venganza que se perpetraría contra las injusticias del pasado; y, tras el rito misterioso de la milenaria cultura -casi perdida-, logra que se levantara el viento fuerte, huracanado para que se castigaran los abusos de la Compañía. A los gritos de Sugusán, sugusán, sugusán se hace una enumeración de los que fueron arrebatados por la furia despiadada del temporal:

Los presidentes de la compañía, los vicepresidentes, los gerentes... se revolvían como ratas rubias, vestidos de blanco, con anteojos de infelices miopes... (VF, 221)

En *Mamita Yunai* este puente es más realista y lo ejerce el narrador/autor, quien hace uso de varias digresiones e intercala cuentos que contrastan los polos sobre los cuales se desplaza su tema central: la casta en el poder y los grupos raciales sometidos: No sólo este relator, quien actúa de pasadizo, entretiene con sus cuentos- los cuales están elaborados con gran maestría narrativa y de suspenso- sino que también, para acentuar los dos extremos antagónicos a través de los cuales conduce al lector, hace buen uso de lo dramático en escenas con descripciones violentas[17] y feístas que violan las formas y, por lo tanto, desvían la atención hacia lo violado.

En otras narraciones se utiliza este mismo personaje/narrador de puente, con idéntico propósito, el que lentamente va introduciendo al lector en el mundo de la ficción. Se describe con gran dramatismo en una de las piezas, la humillación diaria a que se sometía a estos hombres, quienes "disimulaban su rencor mirando torvamente el suelo, dibujando formas con sus pies cascarosos y desnudos,..."[18] En otro relato, la escena se carga de silencios que dicen más que las palabras, "...día y noche, máquinas, hombres y bestias arrasaban los campos de caña, febriles, insomnes, palúdicos".[19] Hasta que explota de pronto toda esa energía contenida:

...la sangre me quemaba en las venas como plomo hirviente, los párpados como placas calientes, me irritaban los ojos que se llenaban de agua, mientras una cosquilla de náuseas me arañaba el estómago. (MY, 205)

En otras ocasiones el personaje dramático sirve para acortar o alargar el espacio conflictivo, este es el caso de la pareja romántica en *Los ojos de los enterrados*, los cuales, al ser también líderes revolucionarios, traen mayor interés al universo ficcional. Se dice sobre ellos:

> Guardaron silencio, besándose, acariciándose, pero el tiempo corría, poco les quedaba. (LOE, 183)

En *La llamarada* también se presenta este tipo de personaje, cuya función alarga lo narrativo. En esta obra, en uno de los encuentros entre el protagonista y otros actuantes, se suscita una discusión en la que se expone el papel de la Iglesia ante los problemas sociales del momento:

> ...si muere un niño sin confirmación, por descuido de los padres, estos deberán hacer penitencia por tres años... (L ll, 141)

Con otras intervenciones similares a la anterior, se convierte la Iglesia en otro personaje dentro del drama que se desarrolla; pero mediante la estrategia utilizada por el autor, esto ocurre a un alto nivel semántico. Lo que se quiere es confrontar la presencia de la institución ante los momentos que se viven en el país. Este recurso acusa una ironía sutil.

Como un tercer aspecto, al personaje dramático se lo convierte en un grupo étnico y, a manera de otro discurso en el discurso, recrea elementos de su grupo social. Este elemento es muy usado en LNC, dada la oportunidad que ofrece para enriquecer la obra en términos narrativos o de engalanar artísticamente el conjunto y, a su vez, enfatizar el tema de lo colectivo y de las culturas nacionales; a las cuales se las quiere recordar y recobrar mediante estas voces.

Con las rupturas del discurso de ficción se van intercalando poemas, bailes, cantos y comentarios, como por ejemplo en *La llamarada* donde la digresión trae el recuerdo de los pueblos negros. El elemento cultural, debido a lo reiterativo en esta novela, queda como otro personaje del relato; lo cual ocurre a un nivel muy sofisticado. Su representación va ofreciendo información de valor étnico:

|Aromá me conquistó
  mis cantaores!
|Aromá, bendito, Aromá!
|Aromá me conquistó
  mis bailaores...
|Aromá!, bendito, Aromá! (L ll, 213)

Más adelante en la obra, el autor recuerda que el cántico representa algo más que

su música o poesía.

En las novelas de la *Trilogía* de Asturias este mismo recurso, el del

colectivo o lo cultural como personaje dramático, se repite infinito número de

veces, dando ecos a la riquísima mitología maya o se lo entremezcla con elementos

tradicionales hispánicos, como índice de los dos mundos culturales que el pueblo

guatemalteco comparte. Un ejemplo es el que aparece a continuación, donde al

cantar un grupo se crea una estructura nueva y elaborada en la que una conocida

oración religiosa católico-cristiana se ha intercalado en medio del cántico del

pueblo. A la misma vez, el conjunto sirve para recalcar la alegría de todos al saber

que el dictador de turno había caído:

|La tierra! |La tierra! |La tierra!...
   ..."Pues concebida
   fuiste sin mancha"...
|Libertad! |Libertad!...
   ..."!Ave María
   llena de gracia!"
|Renunció! |Renunció! |Renunció!...
   ..."!Más que Tú,
   sólo Dios,
   sólo Dios!"
|La tierra! |La tierra! (LOE, 471)

Este tipo de arreglo con mensaje dual, poema dentro del poema, se presenta

en otros lugares de las tres obras asturianas y, en esta forma, el autor juega con

el texto; a la vez, los mensajes que quiere presentar lo hace mediante el uso de la intertextualidad. Es otra versión del discurso dentro del discurso y, de nuevo, lo heroico se dirige hacia lo colectivo.

En las tres obras que conforman la *Trilogía* de Beleño, el obtinado racismo que permea muchas de las actividades de vida diaria en Panamá, es convertido en uno de los personajes dramáticos más importante. Se observa, a través de las páginas de los tres relatos, la presencia continua del maltrato racial entre unos y otros de los diferentes grupos étnicos que interactúan en la vida nacional de este país. La presentación del racismo en lo relatado es tenaz, hasta el grado que domina la vida de gran cantidad de los personajes y, muchas veces, de la misma narración. Dice el relator:

> Yudi Salcedo comparte, al igual que todos los demás jornaleros, un miedo profundo y casi misterioso por todas las instituciones de la Zona del Canal. (Cu, 222)

Como si esta cita representara dualmente tanto un espejo como la imagen que retrata, queda claro el miedo del obrero nacional ante la prepotencia de la Compañía foránea que impone, olímpicamente, su presencia en todos los órdenes de la vida diaria, al ser la administradora del Canal y la Zona del Canal de Panamá.

C. El tema narrativo central y los subtemas

El tema central y los subtemas de las obras giran en torno al mismo sistema doble de exposición que se presenta en todas las novelas: lo antagónico entre los opresores (nacionales y extranjeros) y los oprimidos. Esto posibilita que lo nacional y las diversas culturas reciban un trato de importancia primordial, al quedar ambos siempre en una posición conflictiva respecto al primer grupo, el de los opresores. Es éste, uno de los puntos innovativos en *Las novelas de las Compañías*, ya que en la literatura inmediata anterior no se presenta esto como una norma. En esta familia de relatos, sí lo es. Se pueden discutir algunas formas de elaborar el tema central.

Uno de ellos es, ya se ha mencionado parcialmente, la elaboración de un pequeño universo donde la imagen de la Nación es reconstruida desde diferentes puntos de vista. De tal forma se presenta en la novela *Cosmapa* donde a través de un personaje, y también mediante otros recursos narrativos, la misma obra se convierte en una exposición de la historia y la cultura patria nicaragüense. Se hace un acopio de los diferentes grupos raciales que viven en el país, las invasiones por la marina de los EE.UU., las intervenciones europeas en la economía del país, la herencia maya, el arte nacional y así, hasta incluir eventos del diario vivir, como lo son las comidas, etc. Todo esto se presenta en forma organizada, más con la idea de recrear este pequeño mundo en forma sobresaliente que por llenar una función particular en lo relatado. Tanto es así, que se convierte este tema en un discurso paralelo al de la anécdota central tanto por la extensión textual conferida al asunto como por el papel que juega a lo largo de la fábula; y también es clave su significado para el estudio de la cultura de este país. De la misma manera, el humor se entreteje con lo nacional y lo erudito mediante la voz de Ubeda para llenar el texto de un ingenioso y constante sentido irónico-burlón. Dice el tal Ubeda, al encontrar a la yegua favorita de la casa junto a un viejo burro de carga:

> -¿Cómo es posible esto, mi adorada Poetisa? Don Nicolás sostiene que eres de la estirpe de Hiperión. Hermana del Sagitario, Hipógrifa y Centauresa, digna de ser convertida en signo planetario! ¡Qué va va a decir él ahora, que creía solamente dignos de fecundarte al Unicornio, al Pegaso, al Rocinante y aquellos Xanto y Balio, hijos del Céfiro y la Harpía!...
> (Co, 186)

En *Mamita Yunai* el tema central tiene un doble desenvolvimiento, a modo de imagen de la misma estructura de la novela -la cual es bipolar en su composición. En la primera parte se hace acopio de los diversos aspectos de la vida de los indígenas y negros de las Antillas, y el estado social de abandono en que viven estos seres. En la segunda, respondiendo a una organización novelística donde abunda la violencia y el feísmo, se resume el diario vivir de los operarios en una finca bananera. Lo violento sirve en esta pieza de recurso dramático, lo que acelera el desarrollo de los planteamientos ideológicos que se elaboran en ella. Se habla de los hombres de origen africano, "..parecía que para los negros se había detenido la rueda de la Historia"[20], o sino, es de los indígenas de quienes se hace referencia, "...que hacía pensar en largas filas de indios fatigados bajo un sol de fuego, arrastrando enormes cargas..."[21]. Pero en ambos casos, son los mismos obreros a los cuales "el sudor corría a chorros cegando los ojos, mojando los pantalones, resbalando por los brazos"[22].

En el caso de *Prisión verde* la narración es lúgubre y está llena de pesadumbres; no es extraño que la violencia y la desazón galopen a lo largo de sus páginas. Sin embargo, su final es uno optimista y esperanzador, ya que desaparecido el héroe, queda en lucha algo aún más importante, y es la masa trabajadora. Se desenvuelve lentamente este pequeño mundo, donde los hombres padecen "...sintiendo los mordiscos saurinos del hambre, la miseria y la muerte!"[23] El narrador desea hacer más realista el cuadro que describe y, siendo más gráfico entonces, se explicita en una escena típica:

> ...y junto a eso brazos y piernas de hombres descuartizados, cabezas con la masa encefálica derramada en los durmientes, entrañas cálidas, sangre, carnes todavía palpitantes. (PV, 216)

Dentro de la familia novelística que se estudia, los dos relatos antes mencionados se consideran entre los más realistas y violentos respecto a la recreación de sus mundos. A veces su lectura se hace agobiante ante tantos sufrimientos y situaciones amargas.

Tilín García tiene aún más violencia en su exposición, pero como se explicó en el Prefacio, es una novela que se clasifica como una de las que antecedieron a LNC y, por lo tanto, el tratamiento que se da a lo violento responde a otro interés literario que no es el mismo usado por los novelistas que se analizan. Los temas centrales de las otras obras se irán discutiendo a lo largo de este estudio.

Como es de esperarse, en todas estas historias los subtemas son más variados en contenido que el tema central. Y sus funciones principales en la narración se pueden clasificar de esta manera.[24] Se encuentran dos tipos de subtemas o subtextos, unos ejercen como cuento intercalado y otros meramente son digresiones más cortas con una extensión que varía en diversos grados. Estos cuentos son discursos oblicuos y así, analógicos a lo central. Crean un mosaico que interrumpe el cotinuo (lo formal) para dar momento (contenido) y mayor valor estético a lo elaborado. Ahondan en lo ficcional al traer ficción en la ficción. Es otro de los casos, como se ha ido discutiendo en este trabajo, que ejemplariza cómo la estructura de arte almacena continuamente algún tipo de información. Cuando no, la función de estas digresiones es la de servir de prismas que refractan los argumentos centrales. En todas *Las novelas de las Compañías* hay algún tipo de cuento pequeño inserto. La interrupción corta abunda en todas las obras de la serie y, dada la preocupación por problemas sociales, éticos y culturales que se trasluce en las narraciones, se entiende que se la encuentre extensamente.

Son muy interesantes los cuentos en *Mamita Yunai*, donde su personaje/narrador expone la vida de compañeros de trabajo mediante largos relatos ricos en suspenso, intriga y arte de la narración. Sus digresiones varían en extensión, desde las que tienen independencia narrativa hasta las de menor longitud que sólo se componen de una frase. A éstas se las pueden clasificar como "ricas en energía semántica". Ya que por la carga energética de comunicación en el mensaje encerrado hacen detener al lector sobre lo que se dice. Obligan hacer una pausa en medio del discurso principal como ocurre aquí cuando se comenta que "... las elecciones son una fiesta, una alegría que le traemos a esta gente"[25] o cuando el narrador detiene, a propósito, el relato para añadir suspenso a la escena, "...me sobresaltaba a cada momento el pesado vuelo de los murciélagos y en la oscuridad creía sentirlos parados sobre mi nariz...".[26] En otra ocasión es un elemento cultural lo que obliga a un alto en la lectura:

Seguro qu' el condenao está pastoriando alguna india.[27]

Los subtextos ejercen otras funciones principales, una de ellas es la de enriquecer la comunicación dramática de la acción envuelta o hacer la presentación de algún tipo o grupo étnico-social. Así, puede observarse en *Los estrangulados* que el pequeño cuento, *Cuando revientan las maravillas*, gira alrededor de la gente sencilla de una aldea regional. Esta novela, que es una hermosa colección de lenguaje modernista, hace una continua descripción del pueblo nicaragüense hasta el grado que casi puede decirse que es un dueto entre dos narraciones: la que trata sobre los problemas creados por la invasión económico-militar extranjera y la que canta poéticamente al pueblo de Sandino. Las dos novelas que representan a este país en la serie de LNC, son obras que podrían considerarse como las más apegadas a lo nacional en el conjunto que se estudia; mas bien como respuesta a los cambios sociales que estaban ocurriendo en el país y la región.

En *Puerto Limón* y la *Trilogía* de Beleño, los subtextos giran principalmente en torno a los negros antillanos. Se presenta el origen de este colectivo racial en las tierras centroamericanas, cómo llegaron, cómo se les trata, qué esperan de sus vidas en el lugar. De esta forma, dice en un momento el narrador de *Curundú*:

...mi madre se indignaba, porque, según ella, los dulces de los chombos están hechos con "agua de muertos" (Cu, 122)

En el caso de *La llamarada*, la historia sobre los Moreau tiene la función de bucear en la personalidad del narrador Juan Antonio. También el deleite del autor ante la exhuberante naturaleza tropical, le lleva a intercalar pequeñas digresiones que son de gran calidad lírica dentro de su hermoso lenguaje modernista.

Colocadas sutilmente entre pasajes de violencia, sirven de descanso ante lo apasionado del relato anterior. Al mismo tiempo, estas pequeñas historias continúan la tendencia, que ha llevado todo el relato, de hacer exposición de lo nacional y, de esta manera, complementan la estructura total de la obra. Es necesario añadir que estas digresiones salpican lo relatado con tintes de intimidad, las cuales añaden momento estético al conjunto en pleno. En algunos casos la descripción del campo, la quietud y la sensación de lo apacible traen en estas emotivas piececillas el recuerdo de las obras bucólicas del Renacimiento. Aunque la función en las primeras es la de crear sensaciones de carácter sicológico, mientras las segundas respondían a una fórmula literaria de moda. Compárense los pasajes a continuación:

El sol echaba una ojeada a la Tierra, asomado tras de las cortinas de su fantástico castillo. Y brillaron hilitos de lloviznas y se formó un arcoiris. El cantizal brillaba en la humedad. (L ll, 112)

...después de haber dejado en segura parte su rebaño, se salió de su cabaña, como otras veces solía, y con la luz de la hermosa Diana, que resplandeciente en el cielo se mostraba, se entró por la espesura de un espeso bosque adelante, buscando algún solitario lugar adonde en el silencio de la noche con más quietud pudiese soltar la rienda a sus amorosas imaginaciones...(La Galatea, 30)[28]

Estas pequeñas interrupciones, tan comunes en La llamarada, se pueden considerar como desvíos al nivel del tono de la narración debido a que el deseo es alterar y cambiar el que se venía desarrollando. Este mismo recurso es muy frecuente en Los estrangulados y Tembladerales y, en forma más dramática y drástica, en Tilín García donde lo poético se entreteje continuamente con lo erótico-sensual o lo violento. Se describe así, a una mujer en esta última obra:

Sus muslos pálidos y suaves tenían un desenlace luminoso al quebrarse en
el río; sus pechos erectos temblaban como campánulas de luz acariciadas
por manos invisibles, firmes y redondos, húmedos y relumbrones se
prodigaban por los pezones oscuros de virgen selvática. (TG, 112)

Cosmapa es otra obra rica en relatos y digresiones de diferentes longitudes.
Como se ha ido discutiendo, es también una novela llena de humor, algunas veces,
quizá, muy irónica. Esta última condición es una característica que la hace ser muy
diferente de las demás piezas del grupo bajo estudio. El siguiente es un ejemplo
de cómo el narrador juega con los conceptos y la lengua. En una escena, se trata
de explicar el mundo físico nocturno en la plantación de bananas y se intercambia
la voz narrativa con lo onomatopéyico de los sonidos de las ranas que croan;
sonidos, que con humor se los compara al que hace un equipo de remadores de
una universidad norteamericana. Lo cual trae más ironía dentro del asunto de la
penetración extranjera que subyace a lo largo de la obra. Finalmente, se comparan
esos sonidos con los famosos coros griegos de Aristófanes; sin que no dejen de ser
las voces, todo a la vez, un ejercicio de composición vanguardista y de esta forma
se vuelven a mezclar el humor, la burla y lo culto.

bre ke ke kex
co ax co ax
bre ke ke kex
co ax co ax
bre ke ke kex
co ax co ax   (Co, 246)

Es indiscutible que la escena trae niveles de ironización ante el mundo de
realidad nacional que se desea retratar; aunque el autor los disimula en forma
aparentemente jocosa. La interrupción se carga de burla sagaz al asociársela con
el hilo discursivo que se traía. En otros momentos de mayor seriedad -en la misma
pieza- se rompe el tono del relato para llenarlo de un intenso lirismo, como por
ejemplo, en una escena el relator eleva el acto de amor que llevan a cabo los

protagonistas, a un nivel de comunicación paralela, describiéndolo en forma poética al incluir la naturaleza que los rodea. Esto trae mayor riqueza y valor artístico a lo presentado:

> Coros de pájaros estremecían de trinos las copas de los grandes árboles, y las verdes alas de las cepas paridas, semejaban un vuelo de frutas. (Co, 73)

D. Lagunas en la comunicación

Los autores de *Las novelas de las Compañías* han continuado la legendaria preocupación de la literatura latinoamericana por el lenguaje. Usan de recurso ingenioso el mismo, a modo de una "lacunae"[29], convirtiéndolo de tal forma en laguna lingüística o cultural. Este recurso es usado no sólo en referencia al habla popular o la lengua típicamente regional latinoamericanos[30] que se representan en la obra, sino es aplicado a otras situaciones. Un objeto es dirigir el interés hacia las diversas entidades étnicas que convivían en el lugar, los problemas internos en su intercomunicación y, de esta forma, se centra la atención en lo multicultural del mundo recreado. Nótense los siguientes ejemplos de fonética popular y extranjera en algunas de estas historias:

> -Jodido, hajta, que brillaban loj ojoj verdej como loj de un tigre!(MY, 217)
> -No mi no pueda llevar. Mi llevar y después joden a Tom. (PL, 49)

En *Over* hay encuentro de hombres de diferentes mundos y culturas:

> Mi no queriendo verlo más, ¿comprendi?...(dicción inglesa; O, 22)
> -¿Ud. es el homgbe?...(dicción alemana; O, 27)
> -Dispensa...Mi no sabé...Dispensamué...(dicción haitiana; O, 154)
> -Mi going to Tortola...(dicción anglo-antillana; O, 153)

No se puede pasar por alto que en estas conversaciones hay otros mensajes que sobrepasan lo lingüístico. Las bridas del mando están en las manos de los extranjeros que dominaban en el área, ellos escogían a los hombres, decidían su futuro. Los miembros de las etnias proletarias se disculpan, expresan su desaliento o deseo de irse a la tierra original, de abandonarlo todo.

Lo cultural es otro tipo de laguna que utiliza el narrador para crear ambigüedad o hacer desviar la atención, y de esta manera se dirigen los canales de comunicación hacia otros planos. Se refiere esto, a hechos que enfrentan los miembros de las diferentes etnias que conviven en la nación y que poseen, por lo tanto, costumbres y hábitos que difieren de los establecidos por la cultura oficial o hegemónica. De este modo, en *Over* se recrean actividades típicas de la gente de una región campesina apartada, perteneciente a miembros de otro grupo social diferente al de la clase que domina; el narrador llama a esa región, montuna; o sea, de tierra adentro:

"Manuel mano Lao, ay!
eso si da peena...
Bailando abrazao, ay!
con mujer ajeena..."   (O, 75)

En este caso, la música y el baile complementan la escena en la cual los obreros celebran el fin de semana con un descanso de los trabajos de la Central azucarera, y quedan expuestos valores de su sociedad respecto a la mujer casada y la conducta de unos hombres en relación a ellas.

En *Luna verde*, Beleño describe el complejo mundo racial que es Panamá, esperando que ese mare mágnum se resuelva con el porvenir:

Serán los mulatos y mestizos enrubiecidos que seguirán combinando esta ciudad que ya no tiene colores, sino un color: el del futuro. (LV, 158)

La presencia de estas lagunas está íntimamente relacionada con el tema o los temas centrales, y actúan como giros artísticos que embellecen y redondean los significados obvios y no obvios en las obras. Se pueden observar, quizá mejor, a lo largo de la *Trilogía* asturiana donde la presentación del mundo mítico maya se entreteje con la creación barroca y llena de efectos mágico-surrealistas de su autor. Por un lado los relatos se inclinan hacia el suspenso, por otro lo indio, por otro lo mágico. Todo creando un conjunto de esplendor, opulencia dinámica y arte. Por lo tanto, el ente artístico cobra energía comunicativa con ese impulso y late con mayor vibración semántica. En las citas de la *Trilogía* que siguen, se entremezclan y confunden el hombre, el animal, la naturaleza y las palabras:

> El llanto del niño, lleno de dolor, penetrante chillido de bestiecita triste, se mezclaba al callado llorar del ciego barbón y con el pelo lacio, cano y largo de caballo tordillo. (VF, 89)

> ...y fluía hacia el mar como un relámpago de oro azul entre retumbos que semejaban truenos, nubes de espumas golpeando las rocas de minerales semejantes y acolchada vegetación borracha de perfumes... (EPV, 279)

E. Referencias intra y extratextuales

Los autores de *Las novelas de las Compañías* han utilizado otras estrategias estilísticas para hacer resaltar aquellas ideas y elementos novelísticos que les interesan. Una de ellas es la de traer al plano de lo narrado referencias extratextuales y culturales. Todos estos factores logran así, injertos literarios y de cultura que actúan a modo de metáforas de gran amplitud y plasman un tercer significado en la unidad. *Cosmapa* sobresale como uno de los textos más ricos en esta dinámica de préstamos de extratextualidad. Estos facilitan el que se expongan aspectos de tipo histórico y cultural y, a la vez, el que se hagan referencias de otros textos de arte, literatura y cultura. Este recurso, que también facilita la exposición de los conocimientos del autor, al mezclarse con los temas de la novela, puede brindar humor, ironía o ser una invitación al acercamiento entre los pueblos latinoamericanos. Un ejemplo se observa con los siguientes versos que aparecen

en *Cosmapa*, los cuales se pueden asociar con la famosa canción folklórica
continental *Duerme negrito*:

> Arrurú arrurú
> arrurú rrurrúu
> dormite niñito cabeza de ayote
> que si no te dormís te come el coyote,
> arrurú arrurú
> arrurú rrurúu (Co, 158)

Y la canción *Duerme negrito* dice:

> y si negro no se duerme
> viene el diablo blanco
> ...y zaás
> le come la patita,
> chica pum, chica pum
> a pume, chica pum!..[31]

Escenas como éstas también pintan sutilmente con leves pincelazos, algunas
figuras de las otras culturas que viven paralelas a los personajes centrales que
dominan en cada una de las obras en particular. Laguerre usa el mismo recurso a
través de la bomba,[32] baile y música de origen negro, pero aceptados por la
sociedad puertorriqueña como un producto artístico "nacional". De esta forma, en
La llamarada, en la segunda fiesta que se celebró en una de las casas de un obrero
de la central, fiesta que no es de negros, se dejó escuchar el seis bombao. El autor
juega con las palabras, ya que este seis es otro tipo popular de baile en el cual no
se canta. Por lo tanto, hace una combinación de éste y el anterior que se llama
bomba. Cantan los músicos:

> Tú dices que no me quieres;
> no me da pena, maldita,
> que la mancha de la mora
> con otra mora se me quita. (L ll, 111)

Más adelante, en el desarrollo de la acción del mismo relato, el personaje/narrador decide ir a otro tipo de fiesta. Esta sí, es una de negros. Se dirige entonces a cruzar fronteras y entrar a otro mundo. Ahora el autor copia los giros lingüísticos del movimiento antillanista, ya mencionados anteriormente en el capítulo primero:

> Mamá Belén, bendito Mamá Belén,
> contigo ya no hay quien cuente;
> Mamá Belén, bendito Mamá Belén,
> a ti sí, que nadie te siente... (L ll, 212)

Esta Mamá Belén, acentuada y con título para destacar al personaje como lo hace Laguerre, es ese mismo actuante negro, monumental, con dejos míticos, que se trasluce a través de la literatura de Latino América -y que existe también en la negra norteamericana-, especialmente la de la región del Caribe, en diversos modos o tonos que se mueven desde lo serio a lo trágico-cómico. Así ocurre con la Estrella, la gran negra de los dedos enormes, en *Tres tristes tigres* o son los Cocorocos en la poesía de Palés Matos o en el romance dominicano *Son de Teodora Ginés*.[33] En los programas de radio y telenovelas de la actualidad, este actuante es muy popular en ambos continentes, incluyendo Brasil.

En este momento es conveniente señalar que a la vez que se habla de estas referencias literarias -que se mueven y toman prestado de literaturas actuales, decimonónicas y coloniales-, habría que mencionar otro tipo de préstamos, de forma inversa. Esto es, las adquisiciones que hacen otros escritores de personajes, temas, etc. de *Las novelas de las Compañías*. Pablo Neruda usó el actuante Calero de *Mamita Yunai* de Fallas en uno de los poemas de su conocido *Canto general*:

> No te conozco. En las páginas de Fallas leí tu vida,
> gigante oscuro, niño golpeado, harapiento y errante.

Y también indica en uno de los poemas de esta misma colección, el tema central de la novela de Asturias, *Los ojos de los enterrados*:

> Bautizó de nuevo sus tierras
> como "Repúblicas Bananeras"
> y sobre los muertos dormidos,
> sobre los héroes inquietos[34]

Otro recurso estilístico trabajado en LNC es el de las referencias intratextuales. En el caso de la *Trilogía* de Asturias se encuentran numerosos ejemplos. Estos temas, al pasar de una obra a otra, se tornan ellos mismos en leitmotivos muy amplios que no sólo enriquecen al texto, sino a la serie misma. Estos motivos tienen varias funciones dentro del discurso: dar mayor ímpetu energético a la comunicación de la pieza, hacer recurrir el tema del cual hablan, traer de esta forma una unidad central al conjunto en sí, y brindar flexibilidad y espacio artístico para que el autor exprese conceptos de naturaleza estética. Obsérvense los siguientes temas repetitivos dentro del conjunto asturiano, los cuales se pueden encontrar en diferentes partes de su *Trilogía* y, obviamente, se relacionan por sus contenidos:

> …las hojas verdes, los billetes verdes, el pelo verde…las hojas verdes como billetes de oro,   (VF, 69)

> …entonces se explica por qué de los bolsillos de Anderson salieron volando mariposas verdes para formar este mundo de cielo bajo el agua… (VF, 129)

> < < |Green   Pope!…> >   < < |Green   Pope!…> >   < < |Green Pope!..> >   < < |Banan's King!> >   (EPV, 628)

> El hombre agradeció y salió corriendo por entre los cafetales, donde nubes de mariposas blancas simulaban copos de algodón esparcidos sobre el duro metal de las hojas de los cafetos. (EPV, 274)

La cañada se hacía honda, parpadeante de mariposas,... (LOE, 23)

El pájaro de pico reluciente, largo, agudo, ébano puro, ojos negros, y todo
este lujoso luto resaltado en el plumaje color de hueso de oro, como si el
oro se estuviera quemando en su pluma... (LOE, 47)

Los animales y los colores enfatizan por un lado el color de las bananas y
el del dinero, que la Compañía sedienta de poder económico busca insaciable.
Artísticamente el verde se entremezcla con el oro, oro elegante y hermoso, a la
vez que es el preciado metal. Por otro lado, los colores y los animales van
reflejando con ingeniosa fantasía, a lo largo de páginas y páginas, toda la magia
de los mundos maya-quiché y tropical que el autor quiere recrear de una y mil
maneras inimaginables.

En *Tilín García* el tema de la violencia, tan obvia a través de la novela, es
el recurso que se usa como lo recurrente y, al mismo tiempo, se lo enlaza con
hermosos momentos poéticos para lograr una atinada creación de arte. Así, tras
una fuerte escena hay tiempo para meditar:

En el silencio montuno esparcido sobre la tierra como neblina, el silencio
que está alejado de todas las cosas menos de la conciencia. (TG, 99)

En *Puerto Limón* hay varias escenas donde la presencia de un ojo escrutador
-recurso surrealista- es notoria; es un ojo impertinente que al autor quiere subrayar
más allá de la propia fábula.

F. Estructura y contenido

En las narraciones de esta serie, es muy importante la estrecha relación entre la estructura semántica de superficie (organización textual de la fábula) y la estructura profunda (organización textual del contenido)[35]. Una responde a la otra en un proceso dialéctico, mediante el cual se van aportando ambas partes. En muchos casos se interconvierten y esto brinda mayor peso artístico al conjunto total. En la discusión de este significativo enlace dinámico, se analizarán varias estrategias que han sido utilizadas por los autores para lograr este propósito. En *Over* y *La llamarada* el narrador asume una fuerte primera voz típica de diario. Esa atmósfera de intimismo logra calar profundo en el caso de los dos narradores. Unas veces parece que hablan al oído del lector, otras parece que se les ve en la privacidad de su estudio preparando sus discursos. Son narraciones densas donde la participación efectiva de muchos personajes no puede fluir fácilmente, no por fallas técnicas, sino por la misma naturaleza de la obra. En estas novelas el ambiente social cobra gran importancia, ya que la anécdota no es el centro de la atención. Los actuantes son entes orgánicos que se mueven constantemente de lo periférico a lo íntimo y viceversa. De esta manera quedan mejor enlazados como personajes, y la responsabilidad colectiva que se les ha dado es expuesta en forma más amplia. También esta estructura de diario acerca el personaje central, quien es el relator, y es otra forma de traerlo en proximidad con el lector.

Laguerre, enamorado de su trópico de infinitos colores y matices, divide su texto en cinco partes, a imitación de los ciclos naturales en los cuales se produce la caña de azúcar[36]. Por tal motivo, como si llevara al lector a través de cuadros en una exhibición, el paso por esta pasarela se hace acompasado, elegante, cargado de nostalgias y melancolías. Dice, entonces este autor, "la montaña me hacía un llamamiento con su voz de siglos"[37]. Hay también un lamentoso quejido por un mundo y una clase social que él lamenta ver perdidas. No hace tampoco divisiones por capítulos y así, fortalece más aun esa sensación de paso continuo, de mundo íntimo y de tiempo muy alejado:

Urge hacer frente a todos los enemigos, hacernos fuertes en la montaña para bajar entonces a la reconquista de la sabana costanera. (L ll, 229)[38]

Marrero Aristy es más parco y seco en su relato. Su voz es una denuncia atormentada. Su escritura es de tipo tradicional, y divide la obra en tres partes como si fuera un drama; las que siguen las reglas clásicas: la primera como introducción, la segunda es desarrollo del tema central y en la tercera, mediante un crescendo que ahoga emotivamente al lector, desemboca en el clímax que da cierre a la narración. Usa imágenes pesadas, serias, muy formales; las cuales, con un matiz de claroscuros, reflejan sin ambages, la realidad que rodeaba a los obreros y grupos étnicos sobre quienes relata. Se refiere a ellos y dice: "una incorformidad pesada, de plomo derretido, que deforma y acaba sus vidas inexorablemente"[39]. Tampoco deja espacios libres para una posible solución optimista en su obra.

Para relacionar la estructura y el contenido, Beleño enriquece su *Trilogía* mediante la presentación de elementos de realismo mágico y la constante presencia de un número sinfín de personajes principales y de sostén. Esto hace patente el mundo cercano al Canal de Panamá, mundo de agitadísima actividad. La *Trilogía* bananera, *Puerto Limón* y *Cosmapa* -historia que tiene mucho de diario- usan también esta técnica del incesante fluir de las voces. La gran cantidad de personajes, sus continuos choques, interrupciones, voces que se hablan, a veces se asaltan y agreden en medio de sus diálogos, hacen de este grupo de obras un verdadero "tour de force" que embruja, hechiza y aviva la atención. Estas voces llenan las obras de interminables diálogos y cooperan estas intervenciones para que la trama fluya rápida, con gran energía dinámica.

La técnica va siempre dirigida a hacer relevante el confrontamiento entre dos mundos: un poder extranjero en conjunción aliado con otro nacional, ambos representando un universo, un grupo étnico; y por otro lado sus oponentes, las otras razas, a las que se quiere ignorar, a las que se trata todavía de la misma forma como se hizo con los pueblos indígenas vencidos y los africanos raptados, tras la conquista y la colonización en las Américas. Es como si la historia se hubiera detenido siglos atrás. La presencia de la histórica Compañía de las Indias Occidentales aletea por momentos, su sombra se deja sentir sutilmente, sin cesar.

En todas *Las novelas de las Compañías* se puede apreciar que lo relatado es interrumpido constantemente con un cúmulo de personajes que quieren dejarse sentir, aportar algo a lo que se narra. Estos actuantes son seres humanos, seres sobrenaturales y mágicos, animales y hasta la naturaleza misma. Véanse algunas citas al respecto. Recordando el inicio o génesis de este universo en la Cuenca del Caribe alguien dice:

> ...abrid los ojos, ved aquí abajo... y yo os daré las semillas que convertirán en plantas del color del dinero verde,... (VF, 132)

Ya iniciado el mundo hay que buscar el desarrollo de esas tierras, hay que poblarlas, llenarlas de hijos:

> El la besó. El traje mojado sobre la carne palpitante y el temor, el temor ilímite de estar juntos, cada vez, más juntos. (EPV, 259)

Y poblada la tierra no se hacen esperar los conflictos:

> Un escuadrón de oficiales de caballería pasó junto a la carreta al trote inglés. (LOE, 67)

Son situaciones antagónicas que retratan los dos ejes principales, los que quedan hábilmente delimitados. Y aunque los narradores jueguen con las palabras, en este mundo de la cuenca caríbica, el problema de la entrada de las Compañías es uno vital. Estas entraron "...a bordo de cualquiera de las Musas..." La referencia de *Cosmapa* es un juego lingüístico respecto al nombre del barco que cargaba bananas en la región de Centro América y del Caribe, al de las famosas Musas helénicas del mundo clásico y al nombre científico-biológico de la banana, *Musa paradisiaca*.

Los autores de LNC hacen uso de innumerables recursos para hacer patente, de mil y una maneras, los problemas de incompatibilidad que se han creado en estas tierras -azotadas por el hambre insaciable de lucro económico de las empresas transnacionales. Se crea una estructura testimonial y no hay en ella mucho lugar para la soledad, lo personal ni lo contemplativo. El problema de la intervención foránea se convierte en uno de tal magnitud que sale fuera de lo social, de lo nacional, de la misma narración:

> ...en la huelga más importante librada nunca en la historia de los países del Caribe contra la todopoderosa United Fruit Company. (PL, 17)

Otra forma de plantear ese miedo al poder detrás de las corporaciones, miedo que nutre la fuerza de la misma Compañía y queda retratado en estas palabras:

> Esas ametralladoras... Ahora vienen a protegerlos a ellos; pero los soldados son gente del pueblo, son indios como los mozos... (VF, 149)

Carlos Luis Fallas hace enlace de lo formal y el contenido mediante un elaborado uso de lo temporal; abre, de esta manera, otros caminos de comunicación en su obra *Mamita Yunai*. Aunque su relato es uno en primera persona de tipo diario, la técnica que prefiere en su narración es, también, la de presentar muchos testigos en el relato. Por tal razón, para que el lector escuche a éstos en sus mundos diferentes, divide su texto en tres ejes temporales que no se exponen linealmente. Juega con ellos, los mueve al unísono que las voces van y vienen cruzando las fronteras del tiempo. En este momento lo que importa es lo oral y su poder para recordar los hechos de ese mundo intervenido y sujeto; donde el hombre no tiene derecho a un lugar donde ubicar su ser, ni a su familia, ni aun sus huesos. En este juego de recuerdos Fallas divide entonces, su obra en capítulos que no siguen una línea cronológica para que este formato ayude así a lo propuesto, y se cumpla esto de un modo más efectivo. En un llamado al destino en el que se expone la suerte de aquellos hombres; se deja escuchar un actuante:

> No somos cuatro, somos miles de negros costarricenses. Por eso es que tenemos que irnos a Panamá (MY, 13)

Esta voz pertenece al presente y retrata a las etnias maltratadas y en busca de levantar sus vidas -no importa si se tienen que mudar de país-, y luego, la misma voz se remonta narrativamente a los tiempos de la juventud del autor y deja ver en forma clara que no ha habido cambios sociales significativos, a pesar del tiempo transcurrido:

> Ilusiones de todos los que entran a la Zona Bananera en busca de fortuna
> y que se van dejando a jirones en las fincas de la United. (MY, 149)

Finalmente, el narrador viene a un presente más inmediato y habla a un grupo de obreros de las bananeras, quienes se han congregado en una asamblea en solidaridad con otros obreros en huelga contra los desmanes del pulpo transnacional: "...debemos ir a las calles, a los billares y a todos los sitios de reunión".

Hay otros dos autores que mantienen, en mayor o menor grado, un desarrollo lineal de sus relatos tratando de mantener sus discursos avasallados a la línea del tópico central. Sus universos narrativos giran principalmente, alrededor de la exposición de los problemas que la Compañía trae a la nación. Esta, está dividida en dos grandes grupos socio-económicos en relación al poder adquisitivo. Y las luchas entre esos dos grupos son puntales de los problemas ideológicos más importantes que nutren a todas *Las novelas de las Compañías.* Se puede colegir que la organización de las dos obras ya mencionadas, sigue una línea muy tradicional, discursiva de protesta social, sin gran elaboración en la estructuración del texto. El interés principal es presentar el problema, ir al grano. Una de estas creaciones es *Prisión verde*, cuyo ambiente y tono son totalmente ásperos, acres, y conforman así un leitmotivo de gran proporción a nivel de toda la novela:

> Las paralelas de hierro entre la prisión verde de los bananales, se distendían llanas, rectas, hasta perderse... (PV, 21)

En la segunda novela, *Los estrangulados*, hay gran número de referencias relacionadas con la nación nicaragüense, lo cual trae mayor variedad de temas, pero al igual que la obra anterior es recurrente en la presentación del problema eje. El relato se divide en tres partes, donde hay una introducción en la primera, una exposición sobre la zona rural en la segunda y una final que se encarga del desenlace. El interés en la nación no puede pasarse por alto cuando el mismo autor, en la página inicial a su narración, "advierte sobre cualquier interpretación errónea que se pueda dar a esos intereses":

> Alguien dirá que ellas son tendenciosas antes que novelescas.

Otro aspecto que merece estudio respecto a la poética de la narración en el conjunto de obras narrativas que se estudian, es el uso textual que se da al concepto de lo temporal.

G. Poética del espacio y del tiempo

Es innecesario decir que el ambiente temporal y físico presentado en estas novelas sirve de abundante fuente de información al conflicto central. De esta forma se pueden dividir aquéllos en dos grandes áreas, como corresponden a las regiones geográficas bajo análisis.

En Centro América, el mundo físico narrado lo dominan las plantaciones de bananos y el Canal, con la excepción de la obra que se desarrolla en una plantación de café. Los conjuntos raciales dominantes en el nudo del relato, son los indios mayas y quichés en los lugares de la región central del país, e indios, mestizos y negros hacia la costa atlántica; lugar donde están preferentemente los cultivos. En el caso del Canal, ya se ha explicado la enorme cantidad de gente de diversos orígenes nacionales que se presenta a lo largo del desarrollo de los discursos.

En el área de las Antillas obviamente, el espacio físico representado en las narraciones hace referencia a las tierras de caña de azúcar que es el cultivo típico en las costas de la región. Las etnias dominantes en la fábula son negros o mulatos quienes, por herencia histórica, descienden de los esclavos africanos que trabajaban en el lugar. Es una fuerza laboral traída por los esclavistas ingleses, quienes los iban vendiendo en los mercados internacionales a españoles o a los dueños de plantaciones del sur de los Estados Unidos. Otros obreros en las regiones agrícolas y el Canal eran de origen mestizo-ladino o español.

Toda referencia al espacio central o de tierra adentro viene aparejada con una situación de emigración, ya que el pueblo se movía hacia las costas en busca de trabajo. Este emigrar hizo que las etnias, principalmente las de la sierra, se convirtieran en los nuevos proletarios.

Los siguientes ejemplos o citas describen el drama de inestabilidad o peligros de las emigraciones, en este caso, hechas a los países cercanos. O sino, puede observarse la dinámica envuelta en ese fluir continuo de viajeros y, por lo tanto, lo inconstante del espacio físico:

Los blancos tienen el chance del Pacífico, pero, ¿nosotros? No hay trabajo, ni podemos cultivar la tierra, ni nos dejan ganarnos la vida en el Pacífico. (MY, 13)

En *Over* se prefiere usar una imagen cruda y apelante para describir tales movimientos humanos, mientras se describe una travesía hacia las tierras de las plantaciones:

Estos les revuelve el estómago a los demás y entonces el vómito se llega a generalizar... realizan sus necesidades fisiológicas allí mismo... (O, 80)

Los elementos espacio/temporales son representados en las obras mediante las secuencias: presencia de las diversas sociedades en cada región, sus relaciones con el poder central de la Compañía y la imagen de aquella gente ante la sociedad hegemónica. Esta, residía en las ciudades o en el extranjero. Se observa entonces, que en las estructuras novelísticas se repite un mismo patrón temático, aunque no igual con los formatos textuales. Mediante esta pauta, en cada relato se expone el origen del grupo obrero, cómo llegaron al lugar, sus primeras espectativas en dicho sitio, los conflictos iniciales, la explotación abierta del proletariado y el cierre final del asunto. No se sigue un mismo orden cronológico en los distintos casos.

Los espacios que se representan parecen mudables, inestables e inseguros. Es un reflejo de la realidad que se vivía en las plantaciones a diario. Con la tierra en manos extranjeras, ésta no podía servirles tan siquiera de substrato transitorio a los obreros. La imagen que la fábula representa responde a las ideas en conflicto; la asociación es de gran vigor.

El uso del tiempo en el desarrollo del desencadenamiento de los antagonismos que se han generado, se va convirtiendo en un recurso de elemento ideológico y se utiliza en tres categorías o formas. En una, la solución es de tipo étnica como se observa, por ejemplo, en *Prisión verde*; en la segunda lo es de tipo de lucha social como ocurre en *Los ojos de los enterrados, Mamita Yunai, Puerto Limón* y *Los estrangulados;* y en la tercera no se presenta desenlace alguno o se pospone como es el caso de *La llamarada, Over, Cosmapa* y *Curundú.*

En el caso de *Los estrangulados*, al personaje símbolo de los invasores extranjeros que controlaban el país, se le apresa y ajusticia. Esto da un desenlace conclusivo a la narración, dado el tono de vencimiento y desesperación que traía el relato antes de tal ejecución. No sin dejar de considerar la validez ética de la muerte de un ser humano, no importa todo lo malo que éste pueda representar. En *Los ojos de los enterrados*, se resuelve la larga huelga que es casi toda la materia de la tercera novela de la serie asturiana y, a la vez, se soluciona el problema básico de opresión por la Compañía; el que se fue desarrollando desde las dos primeras partes de esta obra, llamada novela río. El paso del tiempo ha resuelto conflictos que eran el meollo de las narraciones. El triunvirato del Poder no es invencible, se ha logrado la conquista del invasor foráneo, la todopoderosa Compañía y su gran aliada nacional, la dictadura. Dicen unos personajes de ambas obras:

No se ha dado cuenta de que el < <Avanzado> > ha tomado del cogote al oficial extranjero y lo ha metido más allá, en la mayor espesura de los pinos. (LE, 230)

La Dictadura y la Frutera caían al mismo tiempo y ya podían cerrar los ojos los enterrados que esperaban el día de la justicia. (LOE, 482)

En *Prisión verde* el final de la obra sella la suerte de un nuevo grupo citadino, mestizo popular. En *Puerto Limón*, a nivel superficial, el narrador

Silvano queda solo, abandona el país y no hay solución aparente a sus indecisiones personales; pero a nivel profundo (ideológico) los trabajadores logran el triunfo con su huelga. En *Mamita Yunai*, en el plano de la fábula la selva vence a los hombres (ya la Compañía lo había logrado anteriormente), pero el discurso textual se tuerce y adelanta a un tiempo futuro y tiene un segundo cierre que concluye con otra huelga contra la Compañía; en tanto ésta se prepara con agitada y enérgica decisión.

En *La llamarada* no hay desenlace a los problemas protagónicos; se concluye en espera de una futura respuesta. En *Over*, el héroe se degrada y se derrumba como ser humano; pero en estas dos obras la Compañía queda en apariencias, triunfante por un tiempo no definido.

Dentro de la poética del espacio y el tiempo se pueden discutir otros dos aspectos, el punto de vista y su relacionado, el desvío del discurso. Estos aspectos son los responsables del grado de objetividad que cada autor quiere imprimir a su creación. Por tal motivo, varían sus usos y se observa que sus patrones se desplazan desde el incesante número de diálogos en *Puerto Limón* hasta *Prisión verde* con una narración más escueta.

En *La llamarada, Mamita Yunai* y *Over*, se relata en primera persona, pero hay más intervención de otros actuantes y diálogos en las primeras dos, a la vez que mayor número de desviaciones del discurso. Son historias que tratan constantemente, de abrirse al lector, de concientizarle e invitarle a que participe en el conflicto que se expone. Esto, obviamente facilita el que se aumente el número de puntos de vista en las estructuras textuales para así presentar más testigos al juicio histórico. En *Over*, el particular tono desapacible de su narración, obliga a un intimismo que cierra camino a la participación de una mayor cantidad de actuantes. Es la única novela pesimista de todo el conjunto de LNC.

En *La llamarada*, los diálogos fluyen desde tres centros narrativos: su relator Juan Antonio, los obreros de la central y ésta y sus portavoces. Así, se pueden escuchar tres opiniones continuamente. Inclusive se permite una voz, ajena al tema central discutido, ésta deja que se expongan opiniones sobre los ideales del socialismo. Es una situación muy interesante, ya que uno de los personajes toma la defensa de esta ideología y el narrador de la novela la combate, quedando el autor distanciado en la polémica dado el caso de que hay foro para ambas ponencias y no se presenta al que narra como vencedor en ningún momento, y éste, quizá represente las opiniones del autor.

Esta novela presenta otra variación sobre los desvíos en el discurso. En una escena Juan Antonio, mientras hacía un planteamiento, toma las palabras de otro personaje. Esto es, discurso dentro del discurso o una retrospección de la enunciación del otro actuante. Este tipo de malabarismo de las voces es un recurso muy ingenioso, ya que actúa al nivel de una digresión, la cual se proyectará luego como un cambio del punto de vista.

Una situación algo similar se presenta muchas veces, a lo largo de la *Trilogía* de Asturias donde siempre están presentes las opiniones de los obreros, los diferentes grupos raciales, y uno de los héroes es precisamente, accionista de la Compañía frutera. Representando éste, a la vez, a su grupo racial y así, se redondea el marco narrativo. Con esto último debe añadirse que Asturias repite, de cierta manera, un tema de su obra *El Señor presidente* donde uno de los miembros de la dictadura, Cara de Angel, se redime y se convierte en héroe de la historia.

En *Over* también se encuentran escenas donde se interrumpe el discurso para introducir lo étnico. Luego se retoma el hilo interrumpido. Esta ruptura abrupta trae una acentuación precisamente en el nuevo elemento anecdótico. A la vez, ingeniosamente se enfrentan hombres de mundos y lenguajes diferentes, lo que sin grandes alardes hace que la interpretación de la escena quede a la discreción del lector. El que se puede imaginar cómo ocurre ese enfrentamiento -a niveles comunicativos diferentes- que conlleva toda la carga semántica del hecho en el cual lo que se traducen son culturas.

En el caso de las tres extensas novelas de Asturias, es fundamental la enorme cantidad de diálogos insertos en la narración. En la pequeña serie que comprenden las tres obras per se, se observa que los cambios en los puntos de vistas, al igual que las desviaciones en el discurso dominante, conducen al lector al confrontamiento de los dos núcleos que fundamentan sus narraciones: por un lado, el universo nacional íntegro y por el otro, el universo del invasor. Este, simbolizado mediante la metáfora de la Compañía. Esta, trabajando en conjunción con la etnia dominante nacional que no da cabida a las demás sociedades raciales en calidad de participantes decisionales en la vida colectiva. En la elaboración de sus tres obras, Asturias hace que el narrador tome la tercera persona en forma casi dominante. Pero en la última pieza, la cual cierra el ciclo, es interesante ver los juegos de cambios de punto de vista que aparecen en los capítulos séptimo y décimo. Se intercalan escenas donde el personaje central femenino, Malena, habla alternando en saltos continuos de la segunda a la tercera persona.

De varias maneras los autores de LNC tratan de exponer la presencia física de las Compañías no como una organización comercial cualquiera, sino una donde detrás de la imagen de la corporación hay una penetración de tipo imperialista que se va desarrollando con el paso del tiempo. En la situación que se retrata, tanto la empresa como los gobiernos nacionales laboran mancomunadamente en su propio beneficio, el cual no es precisamente el de los pueblos "invadidos" por la primera.

Cosmapa, novela estructurada en dos niveles, tiene diversos recursos de cambios de punto de vista. Uno de los más significativos es comenzar algunos capítulos con diálogos sin intervención de narrador alguno. Esto trae dudas y juegos entre el lector y el narrador respecto a cuál es la voz que habla, si es, por ejemplo, el personaje que la tenía anteriormente. Otras veces este elemento trae suspenso a lo que se relata y brinda mayor interés a la lectura.

En esta misma narración, se hace un sofisticado alarde de técnica de cambio de espacio y tiempo, al presentar una escena en la cual el relator, en un avión, habla, y el conocido personaje Ubeda, en tierra, recuerda a su señor que va en el vuelo. Se crea una dinámica rica de voces, entre uno viajando y el otro en tierra acompañado de sus recuerdos; no precisamente, ambos personajes coincidiendo en el mismo momento y espacio. Ocurre entonces, un triple cambio muy habilidoso: de persona (punto de vista), de espacio y de tiempo.

Los saltos en el diálogo, lo espacio-temporal y el humor son notorios en esta obra y muchas veces puntualizan los hechos históricos que sucedían en el país. Otro ejemplo, es el relato trágico-cómico sobre uno de los personajes, quien se va a suicidar. El narrador tiene el control absoluto de la voz hasta que ésta se interrumpe para escucharse las últimas palabras del suicida:

¡Cabrona vida!

En *Los estrangulados*, obra que está también articulada en dos niveles, el de la fábula y una apología a las bellezas del país y la cultura de Nicaragua, los cambios de punto de vista son constantes, dirigiendo la atención del lector hacia estos dos polos. *Puerto Limón* tiene una substancial parte de su texto discursivo dedicado a los diálogos. Los cambios de punto de vista, por tal razón, son persistentes. Es particular la historia intercalada sobre la tía solterona donde hay un juego sucesivo entre la primera y la segunda persona. También es un logro la escena de la visita del personaje Tom, negro antillano, a su hermana Azucena en el hospital. Aquí, se presenta un conjunto de planos, al modo de un ballet, con cambios alternos de cámara -es innegable la influencia del cine en esta novela- entre los dos actuantes centrales y entre ellos y otros sujetos enfermos que están físicamente próximos a los dos hermanos. Estas escenas, tan dinámicas y llenas de vida, se repiten a lo largo de la novela y los participantes van quedando plasmados artísticamente en diferentes niveles de acción, sobresaliendo aquellos seres o aspectos que el autor quiere hacer resaltar.

En las tres novelas de Beleño es enorme la cantidad de seres que se topan, hablan y enfrentan. Realmente el autor quiere dar la sensación -y lo logra- de ese agitado cosmos del Canal de Panamá; en el que se han enfrentado hombres de casi todos los pueblos del mundo, sino de todos. Es de gran calidad de arte la escena en *Gamboa Road* donde un gato tiene que atravesar una avenida muy congestionada de autos, convirtiéndose el episodio en un agitado juego con lo espacio-temporal. La similaridad con la situación de peligro constante que se presenta sobre el istmo es muy apropiada.

H. El montaje

Se puede decir, a tenor con lo presentado, que las novelas de esta familia literaria tienen, respecto a lo ideológico, un montaje paralelo.[40] Esto es, por un lado se discuten problemas relativos a los grupos culturales y por otro, a asuntos laborales que atañen al grupo social proletario. Aunque el montaje, la manera de organizar el relato, es en la mayoría de los casos lineal respecto a lo tramático - donde los segmentos narrativos siguen un orden cronológico-, esta aparente sencillez se rompe respecto a la organización del discurso ideológico. Tómese como ejemplo la *Trilogía* de Asturias, la cual, a nivel del enredo aparenta gran sencillez, pero elabora muchos elementos sociales y étnicos, articulados en forma total, que traen mayor contenido semiológico al conjunto artístico. Igual ocurre con el tema negro/hispánico en *La llamarada* y el asunto de los chombos panameños en la *Trilogía* de Beleño. En otros casos, la elaboración en forma de montaje de arte gira alrededor de la historia nacional -*Cosmapa*- o el de la violencia humana - *Tilín García*- o sino es la presentación de elementos del arte surrealista como ocurre en *Puerto Limón* o los problemas de interferencia lingüística como se presentan en *Prisión verde* o el abuso de los pueblos de zonas aisladas -*Mamita Yunai, Tilín García, Tembladerales* y *Ciénaga*- o la intervención y explotación de una nación de la región como se observa en *Los estrangulados* y en último lugar, pero no menos importante, es la exposición sobre la degeneración del hombre, lo cual ocupa el papel principal en *Over*.

Lo tramático queda siempre en segundo plano en estas obras, y lo que sobresale es el discurso de ideas, el cual sí es lo somero y lleva constantemente una fuerte carga de energía semántica; o sea, con su norte dirigido hacia una comunicación a niveles polisémicos. Es una característica que da más valor a lo literario, argumentativo, ético y al documento cultural e informacional en esta narrativa. Hasta el momento se ha podido constatar tanto en la elaboración artística, la cultural y la ético-ideológica, esa tendencia a alternar paralelamente entre los dos focos señalados: lo étnico y proletario. Por tales motivos, el montaje tiene siempre un conspicuo segundo propósito.

I. Tradicionalidad textual y semiología

En relación a otras elaboraciones en el arte del relato se pueden señalar otros aspectos. Uno de ellos es la tradicionalidad del texto. Desde el punto de vista de la información cultural-étnica y socio-histórica, que en estas novelas es tan abundante, queda claro que no son, por lo tanto, estas narraciones muy tradicionales, y se apartan de los modelos que favorecían la imitación de los esquemas europeos/españoles. Ya este carácter puede traer originalidad a la composición de las obras. Estructuralmente se destacan, *Cosmapa*, *Puerto Limón*, *La llamarada*, *Mamita Yunai* y las dos *Trilogías*. La primera por los juegos de voces que se cruzan y entremezclan constantemente, y hasta se enlaza la voz humana con la de los animales. Esta obra juega con continuas rupturas de la narración en prosa para irrumpir con versos; éstos con diversas funciones dentro de aquélla.

La estructura de *Mamita Yunai* se compone de cuatro secciones, las cuales ya se comentaron. *Puerto Limón* es la pieza narrativa más rica en técnicas de experimentación literaria de este grupo de obras que se analizan. Abundan las escenas surrealistas, expresionistas, juegos de cambios de puntos de vista, enfoques de cámara que hacen detener la atención en detalles físicos muy particulares, todos éstos influenciados por el cine. En *La llamarada* se orquesta un continuo interés por los grupos étnicos más importantes de la nación puertorriqueña, haciendo de la obra una que responde a un triple montaje: lo étnico, lo laboral y lo propio nacional.

Finalmente, las tres novelas de ambas *Trilogías* son las de mayor juego de elaboración lingüística y la estructura total. Ayudadas por su realismo mágico, crean un conjunto artístico que va más allá del formato convencional de lengua y trama. Se logra mediante este recurso una traducción de cultura y, en el caso de Asturias, el mundo exótico maya queda plasmado. En la *Trilogía* de Beleño, es el mundo negro antillano el que constantemente se concreta, alternando con lo que aún queda de indio en Panamá. Se pasa en ambos conjuntos artísticos -mediante el uso de la lengua- del universo narrativo de tradición occidental a una creación totalmente nueva que tiene mucho por estudiarse todavía.

El producto de estas combinaciones es algo nuevo, donde la narrativa fluye a través de las páginas en un nivel de cuentística tradicional, y en otro que se lo llamará nivel de cultura. Se desliza sutilmente el relato mediante la ayuda de un conjunto de elementos que subvierten la narración para dejar expuesto otro universo diferente al del grupo hegemónico.

Para introducir elementos exóticos, ambos escritores prefieren usar la técnica del fluir de voces incesantes que parece un llamado desde otros ámbitos o dimensiones, y así, enfrentar estas últimas voces a la tradicional de la etnia dominante. Mediante este recurso se crean dos substratos narrativos sobre los cuales se desplaza la obra. Usando estos dos planos quedan en exposición los dos mundos a los cuales los novelistas pertenecen, y sobresalen con gran arte tanto el cosmos maya como el negro antillano según corresponda. Las obras quedan enriquecidas poética y líricamente, a su vez.

Estas complejidades estructurales aumentan la entropía de comunicación del ente artístico. Hay enriquecimiento de los enlaces energéticos en la semántica. Esta se carga a niveles altamente complejos, y de forma idéntica ocurre con el producto de arte que se obtiene.

En la mayoría de las novelas los diálogos que se entrecruzan mediante las diferentes lenguas representativas de otras tantas razas no sólo responden a la necesidad narrativa del encuentro de varios hombres, sino que también representan los problemas de la emigración y otros del proletariado. Ahora el discurso toma varias voces de modelos secundarios de información, o sea, no meramente el comunicativo referencial de la lengua franca. La comunicación crece y va más allá del propio lenguaje. Las formas, estrategias y recursos de arte brindan esta nueva forma de comunicar al ampliar los significados iniciados por la lengua primaria.

Además del desarrollo de lo tramático y lo socio-histórico, hay espacio textual para presentar otro nivel antropológico y cultural. Se narra sobre gente que se enfrentan y no se entienden debido a fronteras lingüísticas y culturales; pero también el relato bordea los límites que van más allá de los idiomas, y entra en las diferentes visiones sobre la cosmología que comparten los actuantes. Estas concepciones del mundo y de la vida conllevan más comunicación que la mera conversación entre dos hombres. Son ya, pueblos al habla los que se han llevado a la ficción.

Dentro de este armazón comunicante, estas culturas quedan enfrentadas ante un poder, que como sombra al acecho espera, trama, articula tras bastidores y recibe la cooperación y el apoyo de la casta dominante. Este poder es el de la Compañía. Ante la inmensa cantidad de datos que emerge de varios substratos, la Compañía cobra también otros significados que van más allá de la anécdota. No es sólo la empresa que recibe la compañía de los corruptos gobernantes de las tres regiones. Es un ente que se mueve y desplaza fuera de los marcos meramente físicos. Se traslada a través del espacio, del tiempo y de la historia para estar todavía viva hoy día, manifestarse en la literatura latinoamericana de mil y un modos, y batir sus alas al igual que los zopilotes que corren por estas tierras. Su desplazamiento será a diferentes alturas de vuelo. Se mezclará con las nubes grandes y las sombras, pero serán todavía ambas unas...

nubes, grandes cruzan por el cielo y sombras plomizas discurren aladas sobre el pavimento. (PL, 13)

Ese lenguaje indómito que explota como las semillas de la granada, que quiere extenderse por el límpido cielo azul de la cuenca caribeña para no dejarse apresar jamás, se verá en detalles en el siguiente capítulo. Se lo estudiará desde varios ángulos: como recurso estético y antitético, como recreador de pueblos y de ambientación para crear ilusión de realidad.

Notas

[1] Roland Barthes. "An Introduction to the Structured Analysis of Narrative." New Literary History 6.2 (1975).

[2] *Las novelas de las Compañías* son una subclasificación de la "novela antiimperialista" o de problemática social, pero esta última identificación taxonómica, según se la presenta y discute en la literatura crítica, sería, para efectos de este estudio, muy simplista o reduccionista.

[3] Ver nota 41 del primer capítulo.

[4] "Mientras que la novela se dirige a individuos aislados, el ensayo se dirige a una comunidad y tiende a constituirla. Esta característica explica su atracción por los problemas de cultura, de nacionalidad y de lenguaje, que son los problemas de la vinculación de los hombres entre sí, en la sociedad".

Jacques Leehardt. "Función de la estructura ensayística en la novela hispanoamericana." Revista de Estudios Hispánicos-Puerto Rico 7.13 (1980).

[5] Ver nota 1 en este capítulo.

[6] "My novels are realistic precisely because they do include these aspects; because the witch doctor or the God Huracán assumes an overwhelming reality for the people of our country, because the storm which destroys the banana plantation may be very real, but for our Indians it also assumes magical proportions. This mentality molds the people's spirit and thinking in a very profound way. So, too, in *Strong Wind* social reality is combined with an element of magic."

Richard Callan. *Miguel Angel Asturias*. New York: Twayne Publishers, 1970.

[7] Los arreglos entre el liderato político y los altos jefes de las centrales azucareras eran frecuentes; los obreros no tenían participación directa en estas decisiones.

Véase: Olga Casanova Sánchez. *La crítica social en la obra novelística de Enrique A. Laguerre*. Río Piedras: Cultural, 1975.

[8] Para el 1912, ya la United Fruit tenía una red de trenes en todo Centro América bajo su control con el nombre de IRCA. En 1911 apareció una competidora, la Cuyamiel Fruit Company. Tenían buenas relaciones hasta el 1920 en que competían fieramente por las mismas tierras en el área en la frontera entre Nicaragua y Honduras. Los agentes de ambas organizaciones comerciales conspiraron e intrigaron hasta el grado de que ambos países casi van a una guerra; luego, la dos empresas obtuvieron unas concesiones muy favorables que se sumaron a las obtenidas.

[9] En 1912 se levantan los liberales de Nicaragua contra los conservadores; éstos, eran protegidos por EE.UU. Los primeros casi llegan a Managua, y el país norteño aumenta su ayuda militar y de dinero a los segundos. Los liberales tienen que retirarse a la ciudad de Masaya, donde, fortificados, resisten un sitio de dos meses. Luego, el grueso de 5,000 conservadores y 3,000 norteamericanos les hacen sucumbir. Benjamín Zeledón, de 33 años, se distingue en la defensa de la plaza sitiada. Nunca se rindió y pereció luchando.

[10] VF, p. 80.

[11] VF, p. 85.

[12] L ll, p. 79.

[13] Gabriel García Márquez. *Cien años de soledad*. Buenos Aires: Sudamericana, 1968.

[14] LOE, p. 32.

[15] Co, p. 141.

[16] En 1977 Mario Benedetti terminó su estudio *Poesía trunca*, que incluye los trabajos de veintiocho poetas latinoamericanos muertos por regímenes dictatoriales en la América Latina. Describe cómo murieron algunos de esos artistas; muertes que han ocurrido y ocurren en muchos países de la zona caríbica de forma muy similar o peor a la que se expone:

"...en la prisión o en la tortura; hubo quienes desaparecieron en una emboscada y nunca más se supo de ellos; otros, cuyos cadáveres aparecieron acribillados o mutilados por comandos parapoliciales o escuadrones de la muerte; ..."

Mario Benedetti. "La cultura del hombre de acción y la creación intelectual." Texto Crítico-5.14 (1979).

[17] Si ha de considerarse que el inicio de la literatura latinoamericana comienza con las *Cartas de relación* de Cortés, lo violento presente en la literatura continental es algo que siempre ha sido continuo en estas tierras. Y es esta violencia una que "en las novelas se trataba de violencia "exterior", programática, con una buena dosis de abstracción, se ha convertido en una violencia "interior", más dialéctica".

Rafael Conte. *Lenguaje y violencia*. Madrid: Al-Borak, 1972.

[18] T, p. 19.

[19] TG, p. 87.

126

[20] MY, p. 18.

[21] MY, p. 29.

[22] MY, p. 204.

[23] PV, p. 132.

[24] Las funciones cardinales o nucleares son de gran clave a lo tramático de una obra, y las complementarias son las llamadas catalíticas. Si se cambia o rompe la primera, se altera la fábula, si esto ocurre con la segunda, así también se hará con el discurso. Es muy común en LNC esta segunda modificación, la que se hace con doble intención para romper o cambiar lo discursivo textual.

[25] MY. p. 51.

[26] MY, p. 37.

[27] MY, p. 68.

[28] Miguel de Cervantes Saavedra. *La Galatea*. Madrid: Espasa Calpe, 1961.

[29] Recurso literario utilizado para crear ambigüedad, enriquecer la polisemia lingüística y aumentar, de tal forma, el contenido semántico de la narración.

[30] Recuérdese que para estos años se acostumbraba añadir al final de muchas novelas escritas en la América Latina un apéndice que explicara, de algún modo, parte del vocabulario usado. Este era considerado regional, o sea, no típicamente castellano y europeo. Por lo tanto, algunas de las novelas de la serie que se estudia se acompañaban de tal adminículo.

[31] Esta canción, tan conocida en Latinoamérica, no hace muchos años ha pasado al repertorio de la Nueva Canción de dicho continente como un canto de protesta. En términos generales, se la considera como una obra de canto tradicional y folklórico y tiene fuertes bases en el movimiento negrista y antillano.

También se pueden citar algunas escenas que aparecen en *La llamarada* como ejemplos del Negrismo. Movimiento ése, dentro del nativismo, tan en moda para los años de 1920-30.

Véase: Luis Alberto Sánchez. *Historia comparada de las literaturas americanas*. Tomo IV. Buenos Aires: Losada, 1976.

[32] Bomba: baile típico de la cultura negra puertorriqueña, su música acompaña una cuarteta que expresa odio, amor o se dice algo jocoso.

Ver: Francisco López Cruz. *La música folklórica de Puerto Rico*. Sharon, Connecticut: Troutman Press, 1967.

[33] Véanse dos citas de Cabrera y Palés:

"estaba completamente desnuda y sus senos tan gordos como sus brazos, ...Estrella Rodríguez, la estrella de primera magnitud que empequeñece el blanco cielo de mi cama con su fenomenal aspecto de sol negro".

Guillermo Cabrera Infante. *Tres tristes tigres*. Barcelona: Seix Barral, 1967.

Los siguientes versos son parte de un poema de Palés.

Calabó y bambú.
Bambú y calabó.
El gran Cocoroco dice: tu-cu-tú.
La Gran Cocoroca dice: to-co-tó.
Es el sol de hierro que arde en Tombuctú.
Es la danza negra de Fernando Poo.

Luis Palés Matos. *Tuntún de pasa y grifería*. San Juan: Biblioteca de Autores Puertorriqueños, 1966.

Para la obra dominicana ver el interesante ensayo de Roberto González Echevarría en la **Bibliografía**.

[34] Pablo Neruda. *Canto General*. Tomo I: 162; Tomo II: 55. Buenos Aires: Losada, 1955.

[35] Se entiende que el análisis de superficie es aquél sobre la historia y se refiere a la articulación temporal del modelo actancial, siendo entonces, la sintaxis de la obra. Lo profundo será, la trama y se refiere al modelo constitutivo o lo morfológico del relato.

[36] Este arreglo textual de tipo linear aporta, a su vez, una estructura que facilita la sensación de continuidad narrativa o del tiempo que se requiere, debido a la aparición de los numerosos personajes en la obra, según se van presentando sus acciones a lo largo de todo el relato.

[37] L ll, p. 217.

[38] Es este uno de los pasajes más conocidos en la obra de Laguerre debido a la extraordinaria importancia de las ideas envueltas, y su relación con la historia actual del pueblo puertorriqueño. Son palabras que se prestan, obviamente, a diferentes interpretaciones ideológicas de acuerdo a las visiones particulares que se tengan, respecto a esta nación caribeña.

128

[39] O, p. 185.

[40] Franklin García. "Distintas formas de montaje en la novelística hispanoamericana contemporánea." Revista Canadiense Estudios Hispánicos 3 (1978).

Capítulo IV

Recursos del lenguaje

El uso del lenguaje en *Las novelas de las Compañías* responde a tres estrategias fundamentales: sirve como un recurso que expone en contraposición, lo estético y lo antitético; abre un mundo cultural[1] y simbólico de grupos pertenecientes a diversas etnias; y, finalmente, es el medio para crear una ambientación de realidad. Todas estas funciones se van logrando, al unísono que se deshila lo tramático. Y responden a uno de los intentos de estas obras de integrar en sus páginas elementos nacionales de tipo social (voz cultural), lingüístico (voz de arte) y nacional (voz ética).

El lenguaje, rico en metáforas en estas narraciones, cobra vida a partir de las fuerzas dinámicas de los mundos conflictivos que se entrecruzan y chocan a lo largo de sus páginas. Todos estos elementos interactúan para remedar el cosmos alrededor de los campamentos de las Compañías ubicadas en el Caribe y Centro América. El uso de la lengua no sólo van dando realce artístico a las piezas literarias, sino que también va revelando otra sociedad, a la que se ha tratado de ocultar, o a lo sumo, ignorar.[2]

Los creadores de estas narraciones evocan el pasado, permiten que voces nostálgicas se dejen escuchar para exponer lo nacional dentro de todo su espectro racial.[3] Esto, mediante un entretejido que da nueva vida a valores artístico-nacionales no frecuentes -a veces nunca escuchados- en la literatura de la nación como tampoco en la regional. De esta manera el lenguaje aporta a la exposición de lo social, ya que actúa a modo de elemento de enlace, contraste y realce. Da acentos artísticos al discurso que se gesta.

Intercalados en ese universo de palabras y estructuras de arte, se llenan los espacios estéticos con hermosas metáforas; pero hay que hacer altos en el camino, interrumpir esa prosa llena de intenso lirismo -herencia que los modernistas legaron a las letras latinomericanas- para, a modo de digresión del tono en marcha, romper éste, quebrarlo, irrumpir con otro diferente. Es éste, el momento para el lenguaje feísta, el cual está lleno de violencia. Lo violento en la literatura latinoamericana es tema que se ha estudiado extensamente -se dice que nació con los mismos cronistas. Desde este momento histórico, los hechos violentos han sido constantes en la producción literaria continental, a la que han enriquecido con sus imaginativas descripciones llenas de fantasía, horror y realismo.

Las novelas de las Compañías, al ubicar a los grupos raciales en un primer plano narrativo, hacen una especie de recuento a través de su discurso del camino que han tomado estos grupos sociales -o el que se les ha obligado a tomar- desde casi sus orígenes en estas sociedades hasta el momento del relato. Se les presenta anécdoticamente, desde su inicio en el lugar hasta el presente de la narración. Sus sufrimientos se pueden constatar con los hechos históricos y, no daría mucho trabajo encontrar similaridades respectivas y puntos de contacto.[4]

En este momento se desea enfatizar que lo violento que aparece en las páginas de esta narrativa trata de remedar con fin explícito la violencia que las etnias sufrieron -todavía lo están- en estas tierras americanas. Estos grupos étnicos han sido burlados, maltratados, torturados y asesinados. En el intermedio, el interés colonial -desde el descubrimiento- e imperial -desde la modernidad- siempre ha estado por encima del valor humano en relación a estos pueblos.

Para asociar la violencia que se va a discutir más adelante, respecto a cómo se presenta en LNC, y su nexo con hechos históricos continentales, deben recordarse algunos ejemplos provenientes de dos conocidísimos cronistas y de una de las grandes novelas contemporáneas latinoamericanas; cuyas influencias deben haber sido importantes en la escritura de las piezas que se estudian aquí. La presentación continua de hechos violentos contra los grupos indígena y negro en el desarrollo tramático de LNC, hace pensar que sus autores quieren ser voz de eco que repita aquellos actos violentos del pasado y se confronten con la actualidad. Todo esto baste para hacer extrapolaciones entre estos dos momentos de la historia. Se dice en las mencionadas obras clásicas:

"...y tiran tantas flechas, vara y piedra, que de la primera arremetida hirieron más de setenta de los nuestros, y con lanzas pie con pie nos hacían mucho daño, y un soldado murió luego de un flechazo que le dieron por el oido, y no hacían sino flechar y herir a los nuestros. Nosotros con los tiros, escopetas y ballestas, y a grandes estocadas, no perdíamos punto de buen pelear, y poco a poco, desde que conocieron las estocadas, se apartaban de nosotros; ...."[5]

"Y el dicho Montezuma, que todavía estaba preso, ..., dijo que le sacasen a las azoteas...y que él hablaría a los capitanes de aquellas gente....Y yo le hice sacar, y en llegando a un pretil que salía fuera de la fortaleza, queriendo hablar a la gente que por allí combatía, le dieron una pedrada los suyos en la cabeza, tan grande, que de allí a tres días murió;..."

Como quiera que pelearon muy valientemente hasta que murieron; e hice poner fuego a la torre y a las otras que en la mezquita había, los cuales habían ya quitado y llevado las imágenes que en ellas teníamos.[6]

"A semejanza de las cenizas que a lo lejos lanzan las quemas, caían sobre la charca fugitivas tribus de cucarachas y coleópteros, mientras que las márgenes se poblaban de arácnidos y reptiles, obligando a los hombres a sacudir las aguas mefíticas para que no avanzaran en ellas".[7]

Lo violento contra los pueblos y las culturas de los indígenas invadidos, lo violento de la naturaleza que se ve también invadida y violada, lo violento del hombre en su respuesta a la invasión de su cosmos, se enlaza todo en una infinita red de entrecruzamientos.

Al ser LNC un conjunto de arte que responde a las nuevas invasiones en los comienzos del siglo XX, es de esperarse puntos de contacto en sus relatos y lo anteriormente expuesto. Una de las formas en que las obras presentan y recrean ese mundo de conflictos es mediante el uso de vulgaridades, la crudeza explícita, los feísmos y lo escatológico; siendo ese cosmos uno que no está muy alejado de la brutalidad que estas mismas páginas retratan; cuando no, lo violento se presenta en un grado mucho mayor.

Esta violencia tiene dos propósitos en estas narraciones. Logra que se haga más patente el conflicto central y, por lo tanto, se configuran con mayor claridad muchos lados del problema. En forma paralela, este lenguaje de lo violento trae un brusco rompimiento de tono, lo que sirve como recurso de lo antitético. Lo poético y hermoso de lo relatado se mueven en conjunto para dar otra visión de la realidad. Esto, convierte el acto de la narración en un cabalgar entre dos reinos, el de la belleza y el de lo feo. Ambos dominios enmarcan entonces, el epicentro narrativo. Brinda el autor campo al lector para que también tome su corcel y cabalgue por esas tierras tropicales, enfrente la realidad, y así, se descorre lo bello y lo desagradable en estas piezas en un dúo de fuerte dinamismo, de tesis y antítesis.

Los creadores de estas narraciones hacen uso de este engranaje, en mayor o menor gradación, con desviaciones preferentes hacia un polo o el otro dentro de los extremos descritos. Cuando hacen uso de la fealdad, la convierten en antítesis de sus propios discursos, y de esta manera sobresale la parte negativa, lo no ético de sus relatos; y hacen resaltar, precisamente, lo que esté peleado con las tesis discursivas de comprensión y entendimiento humano que son el esqueleto de estas piezas. De esta forma, en apariencias contradictoria, resaltan el centro generador de los problemas que aquejan a estos pueblos: el eje formado por la dictadura del poder y su aliada, la notoria Compañía.

Como segunda estrategia de la lengua, se observa la inclusión de un número de estrofas poéticas que se convierten en una digresión, ya que al romper lo prosaico traen un nuevo interés en lo narrado. Estas digresiones relatan aspectos de índole cultural referente a los grupos raciales nacionales, y elaboran este recurso mediante un diseño que se desarrolla en dos niveles o planos. En el ideológico redondean, a su vez, el dramatismo del problema central que se viene exponiendo en la fábula, y en el cultural dan realce a los grupos que se mantienen marginales de la cultura oficial.[8] Pero estas no son las únicas funciones cardinales de la lengua en *Las novelas de las Compañías*.

Como tercera táctica, ese lenguaje se mueve dentro de los límites semánticos de la narración, para recrear el ambiente sobre el cual los actuantes ejecuntan sus acciones y, también en conjunción con lo anterior, dar sensación de lo real. En la estructuración artística de los ambientes físicos nacionales, la lengua completa dos niveles. Con el primero se describe la naturaleza circundante y con el segundo se hacen descripciones, ahora del mundo social. La naturaleza explosiva y tropical que responde contra todo lo que la trate de alterar, conforma el marco de realismo físico, y en este escenario de exhuberancia se llevan a cabo las acciones dramáticas de los personajes. Se articula poco a poco, página tras página, una profusa red ecológica de pasiones. El feísmo que hizo contraste a lo estético abre en este momento su regazo para dar cálida acogida a la violencia. Ambos se conjugan y dan paso a muchas de las páginas testimoniales más terribles de la literatura latinoamericana.

Mediante variaciones en sus elaboraciones textuales y en el grado de conjunción de estos dos elementos anteriores, *Las novelas de las Compañías* van configurando un pequeño universo donde la naturaleza y el drama del hombre se van entretejiendo a lo largo del texto artístico. Una a la otra interactúan, a modo de una serie de voces que repite el mismo mensaje que el discurso narrativo quiere develar.

En este momento saltan al ruedo otros personajes en esta vorágine tan dinámica. A través de infinitos recuerdos del pasado, la cultura maya emerge exótica, rica en vocablos y llena de misteriosas resonancias. El arte de Miguel Angel Asturias crea una digresión, ya a otro nivel, al nivel de la creación artística. Su voz rica, barroca, se remonta preñada de imágenes para ir presentando a su grupo racial, a su gente, los cuales surgen de nuevo como conciencia viva de la historia. A la misma vez, el autor va urgando en esta antíquisima cultura[9], y hace de sus novelas unas llenas de elementos mágicos y extraños que se diferencian de la mayoría de las otras obras de la serie bajo estudio.

Desde la región ístmica, Beleño recrea el mundo intervenido y atribulado del Canal de Panamá donde tantos hombres de conocidos e ignotos lugares, conviven y combaten sus diferencias lingüísticas y de culturas. Y todos, a su vez, también luchan conta la penetración imperial que ocupa y domina una parte de la tierra nacional. Usa Beleño, también, el realismo mágico e innumerables diálogos que tratan de representar de forma simbólica a esos diversos pueblos que se han encontrado en la nación panameña.

Todos estos recursos, dados de la mano, abren el marco mismo de las obras para invitar a la reflexión. La anécdota y la fábula se deslizan a lo largo del sólido substrato de una realidad histórica, cuajada de opresión, violencia y represión para dejar al descubierto parte de las vidas de estos colectivos; los que han sido marginados del testimonio oficial del Establecimiento.

A. La lengua como estrategia de recurso estético y antitético

En *Las novelas de las Compañías* lo estético se mueve por diversos senderos y aporta al conjunto un grado de comunicación que varía en concordancia con los elementos que señale o modifique. De esta forma, la metáfora se convierte en muchos casos en una especie de pequeña digresión o desvío de la línea principal discursiva. Pero esta ruptura no lo es tanto, se enlaza muy estrechamente con el discurso, lo complementa, lo enriquece en su energía semántica. Precisamente, esa es una de sus principales funciones, ya que en el caso de estas piezas la intención principal del relato no reside en lo estríctamente anecdótico como centro de sus obras; más bien su eje motor es el problema básico ideológico que alimenta a la narración.[10]

Al nivel de la frase metafórica se observan diversos tipos, los cuales ejercen distintas funciones. Son frases que se mueven a través del texto y que repiten mensajes de ambientación física, social, estética, cultural, técnica o tocan aspectos específicos como lo erótico, lo íntimo, el leitmotivo y así, crece el número de ellas a lo largo de las piezas. Obsérvense las siguientes descripciones de la naturaleza, donde ambas remedan, al mismo tiempo, los tonos y ambientes novelísticos: la primera angustiante, la segunda rica en imaginación y verbalización:

..abandonando la carretera y vamos por un carril que asemeja una cicatriz en el vientre del gran cañaveral... (*Over*, 30)[11]

.. heridos por una como lluvia de machetazos dados con hojas de un color verde lindísimo, que no era el verde de la vegetación de la montaña (EPV, 70)

En otros casos se quiere dar un tono de suspenso y misterio a la escena:

Se inician las horas agoreras en que las ranas se frotan y gimen y las sombras se pueblan de ruidos extraños... (PL, 178)

Y la referencia a la naturaleza no es sólo la inmediata, se incluye todo el país y sus maravillosas grandezas o las que han sido substituidas o destruidas:

Era el viejo. Cónico, gigantesco, azul...la penúltima vértebra..., una aleta de los Andes... (Co, 6)

Alrededor de todas estas obras, verdeará el césped rasurado hasta la exageración, con este corte militar que tanto lo desespera cuando transita por la Zona del Canal. (Cu, 273)

En todas estas descripciones se observan ciertas características reiterativas en los estilos de los autores. Cada escritor refleja en estas figuras retóricas el tono global que ha tipificado a su obra. Sentir que ha expresado en la composición del texto artístico tanto en sus niveles sicológico como discursivo-ideológico.

Por esta razón, Marrero Aristy visualiza el cañaveral como un gran vientre herido; él es un autor siempre amargado, desapacible, y el lugar no le inspira nada positivo. Asturias rememora el mundo mítico maya de la sierra. Silvano, el protagonista de *Puerto Limón*, siempre indeciso, teme y ve los campamentos como un mundo extraño, disímil al de la ciudad de donde proviene.[12]

En *Cosmapa* constantemente se presenta la tierra, se alaba el país, lo nicaragüense. Beleño recuerda que el medio ambiente ha sido cambiado por algo artificial y, a la vez, con ánimo militar; es un césped de cultura inglesa, tan ridículamente absurdo en un país de extraordianarias bellezas forestales como es Panamá. En *Tilín García*, alternan las voces retóricas de lo nocturnal con "su silencio húmedo" o se salta bruscamente para transportar al lector a una escena donde a una prostituta en parto, alguien "le reventó el útero con su mano sucia y brutal."[13]

En los siguientes ejemplos, la lengua en su uso primario de comunicación va repitiendo en un nivel menor, el de la palabra, las mismas ideas que se ya se habían visto en un nivel mayor, el de las estructuras discursivas y narrativas. La composición, rica en energía semántica, asume diversas formas de comunicación y, de tal manera, tanto la palabra como las estructuras narrativas se hermanan para construir el edificio del texto de arte. Las citas a continuación usan diversas imágenes retóricas que se relacionan con el eje social y central de sus obras. Laguerre prefiere usar la voz de la melancolía, de lo sutil, a modo de oasis sicológico para el lector:

> ...estoy soplando mi niñez por el hueco verde de la amapola...
> (L ll, 142)

Gutiérrez y Amaya Amador juegan con el lector presentándole una "trampa". Tras comenzar sus frases con palabras que invitan a lo plácido y sereno, luego introducen suspenso o algo de lo grotesco; quizá, como una advertencia sobre los peligros que acechan en las latitudes donde se encontraban las Compañías. De forma perspicaz, el escritor enlaza el evento de su historia con situaciones de inseguridad que son más significativas y están a un nivel más alto de comunicabilidad en el andamiaje del relato. Otro actuante dice:

> ... que la calma que reinaba entre las hojas tiernas de los bananales era la calma engañosa del matorral en donde se esconde la víbora. (PL, 19)

En la novela de Amaya Amador se describe la naturaleza trayendo recuerdos sensoriales para abruptamente, romper con lo violento del lenguaje feísta:

> ...la tierra mojada despedía un olor peculiar muy agradable aunque en algunos lugares los criques emanaban pútridas miasmas. (PV, 107)

En otras situaciones, las metáforas presentan el problema de la emigración; ésta ya se había comentado anteriormente. En mucho de los casos ese moverse está emparentado con el fracaso como ocurre en muchas de *Las novelas de las Compañías*. Son muchas las diferentes versiones de esa escena conocida donde los trabajadores viajan, van a los bananales y regresan. Uno de los personajes de *La llamarada* indica su gran desilusión:

> "no hallaba tierra donde pararse, pues toda la tierra parecía estar maldita".
> (L ll, 89)

Las emigraciones que se recrean en *Las novelas de las Compañías* son, en la mayoría de los casos, voluntarias, donde los hombres buscan una mejor vida. En el caso de la etnia negra, sus viajes no se asemejan al que hicieron sus antepasados, los cuales fueron muy diferentes.[14] Pero, no importa lo que se narre, siempre queda el sabor amargo del trasfondo humano que sufre; mas sin embargo, las esperanzas nunca sucumben, se hacen presentes en todo momento:

> En ellos treparon chillando, y su algarabía se ahogó en los sollozos de la máquina. (*Over*, 154)

También estas esperanzas pueden hacerse umbrías ante la amarga realidad de la explotación humana en las plantaciones:

> Los trenes carroceaban montones de hombres que iban a los trabajos agrícolas, desteñidas las caras bajo los sombreros amarillos de sol, silenciosos. (VF, 22)

El juego antitético es rico, el lenguaje crudo y violento se torna o carga de poesía para expresar la misma historia que han compartido los hombres de la Cuenca del Caribe:

> El pueblo se envolvía en sombras y las alas del martirio cubrían el horizonte. (LE, 101)

La dictadura y las Compañías van juntas, laboran articuladas; de igual forma los artistas complementan sus mensajes ideológicos. Igual situación se desea presentar cuando se habla del pueblo mártir ante la inminencia de la invasión militar[15]

Para Asturias, lo violento de la situación queda resumido con las siguientes palabras que tratan de remedar el viento fuerte que, tras la magia del chamá maya Rito Perraj, cobró vida y vengó las injusticias cometidas:

> Cuántos seres terrestres flotaban ahora entre tiburones perdidos en las aguas que al pasar la tormenta volvían a ser derrumbes de esmeraldas, colas de sirenas empapadas de espumas, lujuria de sol, fiesta de cristalinos bananales. (VF, 231)

El lenguaje feísta viene a ser la contrapartida del metafórico y el lírico. Su función dramática es de gran importancia en conjunto con el de la lengua esteticista; ambos se enlazan para redondear el discurso. Por lo tanto, esa conjunción crea un nuevo nivel de comunicación, éste puede ser llamado antitético.

Esta situación hace pensar que este recurso es una estratagema para forzar al lector a un alto en la lectura sintagmática. ¿A qué niveles comunicativos quiere llegar el autor para dar esas aparentes vueltas que entremezclan giros bellos y feos? Esta antítesis trae más información. Es evidente que en la mayoría de los casos se trata de estremecer al lector. La técnica utilizada es la de ubicar mediante lo general y, luego, presentar ejemplos concretos sobre el padecimiento de estos pueblos. No hay mejor forma para llamar la atención que mostrar un cuadro directo y crudo. De esta manera el narrador de *Ciénaga* considera la Compañía como una combinación de "terrible red capitalizadora y su carne antillana"[16]; o en el caso de Asturias lleva a un actuante desesperado a compararse con las partes menos bellas del cuerpo humano: "desarrugándome..., este pellejo de prepucio que Dios me dio en la cara!..."[17] En otra ocasión, salen los relatos de la interioridad del hombre o de su cuerpo para fijarse en lo externo y rutinario de la vida diaria y describirla: "y comenzaron a preparar un sancocho miserable y maloliente."[18]

En los ejemplos citados queda muy claro la imagen de lo traumático del ambiente que rodea a estos personajes; el tono que domina es uno deprimente. También no está exenta la presencia de experimentación con el lenguaje y su mensaje en lo que sigue:

> ... y desabrochándose el batilongo se sacó unos pechos deshinchados, antiguos y tristes que colgaron como las pencas secas de las palmas.
> (TG, 101)

La cita es un ejemplo de aquellas modificaciones de la lengua que fueron típicas de los creadores del Vanguardismo. Responde a la búsqueda de la metáfora apelativa cuando no escandalizante. Este fue un momento histórico donde la literatura latinoamericana se enriqueció con diversos movimientos e intentos de nuevos hallazgos literarios. En este caso, lo anterior no sólo presenta a la mujer envejecida sino que echa mano de la imagen truculenta, dramática, poco "estética". Mas sin embargo, el personaje está ahí, es creíble; para eso precisamente el narrador la presenta. Entonces se abren canales informativos y cuestionativos sobre la misma literatura y sus valores; valores que se ha apropiado una parte del colectivo, quien se ha autoconferido la potestad para establecer y determinar las fronteras de tal valor.

La palabra atrevida toma ímpetu en otros momentos y se eleva a un nivel chocante. Algunas veces se la expresa en escenas amorosas cargadas de mucho erotismo. Esto puede rayar en lo crudo. Oscila este espectro desde lo sugestivo en Laguerre "...y mi deseo se le enrosca al talle como una enredadera"[19]; pasa a través del humor en Gutiérrez, "el vendaval le levantó la falda y se le entrevió su musgoso vientre desnudo"[20]; para desembocar en descripciones sensoriales y eróticas, al modo de Beleño, "su falda de nylon se abría como un capullo de mariposa loca"[21]; y, finalmente, llega a lo áspero o explícito en *Cosmapa*, "... 'sa Genoveva tiene una quesera de ubres"[22].

Lo representado varía desde el deseo carnal trabajado en forma elegante en Laguerre, el centrar en otra obra la atención en los órganos sexuales como punto sobresaliente, hasta pasar a una exposición cruda donde la líbido se convierte en algo tosco y vulgar. Este cuadro de gran realismo no quita humanidad al conjunto total, todo lo contrario, lo enriquece. Se expone una gente ordinaria que dentro de las situaciones goza la vida, se enfrenta a ella como reto; no hay desdén por los actos sensuales y el llamado de Eros. La visión, el olor, el tacto, la líbido sirven entonces para redondear al personaje, traerlo a la realidad y, de esta manera, desplazarlo tan cerca del lector que no deja de tener esta estrategia los visos de un llamado directo a la comprensión e identificación con él. *Las novelas de las Compañías* no idealizan a sus actores, más bien, quieren enfatizar constantemente en lo humano, lo real, y de esta manera lograr un marco más accesible y veraz para sus respectivos discursos.[23]

El feísmo anotado es un preludio a lo agresivo, tan preponderante en estas novelas. Todas estas situaciones donde lo desagradable sobresale, hacen que el tono de la descripción tome un camino antitético. Y es una imagen al reverso, lo feo de lo bello que se ha recreado en otro lugar. Mientras se ha poetizado con la naturaleza en algunos pasajes, por otro lado, ahora se la presenta, tal y como es, sin ambages, y cuando es necesario con crudeza rampante. De la misma manera que la belleza del lirio acuático sobre la cristalina pureza del agua esconde unas descomposiciones químicas que la nutren, lo tierno de un sonrisa humana esconde el miedo a la violencia de un acto que puede ocurrir en cualquier momento. Las tierras de las Compañías son un microcosmos donde el odio genera fuerza vital.

Laguerre tiene en su novela el odio como uno de los principales leitmotivo. Su repetición va generando mayor energía de significación dentro de sus eventuales recuerdos. El calor infernal de las plantaciones de caña es el fuego temático en la novela, el que se vuelca en la mala voluntad que emerge de las relaciones de explotación del obrero en este lugar. Este odio no es tampoco extraño en *Luna verde*, *Mamita Yunai*, *Los estrangulados* y en *Tilín García*, donde particularmente se convierte en una descontrolada agresividad, o como ocurre en *Tembladerales*, donde ese odio se oculta tras un protagonista de tipo no conflictivo[24] y todo el colectivo que se mueve paralelo a aquél. Esta última obra, en su construcción artística, coloca el odio del grupo social en un plano no conspicuo, pero las acciones que se hilan anecdóticamente hacen concluir que hay un intenso drama humano oculto tras la continua poetización que se ha impreso en el texto. Esta situación hace ubicar a *Tembladerales* un poco alejada de LNC y, por lo tanto, subraya lo difícil de clasificar los textos de toda la serie. Cierra el narrador de *La llamarada* esta sección:

"Durante los días que siguieron al fuego me mantuve silenciosamente huraño. Se me intensificaba el odio: me envolvía la terrible llamarada".
(L ll, 181)

B. La lengua como recurso de lo cultural

En casi todas las novelas del conjunto, se interrumpe la prosa para intercalar estrofas poéticas que llaman la atención sobre algún aspecto que representa las diferentes culturas de las sociedades que conviven en el pequeño mundo alrededor de los campamentos de las Compañías. Estas recreaciones poéticas -una de las formas populares para preservar información cultural-[25] subrayan algunas características de estos grupos. También traen a colación la suerte de aquellos colectivos no nacionales que han llegado al lugar mediante una emigración. Se redondea en tal forma el cuadro, mediante aquel recurso literario, y así, quedan representadas todas las etnias y el proletariado que cohabitan en el país.[26]

La presencia de estas pequeñas piezas poéticas son utilizadas por los autores en dos formas. Su tema gira en torno a lo ideológico y, de este modo, enfatiza las ideas en pugna que se exponen en las obras o sino, la función temática es usada para dar realce a las diferentes culturas nacionales; haciendo obvio que son varias las que forman el conjunto nacional. Recrean esos poemitas, tanto las diversas manifestaciones culturales que coexisten en el país como las extranjeras y vecinas que influyen en lo autóctono. Hay que considerar a otras naciones de Latinoamérica cercanas a los países envueltos, que por relaciones históricas han ejercido su influencia en forma directa o no en la creación o inspiración que da vida a estas estrofas y otras elaboraciones culturales.

En *Mamita Yunai* los siguientes versos se repiten varias veces hacia el final de la novela:

Conozco un mar horrible y tenebroso
donde los barcos del placer no llegan;
sólo una nave va, sin rumbo fijo
es una nave misteriosa y negra. (MY, 221)

Las líneas responden a la situación existente en el país respecto al dominio extranjero, y también se relacionan estrechamente con las palabras finales con que cierra la obra. Se convierten, entonces, los versos en una especie de discurso concentrado. El pequeño poema hace un resumen de muchas otras palabras que ya fueron dichas en la novela. En la misma obra se presenta otra estrofa:

> De las altas montañas,
> don Policarpo,
> vienen rodando,
> vienen rodando,
> cuatro mil esqueletos,
> don Policarpo,
> y lo andan buscando! (MY, 189)

Los versos se acompañan con la música de la popularísima canción mexicana, *Cielito lindo*. Su presencia en la trama de la novela identifica a los diferentes hombres que celebran unos momentos de solaz en el campamento. A la vez, refleja sus orígenes étnicos, las influencias culturales de los países cercanos e influyentes o los lugares donde han estado estos trabajadores; al mismo tiempo que actúa como una fina ironía, dentro de lo tramático de la obra.

A un nivel superior en la semántica, la estructuración artística de la pieza, copia otra vez, la situación nacional. Se hace un llamado al espíritu épico para enfrentarse a un enemigo todopoderoso. Sirve la canción para cerrar un momento muy dramático en el relato donde los hombres necesitan esa clase de apoyo moral. El mismo autor hace una digresión conmovedora y lírica para cerrar la escena en la narración al comentar, "murmullo de conversaciones aleteando en la semioscuridad del campamento"[27].

Ya se discutió anteriormente, como Laguerre hace uso de cierta estrofas para simular una fiesta de negros y representa, de esta forma, esa cultura, al dar una visión de sus bailes, música y alma artística. A la misma vez que lo racial queda en primer plano en esas escenas.[28] Asturias utiliza numerosas veces lo poético

144

para romper la prosa, y sus funciones dentro de la narración son variadas. La
magia de su verbalización preñada de evocaciones no deja de faltar. Ya en el
tercer capítulo se discutió sobre el canto, casi guerrero, que acompaña
continuamente la trama central tanto en *Los ojos de los enterrados* como en *El
Papa Verde*:

> | Chos, chos, moyón, con!
> | Nos están pegando!
> | Manos extranjeras nos están pegando! (EPV, 335)

La realidad y lo mágico se enlazan en Asturias para elevar lo americano a
planos de mayor relevancia. Adalbert Dessau dice:

> "Así resulta que en la obra de Asturias no domina una vertiente de la
> dicotomía mencionada de lo mágico-espiritual y lo objetivo-real, sino una
> tendencia fundamental más homogénea: la representación de la realidad
> humana de América Latina en el sentido de la vida espiritual de la
> población, su confrontación con el mundo y sus conflictos sociales. Eso es
> la "recreación del mundo americano que constantemente ha preocupado a
> Asturias".[29]

El cántico del cual se ha hecho alusión no sólo se repite de obra a obra,
dentro de la *Trilogía* como un préstamo intratextual, sino que va siempre en
crescendo aumentado su energía semántica, y por lo tanto, su nivel comunicativo.
En otros momentos, en el mismo grupo de relatos, se cuelan versecillos que son
evocatorios de la cultura general hispánica y que todo el mundo latinoamericano
de lengua castellana comparte. Se presenta aquí una de las tantas versiones del
conocido poemita:

> Tin Marín,
> de dos, ¿quién fue?
> Cucara, mámara,
> el papá usté... (VF, 143)[30]

Al nivel de la narración los versos juegan un papel muy importante, ya que son presentados en voz de uno de los extranjeros asociado a la Compañía. De esta manera el autor acerca, anímicamente, a los hombres participando en el conflicto tanto los del país invasor como los que representan a las razas nacionales. La acción de los miembros de las Compañías y el apoyo que reciben de su propio gobierno no entorpecen que Asturias separe estos elementos de lo puramente humano y, en forma optimística, da una posibilidad a la comprensión y el entendimiento a nivel de los ciudadanos particulares. No es el único autor de LNC que expone, conspícuamente, la diferencia entre los actos imperialistas y el buscar una comprensión práctica entre los habitantes de los Estados Unidos y los de la cuenca caríbica. De otra forma, sería una contradicción dentro de toda la estructuración artística que distingue a LNC, donde el aprecio de la comunicación humana es vital; lo cual le restaría valor ético a estas narraciones. Así, la ubicación, dentro del discurso, del poemita señalado añade una nota antirracista y, a la vez, es una oposición a cualquier maniqueísmo que trate de simplificar los serios problemas que se discuten, limitando lo tramático de la obra a un asunto entre los malos y los buenos.

En *Cosmapa* y *Los estrangulados* hay versos que hacen irrupción en el discurso prosaico y tienen varias funciones. Como se ha visto en estas dos novelas, una de ellas es la evocación del pasado nacional:

"Cuando el tecolote canta
el indio muere.
Esto no es cierto
pero sucede..." (Co, 11)

Hermosa, soberana,
cual sultana,
Nicaragua, de sus lagos al rumor,
ve a sus hijos denodados,
los soldados
del honor... (LE, 182)

La primera de las estrofas es un llamado evocativo del pasado de la nación. Al mismo tiempo que continúa el tono de misterio que lleva la fábula sobre la voz de la muerte. También recrea tradiciones y creencias indígenas. La segunda estrofa se presenta en *Los estrangulados* para enfatizar el furor del pueblo y su triunfo ante el invasor; o sea, gira alrededor de valores patrios y épicos.

En el segundo capítulo de este estudio se discutió la presentación de una fiesta típica y sus canciones que interrumpen lo relatado en *Over*, y cuya función es la de presentar un poblado típico y sus costumbres; quizá un tanto primitivas respecto a las relaciones intersexuales:

> Si viene el marido, ay!
> ay, válgame Dioó!
> con un sólo tiro, ay!
> los mata a los doó.   (O, 75)

Pero no deja de tener el pasaje una reminiscencia de pueblo inocente y amante de la paz, ya que el canto no pasa a ser realidad, precisamente, al ser una imagen inversa de lo que se está relatando. Esto también debe indicar que el propósito del autor está muy lejos de presentar una escena llena del costumbrismo de la época post-romántica. Se convierte el poema en uno icónico, ya que está modelando uno de los discursos principales de la obra: un pueblo sosegado y sometido a poderes extraños al conglomerado colectivo.

C. Usos de la lengua para recrear la ambientación y dar sensación de realismo.

El lenguaje realista juega un papel fundamental en *Las novelas de las Compañías*, ya que es la manera de exponer en la forma más dramática, real, convincente y con toques de actualidad el mundo que gira en torno a las empresas extranjeras en la Cuenca del Caribe. Esa lengua no pretende que el arte imite la realidad, mas bien queda claro su intención de ser su visión. Esto le añade valor, dentro de la obra, como una expresión representativa de su tierra, pueblos y problemas. Se convierte el lenguaje en un medio del conocimiento, inmerso en su función informativa o semiológica. Dentro del estudio semiótico que este trabajo pretende hacer: analizar los aspectos socio-históricos que se presentan y discuten y los signos y estructuras que conforman la obra estética, el lenguaje, como medio de expresar lo real, lo completa al descollar también la fase informacional; fase que toda obra de arte encierra.

Quiere esta lengua realista dar visos de veracidad a los dramas en la escena ficcional y lo hace mediante varios formatos. En el caso de *Curundú* hay una extensa elaboración sobre aspectos lingüísticos: es el tema de la violencia comunicativa que se presenta ante la penetración de la lengua inglesa en el castellano de la nación.

> La priti se puso tof, boai. Fíjate que no quería aflojar plata ni pa los tres golpes. Yo no aguanté ese asalto y me vine a werquear en el suon. (Cu, 137)[31]

En otras narraciones se describe con nostalgia la naturaleza como si ésta fuera un reflejo de los problemas nacionales: "la tierra inclinada hacia la costa, tiene ya en esta región el sabor de la tristeza marina"[32]. O se mueve lo descriptivo a lo íntimo del sentir humano: "...el silencio que está alejado de todas las cosas menos de la conciencia"[33]. Se combinan en ambos casos las referencias de la naturaleza con aquellas que se relacionan con los sentimientos. Dentro del balance dinámico que permea los relatos, parece difícil determinar cuál complementa a cuál. Los personajes deambulan a través de un medio que nada puede ofrecerles. Ese desespero va agrandándose y es el ambiente el que sirve -fuerte influencia de la famosa trilogía de la tierra- de trasfondo energético. La casi impenetrable vegetación tropical se presta fácilmente para estas elaboraciones que tienen de telón de fondo todo ese esplendor; quizá, el único rincón del mundo que todavía tiene tierras vírgenes al pie del hombre. A nivel lingüístico se observa otro ejemplo donde se puede advertir que la gramática textual permite una lectura de LNC a un nivel totalizante, en el cual todos los textos conforman uno regional, cultural e informacional.

Es ahora el turno de los vendavales, huracanes y tormentas violentas. En muchas de *Las novelas de las Compañías* son estos elementos unos que complementan la imaginación de sus autores y les prestan terreno para desarrollar sus discursos; donde la rabia de la naturaleza viene a ser el eco de otra ira, aun más importante, como es el odio por las injusticias diarias. En *La llamarada* el temporal destruye todo a su paso y las descripciones echan a un lado el tono de lirismo que acompañaba en todo momento al relato. El huracán se convierte en voz -a un nivel más alto de la información- que representa toda la llamarada de odio que ha envuelto a sus personajes durante la historia. Es el leviatán que danzará sus últimos pasos para levantar sus enormes alas de muerte y arroparlo todo. El problema social tiene que tener un desenlace de palabras y fuerzas descomunales de tal forma que es vívido el retrato de "las madres que allí apretaban a los hijos contra el pecho, en el regazo"[34]. Y más adelante, el narrador recrea todo lo agresivo del fenómeno natural, acogiéndolo en sus propias palabras:

...fue atrapada por una viga que le desgarró el vientre y la criatura brotó hacia afuera... (L ll, 155)

El desenlace de tanta penas es uno desesperante y desolador:

Luego el hambre hincó su ponzoña en los estómagos. (L ll, 152)

Terror, muerte y miseria se dan un abrazo para redondear el tema central que se va relatando; entonces, éste cobra mayor calor y energía de drama.

En *Viento fuerte*, la fuerza huracanada se produjo mediante un acto mágico. Se cierne sobre las plantaciones emergido del cementerio maya, donde el mago, tras ritos y sones ante una calavera, logra hacer desplazar esos aires que traen clamores de miedo, descubriendo un mundo alucinante mientras aquéllos se dirigen con ferocidad hacia las tierras de la Compañía:

> El viento, seco, caliente, casi fuego de agua, no sólo derribaba cuanto le salía al paso, sino lo secaba, lo dejaba como estopa, vaciaba la sustancia de los tumbados bananales;... (VF, 221)

La furia, rabiosa, avanza de forma tal que el ámbito natural teme:

> ...a tal punto que la naturaleza misma parecía darse por vencida y hacerle también el juego al huracán;... (VF, 221)

Alrededor todo es sangre, energía, desolación, y los estertores de la muerte se dejan escuchar mientras su imagen se retrata con desconsolador realismo:

> El animal cayó arrodillado en seco, al mismo tiempo que quebrado de las cuatro patas, hecho un sola mancha de sangre, caballo y quejido. (VF, 224)

La descripción se mueve a niveles más imaginativos en lo metafórico:

> ... y armarios soltando trapos como intestinos y espejos en los que se destrozaban los rostros de la catástrofe;... (VF, 228)

En medio del tremedal de voceríos, llantos y fuerzas ciclópeas, Asturias no puede evitar la poetización y, como nenúfar que flota sobre aguas pútridas, también se dejan sentir sus metáforas en medio de una descripción alucinante:

> La carcajada de otros tiempos, ..., se le venía como un vómito de risa y sangre, y al sentirlo regado entre los dientes se lo tragaba, se lo

regresaba, empapado en agua hecha viento, en mar hecho viento, en luz hecha vientos,.... (VF, 222)

Esta voz lírica crea un hermoso contraste con la alocada escena del ciclón, dándole a ésta un marco subrayado y agrandado. Todo se convierte en confusa combinación de violencia, muerte y poesía.

En *Cosmapa* esa naturaleza explosiva se convierte en oropel que, como antítesis, complementa lo poético para ambos enlazar y unir ambientes, vida, luchas y esperanzas de todos los personajes presos en un infierno que ni Alighieri hubiera concebido. Maese Ubeda, como voz poética en la novela, entreteje los diversos elementos del texto constantemente, haciendo innumerables referencias intra e intertextuales. Escúchese el siguiente vocativo:

> "¡Oh, las altas mesetas tropicales, pequeños lunares de este mundo tórrido, último círculo del infierno, este círculo verde que faja el vientre de la tierra y no conocieron ni Eneas ni el Dante. Maldito...!" (O, 219)

Los insectos, las plagas de mariposas blancas, también la lluvia incesante, el moho que sigue y se adhiere con la fuerza da las lapas, éstas que merodean por los jardines amparadas por las tinieblas que los atardeceres traen, se unen todos en un universo de fuerza y riqueza descriptivas. Se narra en la obra con gran vitalidad y se describe un ambiente de locura. De esta manera, un actuante dice:

> "Aquí nuestra vida es constante lucha contra las plagas. Invierno y verano, día y noche, se vive deteniendo la invasión. Hormigas chiquitas, medianas, grandes, rojas, negras, locas, bravas, aladas, guerreadoras, zompopos... De cada clase hay muchas especies de números astronómicos de individuos, que tratan constantemente de destruir la plantación ... Creosoto, crenolina, flit, arseniato, bisulfuro, sulfato de cobre, sublimado corrosivo, cal viva, barbasco asfixiante, gases venenosos, redes, trampas, pinturas, de nada sirven. Es una guerra sin cuartel, y a pesar de todo, la invasión se filtra hasta en la misma casa. Miré el moho implacable, hediondo a sepulcro, a huesos exhumados, a momia, a muerte". (Co, 220)

Sin perder elegancia ni riqueza narrativa, subyace en la cita anterior ese eterno sentido del humor, perenne en esta hermosa novela nicaragüense. Esta cita también trae el recuerdo del cuento de Gabriel García Márquez, *Isabel viendo llover en Macondo*; compárense los estilos de estos dos autores, -distanciados en el tiempo de la creación artística- mediante estas palabras del narrador colombiano y lo anterior:

"Me acordé de agosto, ... con la ropa pegada al cuerpo por el sudor, y oyendo afuera el zumbido insistente y sordo de la hora sin transcurso. Vi las paredes lavadas, las junturas de la madera ensanchadas por el agua. Vi el jardincillo, vacío por primera vez, y el jazminero contra el muro,... Vi a mi padre...y los ojos tristes, perdidos en el laberinto de la lluvia.

... Me sentía convertida en una pradera desolada, sembrada de algas y líquenes, de hongos viscosos y blandos, fecundada por la repugnante flora de la humedad y las tinieblas". (pp. 11, 15)[35]

También la lluvia incesante, el moho que sigue y se adhiere con la fuerza de las lapas se unen todos en un universo de solidez y gran imaginación vital.[36] Son esas lapas las que sólo se pueden despegar con sal; este hecho recuerda las lluvias bíblicas de sal y fuego. En este momento las tormentas se transforman en unas de agua, ruido y fuego. Lo violento cobra un significado especial. Toca el turno al narrador de *Cosmapa*:

Juana, sólo a los rayos, por instinto, como los animales, les tenía miedo y siempre andaba una diadema de palma bendita en la cabeza, como contra. (Co, 245)

La fábula impregna el relato de mayor fuerza y vida descriptiva:

Unos estallaban como cohetes de luz; otros escribían rayas luminosas en la noche de terciopelo. ...era tormenta y huracán con rayería, chubasco,

152

torbellino, todo al mismo tiempo. ...A veces repetía el rayo en el mismo
lugar tres y cuatro disparos,... (Co, 249)

La incontrolable tempestad prepara las escenas finales y el desenlace de la obra.
Fallas, en *Mamita Yunai*, toma otro elemento natural para concluir
trágicamente el drama social de pesadilla que viven sus personajes en las tierras
de los bananos. Describe los pantanos donde gastan sus vidas estos hombres, y se
solaza y detiene en los detalles más amargos. Su empeño es uno, hacer detener al
lector; lo obliga a que medite. No tiene ningún interés en describir la naturaleza,
ésta no es el personaje central, en ella convive ese ente a quien él dirige toda la
atención: el hombre de los dominios de las Compañías. El tembladeral es sólo el
telón de fondo, y mientras más agresor se lo presente, mejor queda retratada la
zozobra de las vidas de esos seres rodeados de lo violento de una Naturaleza que
se ve invadida y de la agresividad en la explotación del ser humano; la cual es el
eje vertebral de la obra.

Se puede observar que el uso del lenguaje descubre la respuesta del ambiente
que se ve violentado; respuesta que se desplaza hasta el mismo desenlace simbólico
de la obra. Lo natural parece que está al acecho y que cualquier mal paso que se
dé significará la muerte. Por otro lado, sino es el substrato físico son los animales
los que tomarán venganza contra todos los que se atreven a continuar su vía a
través de aquél:

...cuando no eran las "Chías" enormes, negras y feroces, eran unas
avispillas rojizas y agresivas, que buscaban la cara para dejarla convertida
en cara de monstruo. (MY, 203)

Y lo violento va en aumento a la par de los hechos que se relatan:

Dos grandes hormigas estaban clavadas a mi piel, encogidos sus cuerpos
negruzcos, luchando furiosas por arrancarse el pedazo con sus cortantes
tenazas. (MY, 204)

153

En medio de estas ciénagas de violencia física y humana, el hombre crece y se hace más hombre; llora de rabia, de impotencia, de ver sus ilusiones de muchacho joven rotas ante su fragilidad y la realidad de la vida:

> Allí muchas veces, a la luz de la luna, lloré de amargura.... Sentía un desesperado deseo de volver a mi barrio, ...de sentir la tibia caricia del viento abrileño en mi tierra nativa. (MY, 206)

El momento íntimo no puede dejar de ocultar otro tipo de violencia, ésta, mucho más profunda; es la que anida en las conciencias y los corazones de estos hombres que, llenos de ilusiones, dejaron sus vidas en la sierra o sus lares nativos para acariciar un futuro halagador que ahora se les presenta con la amargura de la ilusión frustrada.

Las novelas de las Compañías van dando lección y, como espejo de realidad, permiten que los ecos de estas tierras se escuchen y sus voces se conviertan en llamados morales que se devuelvan a sus pueblos en espera de que una lección haya sido aprendida.

Sigue lo violento en el pantanal de pesadillas que Fallas ha creado. Calero, uno de los personajes estelares, es atacado por la uncinariasis:

> ..son las amebas y los bichos que te has tragado con el agua del suampo, los que ahora t'están mordiendo las tripas. (MY, 207)

Y para ser más realista, usa el autor feísmos que se refieren a la íntimidad del cuerpo y que describen a su personaje en la forma más cruda posible:

> ...porque ya me tenían las nalgas hinchadas, y m'ortigué el culo con las hojas que cogí. (MY, 207)

Toda esta presentación va señalando la vía a la muerte; la que se presenta también de manera real y cruda. La selva se traga finalmente al personaje en un espantoso accidente; los demás huyen aterrorizados:

> Calero tenía medio cuerpo aplastado por el tronco de un árbol inmenso; su medio cuerpo libre, ...Su cara nos miraba de frente, con los ojos saltados y con la cara contraída en una mueca helada. ...Calero se quedó de abono de aquel bananal. (MY, 208, 209)

Con los ejemplos que se han seleccionado, se puede apreciar que en estos relatos lo violento tiene un papel particular dentro de la organización de la narración. A la vez que sirve a ésta en lo tramático, la violencia de la fábula se presta de marco a un nivel comunicativo más profundo -esencia de la novela- para enmarcar en forma dramática el tuétano discursivo: la explotación de los hombres de los campamentos por otros nacionales y foráneos. De esta manera, lo agresivo se convierte en un recurso narrativo que es un símbolo que permite el que la palabra y el arte fluyan fácilmente. El lenguaje se desencadena y hace accesible el que las ideas se adelanten, se aligeren y queden por lo tanto, los conflictos grabados sólidamente y con mayor profundidad humana. Los hombres lloran, las mujeres sostienen aterrorizadas a sus hijos; es el mismo terror que estas familias sienten de perder el mísero sueldo que el hombre gana en las prisiones verdes. Es el miedo de hacer una huelga y ver llegar los ejércitos del poder político a defender la Compañía contra la supuesta violencia de los obreros huelguistas.

La naturaleza, al verse despojada por la insaciable hambre que demanda más tierras para cultivar, responde atormentando a los obreros con su furia natural, sus animales, sus olores y fuerza vital. Asturias, Laguerre, Román, Fallas, Beleño y Rodríguez, entremezclan los terribles momentos de sus relatos con la magia surrealista y barroca de un lenguaje rico en belleza, la elegancia del habla poética y lírica y la descripción vibrante de la naturaleza explosiva de estas tierras tropicales. Dice otro actuante de una de las narraciones:

Como un ave que rompe el tiempo azul del alba abandonando el nido por
primera vez,... (TG, 198)

Pero fundamentalmente se escucha una voz tierna en medio de la peor de las
violencias, la voz humana que lucha que se sobrepone. Ante la furia de lo violento
queda un espíritu de batalla, de sobrevivir. Casi impávidos, todos estos seres
tienen que estar dispuestos a continuar por otro camino. Otro personaje apunta,
quizá con cinismo:

...entre aquella gente humilde que estaba allí por prescripción de la miseria.
(Cu, 19)

Queda el hálito más hermoso de todos estos relatos, persiste el optimismo
de seguir en la lucha y sobresale lo humano. Triunfa el hombre sobre todo, y aquí
reside el valor de la constante voz optimista de la mayoría de estas obras
narrativas.

El lenguaje realista en estos relatos tiene una función que invita a la
reflexión, ya que no hace gran diferencia entre lo expuesto y la vida diaria de estos
seres; en algún lugar reside ese centro polisémico que alienta toda obra con
intensión de arte.[37] La forma lingüística y el mundo que ha inspirado estas
creaciones deben analizarse desde muchos planos. Todo lo anteriormente discutido
permite a la anécdota fluir con agilidad, pero a niveles superiores en la
comunicación, de esta manera, la lengua al recrear la ambientación y dar sensación
de realismo se convierte en agente revolucionario, político, subversivo. Retrata y
desenmascara la hipocrecía de la verdad oficial. Sirva esto para entrar en
consideraciones de tipo ético en este mundo caribeño tan lleno de antagonismos,
desdichas y decididos combates.

Notas

[1] Angel Rama señala en una de sus investigaciones, la necesidad de que a las aportaciones indias y negras a la literatura latinoamericana, se las conceda una mayor importancia:

"Se trata en cambio de reconocer una línea creativa constante, por amarrada que pueda parecernos al conservatismo folklórico, que muestra el funcionamiento de lenguas no latinas en operaciones literarias de muy variados niveles. Implica reintegrar a la literatura, como materiales legítimos no sólos las creaciones anteriores o contemporáneas de la Conquista que los europeos recogieron, sino también el acervo folklórico de cantos, cuentos, mitos, textos filosóficos o religiosos que hasta el presente han sido meros documentos en manos de antropólogos, pero que no han sido valorizados por la crítica literaria hasta el punto de conferirles un lugar respetable dentro de un sistema de valores".

A. Rama. "Un proceso autonómico: de las literaturas nacionales a la literatura latinoamericana." Río Piedras 5-6 (1975).

[2] Hay varias voces que quieren traer esa otra sociedad, ese otro mundo al ruedo, a la discusión pública. Su importancia tiene una relación estrecha con ese sentir que siempre está presente en la literatura latinoamericana por la inclusión de este tipo de argumentaciones. Es un interés asociado a la búsqueda de la esencia que da razón de ser a sus pueblos. Ricardo Campa tiene unas palabras sobre ese otro mundo:

"El trabajo lingüístico-estructural del escritor -que a menudo ha sido objeto de oposición y de censura por parte de los varios regímenes políticos- siempre ha querido destacar lo "otro", describir una naturaleza que los destinatarios últimos de la obra todavía no han logrado imaginar o por la cual están condicionados".

R. Campa. "La idea del poder en la literatura latinoamericana." Cuadernos Hispanoamericanos 357 (1980).

[3] Son estas narraciones, literatura de testimonio y esto va más allá de hacer valer los derechos de algún grupo en particular. Trata esta escritura de englobar a toda la nación. Julio Cortázar acierta a describir este sentir continental que coincide con las obras que se estudian. Dice él:

"El éxito extraordinario de lo que podría llamarse "literatura de testimonio", la alianza de la indagación sociológica con una ficción que la exalta y la lleva con más fuerza al espíritu del lector, es una de las muchas pruebas de que nuestras literaturas se abren cada día más a todo lo que las rodea, la angustia las acompaña o las enfrenta, y que las actitudes prescindentes, aunque hayan podido dar y sigan dando productos muy válidos en un plano cultural, se ven más y más rebasadas por un intención de análisis, de toma de contacto, que sigue siendo literatura en la mejor acepción del término pero que a la vez entra a formar parte de las vivencias históricas y sociales de cada uno de nuestros pueblos."

J. Cortázar. "La literatura latinoamericana a la luz de la historia contemporánea." Inti 10-11 (1979).

[4] A lo largo de esta discusión se ha tratado de ir exponiendo, en un discurso paralelo al estudio de la argumentación principal de estas novelas, lo que es relevante y las asocia con la literatura latinoamericana y sus momentos cumbres. Al intentar establecer esta relación, se comparan constantemente escenas en las primeras y su parecido o relación con escenas similares en la literatura más conocida en la segunda. De esta manera, se busca un enlace entre las novelas bajo análisis y lo histórico-estético de la literatura continental.

[5] Bernal Díaz del Castillo. *Historia verdadera de la conquista de la Nueva España*. Buenos Aires: Universitaria, 1964.

[6] Hernando Cortés. *Cartas y documentos*. México: Porrúa, 1963: 93, 95.

[7] José Rivera. *La vorágine*. Montevideo: Anunciadora: 189. No se da fecha de publicación.

[8] Esos grupos separados del eje central nacional, traen el recuerdo de una misma situación con los negros esclavos en las Américas cuando se les trajo al continente. Se les separó inclusive, de la lengua materna; lo que se presenta en estas novelas es una variante de la misma descomunicación en que viven muchos de estos grupos aún hoy día.

Ante el sistema de explotación, los afectados crearon reacciones defensivas para mantener la cohesión -la homogeneidad étnica-; ya que les fortalecía sus propios valores culturales. Responden dialécticamente, los dominadores con un desprecio a todo lo "de color"; al saberse usurpadores buscan constantemente, afirmar su identidad "occidental". No puede olvidarse que como la esclavitud se fundamentó en la antiidentidad, es una buena razón esto para entender porqué el mito zombi nace en las Antillas. Dice Bangou al respecto:

"Africa estuvo ausente de las Antillas, ..., ninguna lengua pudo ser conservada. Parecía como si hubiera habido por parte de los esclavistas la voluntad de atomizar los grupos étnicos, las tribus, los pueblos, los cuales después de su transplante no volvían a encontrarse."

Henry Bangou. "La influencia de Africa en las literaturas antillanas." *Casa de las Américas* 10.56 (1969).

La descomunicación lingüística y cultural de aquellos tiempos está hoy en la misma situación, pero a un nivel más complejo, ya que los marginados son toda una serie de pueblos y sus respectivas culturas. En el caso del indígena, al desplazarlo de su tierra, la cual, de acuerdo a su cosmovisión, es lugar sagrado: poblado de sus dioses, de sus

158

antepasados y otros valores culturales, se busca desarraigarlo de todo lo citado anteriormente.

[9] Esa magia es más que un mero elemento literario, ya que en su yo interno reside esa gran preocupación del autor por el hombre, y lo ha expuesto a lo largo de toda su obra. Queden las siguientes palabras como un testimonio:

"Asturias, que muchas veces había dicho que "la miseria de estas poblaciones" era la base de todas sus obras, exige la representación de la realidad americana en su totalidad a la vez material y espiritual. Es de importancia que Asturias se refiera específicamente a los pueblos de América Latina, es decir, a los seres humanos, y no principalmente a las distintas formas de la realidad objetiva americana, inclusive las condiciones en que viven los hombres. De ese modo, el tema americano deviene sobre todo la conciencia y autoconciencia de los hombres de extracción popular. Este fundamento posibilita que el autor supere con obras de una nueva categoría las variantes de la novelística latinoamericana anterior, como la costumbrista, la naturalista y buena parte de la indigenista."

Adalbert Dessau. "Mito y realidad en *Los ojos de los enterrados*, de Miguel Angel Asturias". Revista Iberoamericana 35 (1969).

[10] *Las novelas de las Compañías* desarrollan sus planteamientos ideológicos, dentro de una atmósfera discursiva que es muy democrática. A pesar de lo controversial de la materia que presentan, al lector se le da suficiente espacio interpretativo para que elabore sus propias conclusiones. Aínsa dice al respecto:

"La creación aleja el objeto novela de aquellas obras que eran alegatos, testimonios o autobiografía del escritor actuando como "hombre público" en numerosos "alter ego" de su obligada condición de latinoamericano: político, militar, burócrata o gobernante".

Fernando Aínsa. "Integración y pseudonimia en la novela latinoamericana contemporánea." Nueva Narrativa Hispanoamericana 5 (1975).

[11] La industria del azúcar y las plantaciones fueron el centro generador de las sociedades de las Antillas. Véase el comentario del siguiente autor:

"As Barnet argues in this issue, Cuba's culture was created by sugar. Though in Santo Domingo and Puerto Rico conditions were significantly different it was nevertheless the sugar industry that acted as the prime mover in the elaboration of their modern cultures as well.

It would be difficult to overestimate the pervasiveness of the influence exerted by sugar on all level of Hispanic Caribbean society. One can perhaps express the depth of that influence by saying that it changed the most rooted notions in the cultures that flowed into its frenzied grind: for instance, the ways to measure time and make it meaningful".

Roberto González. "Literature of the Hispanic Caribbean." Latin American Literary Review 7.16 (1980).

[12] Contrario a la mayoría de las novelas de la serie, *Puerto Limón* y la *Trilogía* canalera desarrollan casi toda su acción tramática en la ciudad. Se alejan entonces, del patrón ambiental que caracteriza a la mayoría de LNC para adoptar una escritura que responde, mas bien, a intereses literarios con tendencia citadina. Para los años de su escritura había varios caminos como opción para ubicar lo relatado. Caminos que en la novela actual se han agrandado. Aporta, Rama, al repecto:

"Criollismo, nativismo, regionalismo, indigenismo, negrismo, y también vanguardismo urbano, modernización experimentalista, futurismo, restauran el principio de representatividad, otra vez, teorizado como condición de originalidad e independencia, aunque ahora dentro de un esquema que mucho debía a la sociología que había estado desarrollándose con impericia."

Angel Rama. "Literatura y cultura en América Latina." Revista de Crítica Literaria Latinoamericana 20.18 (1983).

[13] TG, p. 200.

[14] Estas palabras de Lamming añaden a lo presentado:

"Aquella emigración no fue un acto de libre albedrío; sino una deportación comercial cuyas consecuencias han dejado profunda huella en todos los niveles de la vida del hombre de las Antillas. Consecuencias que hacen sentir más profundamente en su vida personal y en sus relaciones con el medio: la política del color y del colonialismo que constituyen las bases y los hitos de su travesía de la infancia a la adolescencia."

George Lamming. "Actitudes de la literatura antillana con respecto a Africa." Casa de las Américas 10.56 (1969).

[15] El dolor, angustia e inseguridad del pueblo nicaragüense ante la posibilidad de una invasión militar a su tierra, lo cual el imperialismo ha perpetrado en su suelo nacional tantas veces durante el siglo en marcha, se ha hecho más patente durante los últimos años que acompañan este mismo estudio.

[16] Ci, p. 227.

[17] LOE, p. 27.

[18] MY, p. 38.

[19] L ll, p. 109.

[20] PL, p. 52.

[21] G, p. 103.

[22] Co, p. 213.

[23] El drama reflejado en *Las novelas de las Compañías* es muy crudo y su énfasis en la realidad no puede aceptar que se lo desvirtúe por intereses literarios o de cualquier otro orden. Son creaciones muy francas que no responden muchas veces, al arte de la clase hegemónica como ocurrió con sus parientes las novelas de la tierra. Dice Janina Montero:

"...hace falta considerar las discusiones sobre la teoría y el análisis del proceso de recreación o plasmación históricas en el caso de novelas que contienen un concepto de la historia como tema. El momento histórico puede ser un mero escenario cuyo mayor o menor exotismo refleje conflictos sociales delineados a priori por su particularidad regional, como se vio en las obras clásicas del regionalismo hispanoamericano *La vorágine, Don Segundo Sombra, Doña Bárbara* y sus imitaciones."

Janina Montero. "Historia y novela en Hispanoamérica: el lenguaje de la ironía." Hispanic Review 47.4 (1979).

[24] Se entiende por este tipo de actuante, aquél que no presenta conflictos que lo comprometan en las secciones claves y climáticas del drama en desarrollo y que, mas bien, busca ubicarse en posiciones que no lleven la alteración del orden establecido.

[25] Ver:

Juri Lotman. "On the Metalanguage of a Typological Description of Culture." Semiotica 14.2 (1975).

Roland Champagne. "A Grammar of the Languages of Culture: Literary Theory and Yury M. Lotman's Semiotics." New Literary History 9.2 (1978).

Juri Lotman. *Semiótica de la cultura.* Madrid: Ediciones Cátedra, 1979.

Y. Lotman, A. Piatigorsky. "Text and Function." New Literary History 9.2 (1978).

Y. Lotman; B. Uspenskii. G. Mihaychuck, trad. "On the Semiotic Mechanism of Culture." New Literary History 9.2 (1978).

[26] Las siguientes palabras de Hernán Vidal dan una idea de algunos de los problemas sociales de marginalidad que se engendran en sociedades afectadas por poderes extraños al país como ocurre en las obras bajo estudio.

"Del mismo modo, todas las clases sociales en los países infiltrados por los conglomerados transnacionales corren el peligro de la marginalidad, aún las burguesías nacionales que se vieran a sí mismas como motor de un progreso independiente. Desde las grandes ciudades latinoamericanas que les sirven de cuartel, la influcencia de las subsidiarias alcanza hasta los rincones más remotos del interior".

Hernán Vidal. "Narrativa de mitificación satírica; equivalencias socio-literarias." Hispamérica 4.1 (1975).

[27] MY, p. 190.

[28] Para el negro y demás grupos étnicos, el mantener su cultura o parte de ella es vital, ya que es una forma de evitar la alienación y sobrevivir ante la violencia a que han sido sometidos (y aún lo son). Dice Roberto González, autor ya citado:

"By bringing together individuals from many different regions in Africa with different religions and cultures, the sugar industry created a Neo-African culture, forged in the barracks and palenques (maroon societies) where slaves came together to work or be free. This forced amalgamation became a new culture that functioned as a defense against exploitation, deriving its character from the belligerence and deracination that created it. For these blacks culture was a way of resistance, a weapon to save their bodies from destruction and their souls from extinction".

Ver las citas 8 y 11 en este mismo capítulo.

[29] Adalbert Dessau. "Mito y realidad en Los ojos de los enterrados, de Miguel Angel Asturias." Revista Iberoamericana 35 (1969).

[30] Estos poemitas no sólo se presentan en estas novelas, ya que Asturias hace uso de ellos varias veces en El señor Presidente. He aquí dos ejemplos en esta obra:

¡Te pondremos de cadáver
matatero, tero, lá!
¡Ese oficio no le gusta
matatero, tero, lá!

"¡Dormite", niñito,
cabeza de ayote,
que sino te "dormís"
te come el coyote!

El primero es un juego tradicional de niños en el mundo hispánico y el segundo es una versión de otro parecido que ya se discutió en el tercer capítulo en la nota 31 como un elemento cultural que aparece en la novela Cosmapa.

Miguel A. Asturias El señor Presidente. La Habana: Festival del Libro Cubano, 1960.

[31] Beleño copia en castellano las posibles pronunciaciones del idioma inglés que hace el personaje que habla; serían los ejemplos provistos lo siguiente: "pretty; tough;

162

boy; to work; zone (relativo a la Zona del Canal); tres golpes se refiere a las tres comidas diarias.

[32] T, p. 11.

[33] TG, p. 99.

[34] L ll, p. 157.

[35] G. García Márquez. *Isabel viendo llover en Macondo.* Buenos Aires: Estuario, 1968.

[36] La riqueza verbal de Gabriel García Márquez se entreteje con el juego literario. Escondida entre las metáforas de inigualable belleza, mora la palabra sorpresiva, y así ocurre cuando dice en la cita anterior: "la repugnante flora"; es la palabra que sirve de alerta a los sentidos. En LNC este recurso se presta constantemente a lo icónico, a la sugestiva interrelación de lo tramático y sus paralelismos con la realidad histórica.

[37] Nelson Osorio comenta sobre esta necesidad de ver el lenguaje de la novela moderna dentro de una relación con la comunicación. Dice él:

"En la novela contemporánea en general, se estudiará el lenguaje como "artificio técnico" y no en su condición de intento de crear una dimensión nueva de la relación del hombre con el mundo, distinta a la dominante, que es la que se refleja en el lenguaje tradicional de la literatura narrativa".

Nelson Osorio. "Las ideologías y los estudios de literatura hispanoamericana." Hispamérica 4.1 (1975).

Capítulo V

Lo ético como conciencia vigilante o memoria de valores

Las novelas de las Compañías fueron escritas con varios intereses en perspectiva. Se pueden identificar cuatro como los principales: la elaboración de una obra literario-artística, dentro del género de la narrativa; la intención de elevar a un plano de primera relevancia algunos aspectos culturales relacionados con las diferentes etnias que viven en el país o que vienen en busca de trabajo a éste; en tercer lugar son voz de protesta, en muchos casos es la única voz disidente que el régimen o la situación histórica permiten, como censura a la intervención directa de las compañías comerciales e internacionales que explotan algún tipo de actividad en el suelo nacional, a la vez que a los obreros, en contubernio con los malos gobiernos que obstentaban el Poder. Finalmente, estas obras tienen un marcado interés en ser memoria de valores y voz educativa para sus pueblos; ya que toman un ángulo de enfoque para exponer una serie de planteamientos desde una posición de valores tradicionales de moral. Se parecen estos modelos a los lukácsianos, que sugieren la ética del novelista como el fundamento estético de la obra. Son piezas de ficción que quieren hacer mimesis de la vida y, una de ellas, es su exposición y abierta defensa de lo étnico y el proletariado. De esta manera, se discuten ideas que promueven un profundo cambio optimista y de mejoramiento social de toda la nación. En cuanto modelos interpretativos de la historia de la Cuenca del Caribe traen una imagen de avance esperanzador, sino a lo sumo una de ansiosa espera. LNC se proponen ser un velo que descorra y descubra las llagas que esconden, tras la retórica del Poder, todos los intentos de evitar lo democrático y la libertad de los pueblos sometidos.

La organización de estos cuatro elementos constitutivos que enmarcan principalmente, el grueso total de los relatos tiene sus variantes en las diferentes obras de la serie; inclusive, hay igual variación en las tres obras que conforman la *Trilogía* de Asturias al igual que la de Beleño. Pero la idea general que se puede colegir resalta estos cuatro componentes -con diferentes énfasis en la cantidad de espacio textual y semántico dedicado a cada uno-; ya que son los que los autores han determinado como los ejes centrales en sus respectivas producciones.

Las novelas de las Compañías, como obras testimoniales y de crónica, son textos valiosos para sus respectivos países y la región de la Cuenca del Caribe. Es enorme la cantidad de documentación histórica y antropológica que puede encontrarse en sus páginas. Como ya se discutieron, en los capítulos sobre el arte de la narración, lo étnico y lo lingüístico, los principales aspectos de la estructuración artística de estas narraciones y la recreación cultural de la vida de las etnias en estas poblaciones, toca ahora, hacer una síntesis del papel que juega lo ético[1] y/o lo didáctico en esos relatos y observar, a la vez, cómo estos dos se intercalan en lo protestatario[2] y viceversa.

Si se tiene en cuenta que muchos de los pueblos a los que estas obras hacen referencias estaban bajo el gobierno de una dictadura o uno de carácter débil o sufriendo una intervención militar extranjera, es fácil entonces, entender que dichas narraciones -todas dentro de una marcada línea realista[3]- desearan dedicar alguna extensión, dentro de sus marcos narrativos, a la exposición de tan serios problemas sociales.

A estas novelas, contrario a la tradición literaria que la antecedió -la que presenta a un narrador en una posición central, determinando y dominando los giros del mundo ficcional-, se las ha confeccionado de forma tal, que son varios los actuantes responsables de emititir constantemente diferentes puntos de vista. Esto ofrece ámbitos más amplios, respectos a los planteamientos ideológicos que se debaten. Así, le toca ahora al lector llegar a sus propias conclusiones; mucho más, si no tiene todos los elementos históricos para hacer esa evaluación. Las varias voces que enuncian sus posiciones en lo relatado dan mayor realismo y, al mismo modo, permiten al lector una decisión más ponderada.

Mediante la articulación de la estructura artístico-textual y la evocación de elementos culturales relativos a los grupos étnicos y la cultura hispánica tradicional, estas voces se elevan sobre lo estrictamente protestativo-denunciador para cobrar fuerzas en un plano de ideas superior y ético. De esta manera, se convierten en el eterno clamar humano que pide lo justo: es un confrontamiento ante lo que está correcto o no en la actualidad del país.

Como es fácil de imaginar, ha surgido una crítica adversa en contra de *Las novelas de las Compañías* debido al enfoque social que tienen. Es entonces una crítica cargada ideológicamente. Especialmente los sostenedores del status quo en cada una de las naciones envueltas, han jugado un importante papel en estas censuras. Esto no es nuevo en la literatura de la América Latina, continente muy politizado, donde esta politización puede encontrarse en todos los niveles de expresión colectiva. Entre los que las critican negativamente se ha enfatizado mucho en los aspectos "políticos" de las novelas[4], y hasta se desvirtúan esos juicios tratándolos de desviar y confundir con líneas radicales como lo revolucionario. De forma tal, que parece que revolución y reforma son lo mismo. Mas sin embargo, ninguna de estas novelas predica revolución socialista alguna, ni mucho menos la marxista. No era el interés de los autores ni la armazón de la obra artística guarda relación, en forma, estilo o elaboración de algún tipo con los escritos narrativos típicamente asociados a esas ideologías. LNC simplemente, a través de sus páginas, dentro de lo político-social, buscan alguna especie de reforma para sus países y mejorar la calidad de vida colectiva en los órdenes más importantes de la convivencia moderna.

Las narraciones de este corpus tratan de analizar como problemas éticos, los siguientes: la emigración, tanto interna como al exterior de la nación y los problemas sociales que acarrea tal movimiento[5]; el abuso contra el obrero, la mujer, la niñez, la familia y los grupos raciales desposeídos; la penetración económico-cultural extranjera de corte neocolonial y todos aquellos elementos que se discurren como unos que destruyen al hombre y su dignidad personal. Sin que esto no deje de presentar los conflictos de índole personal que enfrentan los diversos personajes con ellos mismos, debido a los problemas que la Compañía ha traído al país y las consecuencias que todo esto acarrea.

Otro gran proyecto de argumentación presente en los relatos de esta familia, es la mirada hacia el futuro del país. Se escucha su voz pedagógica, entonces, con una acústica optimista en pos del adelanto del colectivo social. Y no sólo se habla de todo el conglomerado nacional sino que también se torna la voz hacia un núcleo más íntimo, la familia. Tanto el padre como los hijos tienen un papel relevante en la ejecución de unas conductas que son el reflejo, a nivel menor, de toda la sociedad que se recrea en la ficción.[6] Finalmente, esas voces enlazan la vida nacional con la de otras regiones cercanas; las cuales han sufrido los mismos problemas de intervención extranjera y gobiernos colaboradores. Es una característica continua en estas narraciones el hablar sobre los países vecinos. Y así, el interés interamericanista hace que el relato haga, al mismo tiempo, aportaciones a la voz literaria de la región y al continente en los procesos de maduración artística y cultural de ambos.

A. Visión de lo local, nacional y regional

Ya se ha discutido cómo los autores de *Las novelas de las Compañías* hicieron uso de varios recursos para dar la sensación de realidad en lo relatado, y cómo esto conduce a que se elabore un mayor grado de objetividad en la presentación del material narrativo. Muchos de los aspectos ideológicos que se discuten en lo relatado giraban en tornos a posiciones socio-políticas precisamente, atacadas con vehemencia por la clase hegemónica en toda la región de la Cuenca caríbica. Este ataque contra muchas de estas narraciones aún persiste en la zona.

Muchos de estos pensamientos que se consideraban prohibidos, versaban alrededor del campo socialista; eran cuestionamientos que rondaban por el mundo caribeño y para el grupo dominante -en abierta lucha contra los grupos étnicos no blancos y el proletariado por el poder socio-económico nacional- eran extraños a la región y debían ser descartados. Esa fue y todavía es una excusa favorita en la argumentación contra las obras. Realmente, eran ideales de alta peligrosidad en la batalla histórica por la obtención y mantenimiento del poder. Obviamente, todo lo anterior brindaba espacio a la disputa intelectual. La arquitectura narrativa de LNC, en algunas de sus obras, hace exposición de estas luchas y convierte de esta forma el evento de la fábula en uno de interpretación de valores de interés nacional y regional.

Se discuten en estas obras de ficción, alternadamente, estos cuestionamientos y así, por ejemplo, en la *Trilogía* de Beleño, aunque el tema central es la opresión del pueblo panameño por las fuerzas extranjeras, juega un papel fundamentalísimo el grupo racial de obreros llegados de las islas anglo-caribeñas. Beleño, demuestra gran consideración afectiva por esta etnia desubicada.

En *Mamita Yunai, Los estrangulados* y *Over* los narradores viajan al centro o corazón del país para descorrer el velo de mundos poco o nunca mencionados en las literaturas de sus respectivos países. En la última de estas novelas, no sólo se expone la suerte de los nacionales en esas regiones remotas, sino que se discuten ampliamente, la presencia y explotación de los "congos".[7] Grupo de haitianos que ha sido tratado con una crueldad tan inusitada en la República Dominicana, que sobrepasa la que se representa contra los indios en *Tembladerales* y la *Trilogía* de Asturias.

En otros relatos se subraya el estado de la nación y su relación con el exterior mediante el recurso de los cuentos intercalados, sean estos cortos o extensos; los cuales, a veces toman una voz exagerada para escandalizar. En la obra *Over*, se centra el material anecdótico en la inmoralidad de la Compañía que obliga a los bodegueros de sus comisariatos a robar a los trabajadores en los productos que les vende, y en alterar los balances de sus cuentas a pagar. El relato expone una especie de pirámide donde la gran base es la masa obrera, la cual va perdiendo pequeñas cantidades de dinero que no puede notar, pero que van engrosando las arcas del ápice de la estructura, el que representa a la empresa. El bodeguero no puede usar ese dinero, ya que se le supervisa semanalmente, y sin aviso, con la llegada de los controladores de la compañía. Pero todo este operativo se tiene que hacer a escondidas y en silencio, dada la flagrante ilegalidad envuelta. Varias escenas, muy bien logradas, relatan cómo el protagonista tenía que perpetrar esos robos en soledad en el medio de la noche. Se cargan estos momentos de gran dramatismo y emoción, ante la fuerza moral interna del personaje que rechaza el acto delictivo, y la posible irrupción del agente de la empresa. El primero es un individuo que se encuentra preso, entre las exigencias deleznables que se le impulsa a hacer y, por otro lado, la necesidad de retener su empleo. La problemática envuelta no termina aquí, ya que lo antagónico de la acción envuelve poderes no nacionales. Marrero Aristy, sin necesidad de digresiones elaboradas, hace entonces una fuerte denuncia de la abusiva intervención del negocio extranjero que puede burlar las leyes del país y todo código de moral establecido. Lo que contrasta además, con la constante publicidad a nivel nacional e internacional que acreditaba a tal sociedad comercial muy honrosamente. Dice un personaje en otra de las novelas:

¿Llamar ladrona la compañía que poco falta para que la hagan benefactora de la patria? (LOE, 58)

Una lectura a nivel ético de LNC descubre constantemente, este tipo de choques: el de la mayoría de la población que se tiene que degradar moralmente, ante la opresión de una minoría, la cual obstenta todos los poderes reales de la sociedad.[8]

Entre las narraciones de la serie, *La llamarada* y *Over* son las únicas que presentan un problema ético como substrato fundamental de sus discursos.[9] Aquél, es la presentación dual de los conflictos internos de sus protagonistas; además, se tratan en los relatos otros problemas de índole moral nacional y regional. Baste, como ejemplo de estos últimos, el comercio antihumano, ya comentado sobre

Over, que se hace con los obreros haitianos que llegan a diario a la República Dominicana desde la otra parte de La Española. Quizá por esto, esta novela es una de las obras más amargas del grupo narrativo estudiado, y es la única en la cual su protagonista termina degenerado, en una encerrona en la que se han perdido las esperanzas humanas, contrario a las demás narraciones del conjunto que forman estas piezas. Las palabras del relator de esta historia son la mayor parte del tiempo afligidamente pesimistas:

> ...cuando vine aquí yo era un hombre honrado, y por conservar el empleo, ya ni siquiera soy eso. (O, 97)

En *Tembladerales* se presenta un choque entre la ciudad y lo rural mediante una violenta escena en la cual la gente campesina es forzada al trabajo obligatorio, a nivel de esclavitud, por parte de la tropa que representa el poder citadino. Todo se les impone, "para salvar la cosecha, sin cobrar por ello ni un centavo"[10] ninguno de los actuantes. La contradicción envuelta se resuelve cuando se logra una comprensión de que el campesino tiene que servirle al terrateniente, y que el poder urbano representa los intereses "legalmente instituidos" para la defensa del que posee la tierra.[11]

El tema ciudad/campo, tan viejo en su presentación literaria, heredado de la tradición europea, tiene otras variaciones modernas y latinoamericanas como por ejemplo, su versión lingüística, castellano/ inglés, como se discute en muchas de estas novelas. Todo lo cual remite a una problemática mucho mayor, que es la división nacional que acompaña a la penetración cultural extranjera. Se convierte el asunto en uno de sociedad atrasada versus la adelantada. Es también otra fase del centenario problema colonial y continental de civilización versus barbarie. Tema éste tan americano y que en *La llamarada* se ha invertido en la interpretación de la caña, la representadora de lo civilizado: la que ha convertido al hombre en su esclavo -y no sólo a él, sino también a la naturaleza misma. Esta ha sido trastornada para responder a las conveniencias del nuevo cultivo; y, por tal motivo, la obra enfatiza en la apacible campiña puertorriqueña a modo de un bajo continuo, lo que es recordatorio de valores éticos-nacionales y humanos. Estos no se pueden olvidar ante la barbarie moderna que representan la Compañía y su producto agrícola, nuevo y ajeno a los del país. Aunque el autor propone una vuelta al pasado, y sus ideas son realmente antihistóricas, no se pueden tomar sus planteamientos a la ligera, dado el caso del otro conflicto -el de intervención extranjera- que está presente a lo largo del drama. Esto obliga a que el problema expuesto en la ficción hay que dilucidarlo a un nivel semántico más sofisticado.

En la Cuenca del Caribe, Puerto Rico y Panamá son dos de los países más afectados por una situación que se ha definido metafóricamente en ambos lugares al nivel de "herida nacional": los problemas lingüísticos que acompañan la penetración foránea. Se puede decir que son innumerables los estudios sobre estos serios problemas y las connotaciones que traen a las dos pequeñas naciones.[12] Un personaje de la novela panameña *Curundú* dice:

...pero aquellas formas de hablar un inglés y un castellano; no era ni lo uno ni lo otro... (Cu, 139)

Pero la gravedad de la situación acarrea otra más traumática y de gran envergadura, y es ésta la división nacional. Actualmente, en los países anotados existe aún una tiránica diferenciación entre los ciudadanos que hablan o no el inglés. En el caso de Puerto Rico se transporta el conflicto hasta las ciudades grandes de los EE.UU., a donde emigran irónicamente, los que no conocen aquella lengua. Lo absurdo de la cuestión es patética; el que no conoce la lengua inglesa -al ser el menos educado y peor remunerado económicamente- tiene que emigrar y es, entonces, al que se le condena al lugar donde se le impondrá por siempre la misma. El caso de los puertorriqueños en la metrópolis colonial es muy conocido internacionalmente por lo hondamente trágico de su lado humano.[13]

En *Mamita Yunai*, la primera parte de la novela gira alrededor de la forma en que se acostumbraba a llevar a cabo las elecciones presidenciales en Costa Rica,[14] y donde se robaban obtensiblemente las mismas a las comunidades apartadas indígenas. Otro caso diferente se expone en *Gamboa Road*, novela que presenta la Zona del Canal como un gran latifundio, donde una cárcel se mantiene abierta en tanto las necesidades físicas y de mantenimiento del canal obliguen a mantener esa apertura. El interés en lo relacionado al hombre no importa, lo significativo es que hay que conservar los servicios del Canal siempre dentro de un grado óptimo de servicio. Sirva de guía este comentario:

> ...los prisioneros son pocos y para retener mano de obra barata de presidiarios las penas son altas por delitos insignificantes. (G, 90)

Dentro de los ejemplos de explotación humana que se han discutido, esta cárcel de *Gamboa Road* es uno muy particular, ya que sus presos son la "carne de trabajo" al servicio de una empresa comercial, el Canal de Panamá, que no es panameña tan siquiera. Mientras tanto, en los cañaverales y tierras bananeras al otro lado del Caribe, en las colonias de las Compañías, se sigue engañando a los obreros y se les despoja de los últimos centavos que les quedan, robándoles en las pulperías.

Ahora sólo como única alternativa les queda una solución, comenzar otra migración en sentido inverso de nuevo a las tierras altas -de donde salieron inicialmente-, a la sierra o sino, a las periferias de las ciudades. Y en el intermedio de todos estos movimientos continuos y tan significativos -a los cuales se ha dedicado gran espacio en este trabajo-, la Compañía también amenazaba con irse y abandonar las tierras a las "que había traído el progreso"; y fue una amenaza que siempre coincidía con otra de que los EE.UU. iban a "construir" un canal fuera de Panamá, en otro lugar en Centro América. Dice un actuante:

...si la huelga llegaba a triunfar la compañía tenía ya decidido trasladarse
a Honduras, dejando a Limón abandonado y en ruinas,... (PL, 86)

Estas palabras hacen pensar que tal vez había la probabilidad de que la
Compañía fuera a otro lugar, pero estos eran amenazas que hacía para presionar
a nivel local al proletariado ocupado en etapas defensivas para la huelga, y a nivel
del país a los políticos comprometidos con la empresa.[15] Esta nunca emigró,
cambiaba el lugar de las plantaciones dado que el área nueva, tras estudios
económicos que acostumbraba llevar a cabo, se consideraba un mejor acierto
comercial.[16] La todopoderosa Compañía que dominaba tantos medios de
comunicación llegó a dominar también los espacios físicos nacionales y regionales;
esto significó un gran peligro al futuro colectivo.

No se puede concluir esta sección sin mencionar el importantísimo aspecto
de la ecología y el medioambiente. Paralelo al problema del dominio del espacio
terrestre, existe en los relatos la inquietud por protegerlo y conservarlo. Así, se
condena la clarificación indiscriminada de la selva o los malos manejos de agua,
recursos naturales, etc.; los cuales eran ejecutados para satisfacer motivos
económicos de los extranjeros; quienes vivían totalmente enajenados de la realidad
e intereses nacionales, mucho menos interesados en su futuro. Así Asturias dice:

> Cambio en el desplegarse natural de los ríos, elevación de estructuras para
> el paso de caminos de hierro, ... por donde las máquinas voraces,
> consumidoras de árboles reducidos a troncos verdones, transportaban
> hombres y cosechas, hambre y alimentos. (VF, 5)

Esta naturaleza que se quiere preservar, es la misma que mencionan otros
autores para patentizar el que se la podía utilizar como una protección contra los
mismos ataques del imperio invasor; como sigue:

> En estos países que saben esconderse entre las túnicas de sus selvas
> (LE, 185)[17]

Tras la presentación en todas las novelas de problemas de índole muy parecida, con la misma seriedad de análisis y dado el caso de que las obras se desarrollan en nueve países diferentes, no queda otra posibilidad para el lector que confrontar lo expuesto en las narraciones con la realidad social que ellas recrean. Esto mueve el interés fuera de la pieza de ficción en la búsqueda de fuentes históricas, y enterar al lector de una serie de aspectos que salen de los marcos puramente literarios tanto a nivel temporal como espacial. Por lo tanto, *Las novelas de las Compañías* se transforman en documentos de gran importancia histórica para sus países y para la región de Centro América y la Cuenca del Caribe, por su voz de denuncia de unas situaciones que estaban afectando la vida colectiva y por su posición de atalaya moral ante los peligros que se enfrentaban. Hágase una consulta de periódicos y revistas editados en el momento de la creación de estas narraciones para constatar la extraordinaria pobreza económica de las áreas en las cuales las Compañías llevaban a cabo sus operaciones comerciales, y las exhorbitantes ganancias que se acreditaban a dichas empresas en los informes públicos sobre sus negocios. Los hechos sociales no quedan escondidos por la ficción del arte narrativo ni viceversa. Ambos se entrelazan infinitamente a lo largo y ancho de esta composición novelística regional, centroamericana-caribeña que conforman este grupo de relatos. La posición de los autores de LNC no era oponerse al progreso y desarrollo del país, sino a la forma en que ocurrían; cuando el beneficio era sólo para la Compañía y aliados.

B. La elaboración de un programa social progresista a través de la obra

LNC presentan de diversas formas las actitudes de los gobiernos de cada país ante las empresas transnacionales. En *Over* y *Cosmapa*, es una actitud de indiferencia, en la **Trilogía** de Asturias, *Mamita Yunai*, *Prisión verde*, *Ciénaga* y *Tilín García*, es una de expresa complicidad, en *Puerto Limón* es de debilidad y en *La llamarada*, la **Trilogía** de Beleño y *Los estrangulados*, es la de gobiernos que responden a los intereses del poder interventor. Las últimas dos son obras con mayor combatividad y defensa de lo nacional que la obra de Laguerre, quien evita ir directamente al tuétano del problema mediante recursos de desvíos hacia la temática de la naturaleza, lo lírico y nostálgico y otros por el estilo; los cuales en muchos momentos no son convincentes.[18]

En aquellos países donde la complicidad es la forma acordada por la práctica gubernamental, los ataques de estas novelas contra los gobiernos nacionales son fuertes y directos. Pero en términos generales se trata de confrontar la participación ministerial -se obvia mencionar al ente de autoridad directamente como ocurre en *Cosmapa*, *Over* y *La llamarada*-, haciendo recomendaciones para que el país obtenga beneficios económicos como otros de índole ética con los cuales la integridad de la nación y la cultura no sufran daño. Por tal motivo, hay estas palabras en *Luna verde*:

> ...he tratado de leer aquelos libros revolucionarios: *Huasipungo, En las Calles, La Vorágine, Los de Abajo, Don Segundo Sombra, La trepadora, Doña Bárbara, Jubiabá, Cacao*. He deseado con vehemencia lanzar como sus escritores, un grito íntimo contra la miseria, contra la explotación, contra el hambre,...(LV, 69)[19]

La *Trilogía* de Asturias, como es el conjunto narrativo más extenso sobre un mismo tema, esboza prácticamente un plan de acción nacional a través de los comentarios de algunos de sus muchos personajes. No sólo se discute lo que importa al beneficio material y físico de la gente, sino se hacen referencias a otros valores que no se pueden olvidar o relegar y de esta forma, siempre lo humanitario sobresale.

Los autores de estas piezas, conscientes de los extraordinarios poderes con los que tiene que lidiar el pueblo obrero, débil y sin más fuerzas que un buen ánimo, obvian el usar su púlpito intelectual para insuflar ánimos e ir fuera de lo que consideraban la realidad política del momento. De esta forma, se hace patente la necesidad que tenían estos escritores de concientizar y elevar una sólida voz moral que pudiera escucharse, continentalmente. Tampoco asombra por esto, el que la primera edición de *Mamita Yunai* fuera comprada en su totalidad por la United Fruit Company.[20] Es a esta voz ética a la que el emporio comercial quería silenciar. Esa voz que, como conciencia vigilante, con gran estatura ética, se hizo conocer ampliamente en el continente -y fuera-, y que no sólo advirtió y protegió los mejores intereses del colectivo, sino también se proyectó en la Historia con una altura que hoy es digna de admirar y de seguir escuchando, por su fresca actualidad[21]; siendo esto, no sólo la obra de Fallas sino la del conjunto total.

Todas las obras de esta secuencia narrativa visualizan que el progreso de la nación tiene que fundamentarse en la educación. De esta forma abundan en sus páginas, a través de las voces de muchos actuantes, diferentes posiciones respecto a lo pedagógico. Esto ocurre a distintos niveles, los cuales incluyen la familia en muchas manifestaciones de la vida diaria hasta convertirla en espejo de la sociedad total. Esa visión es, en la mayoría de los los casos, una optimista y esperanzadora.

Lo pedagógico en LNC se mueve desde el plano nacional al familiar y viceversa. El panorama total que se expone es uno donde se trata de salir desesperadamente, de una encerrona económica asfixiante. Aliviada la situación, se espera entonces, que el país pueda progresar en todos los niveles y estructuras de su composición orgánica. Y para lograr esto, se ataca constantemente el estado colonial y de dependencia. Esto es, en palabras de *Cosmapa*, "bananera local es negocio que depende de otros países".[22] Y esa dependencia acarrea una serie de interrelaciones donde siempre al país se lo consideraba inferior y débil. Esto último, en la voz de los que se encargaban de hacer la propaganda oficial nacional y que se unían a otra allende los mares: "los informes de los periódicos de los E.U. llamaban "bandidos" a los que se oponían a las corporaciones norteñas"[23].

De este modo, la realidad narrativa marca con ironías detalles de la vida que se hacía en la región y, en el ínterin, el lector tiene que voltear el texto y buscar en las profundidades del discurso. Los niveles de información de éste, son de esta manera enriquecidos dado el enlace formado entre realidad y ficción.

Pero ese programa de adelanto para la nación, que lo relatado propone, tenía también que trabajarse en combinación con otros problemas concretos que limitaban la vida del colectivo. Uno era el rechazo que se generaba entre los hombres que llegaban a las áreas de las Compañías procedentes de tantos y diversos lugares. Obviamente, era una aceptación negativa que provenía como producto de la incomprensión entre culturas diferentes. Se escuchan ahora los ecos de las voces que llaman a la concordia. Varían éstas desde el interamericanismo de Beleño, quien hace una enumeración de la gente de tantos lugares en convivencia cercana:

> Hombres de todas las razas, de todos los colores: salvadoreños, nicaragüenses, ticos, beliceños, peruanos, ecuatorianos y jamaicanos. (LV, 64)

hasta estas palabras trágicas de *Over*, que tienen una fuerte crítica antirracista, y vienen en defensa de un hombre de una región perdida para el resto del mundo social:

> ...que un policía ayer disparó "al aire" a un negro que robaba una caña tierna por hambre, "para asustarlo", y que le hizo blanco; que el negro murió "de paludismo"... (*Over*, 157)

Todas estas manifestaciones encierran el deseo de presentar ante el escenario histórico, una genuina búsqueda hacia las raíces del problema étnico.[24] Tan serio es el intento que a la última cita se la puede enmarcar como algo típicamente interamericano y, aunque la voz de Marrero Aristy suene amargada otra vez, estas palabras sobre el negro acribillado y, luego, su muerte adjudicada a una enfermedad común no eran raras en las tierras de las Compañías donde al hombre se le cosifica continuamente -todavía hoy también. Este incidente se ha repetido muchas veces en la historia de la región.[25]

En una escena de otra obra, un grupo de indios cuestiona valores ético/religiosos de la sociedad; la cual le ha impuesto irónicamente estos mismos valores:

> ...tranzar còn la injusticia es el principio de toda la derrota moral de nuestra llamada civilización cristiana. (VF, 99)

Dando una vuelta a un pasado muy lejano hay que regresar a este indígena, a la cultura elemental aún vigente y viva en muchos aspectos. En este momento se deben recordar las palabras del Inca Garcilaso quien, en sus *Comentarios reales*, recuerda la dignidad con que el indio debía recibir la creación por su dios Viracocha:

> el Hacedor del mundo,
> el dios que le anima,
> el gran Viracocha
> para aqueste oficio
> ya te colocaron
> y te dieron alma.[26]

La antigua sociedad indígena se preocupaba por estos mismos valores morales que menciona el personaje de la cita novelística anterior; cabe, entonces, preguntar: ¿dónde se ha roto la comunicación entre las culturas, si es que la ha habido en algún momento? Los hombres y sus preocupaciones éticas son iguales en todos los tiempos y lugares. La cultura europea no trajo estos valores al mundo americano, ya el indio había recibido el ánimo de su Dios; la derrota moral de que se habla cabe en este momento, al violador de los derechos básicos humanos.[27]

Con los versos anteriores de la poesía del amauta se puede cerrar este comentario sobre el problema en discusión: eliminar la descomunicación entre las razas como otro de los grandes proyectos de progreso social en toda la zona.

Problema que requiere pronta solución dado su gran significado. Pero hay que iniciar el análisis de otra situación problemática que se remonta a los días de la primera colonización, y es aquélla, un fenómeno que afectó también a los mismos grupos raciales: la emigración.[28]

Huyeron éstos a la sierra a guarecerse de la horrible maldición que les cayó, pero cuando la naturaleza se confabulaba con el invasor y el hambre los agobiaba, tenían que bajar a las costas, al mar, al mar prístino originario de la vida. Y decían adiós a sus tierras como los antiguos poetas náhuatles también cantaron su adiós a la tierra:

> tenemos que abandonar los bellos cantos,
> tenemos también que abandonar las flores
> ¡Ay![29]

Recordando los días de los colonizadores, esa emigración puede entenderse; pero en el momento de la escritura de *Las novelas de las Compañías*, ya el hecho no queda tan claro, y se convierte en una invitación que mueve a meditar sobre la suerte de estos pueblos que parecen marcados a nunca más encontrar la morada de la paz, o el lugar de espera antes de poder cerrar sus ojos cuando la justicia haya sido finalmente establecida.[30] Tema éste que retoma Asturias para estructurar, desde otro punto de vista, su obra *Los ojos de los enterrados*. La razón de la emigración se debe a otros motivos, pero los grupos étnicos perjudicados son siempre los mismos: emigra el indio de la sierra a la costa como huyó el negro desde aquí a la selva a crear sus palenques. Aprovecha Asturias el abundante espacio textual de su larga novela río para exponer y proponer soluciones al conflicto tocante.

Si esa mudanza fuera solamente el ubicarse en la tierra nueva no sería tan grave la situación, pero a ese movimiento hay que añadir la secuela de problemas que trae el adaptarse al sitio nuevo. Esto colleva muchas veces el desconocimiento de la lengua. Este es otro problema que la nación tiene que enfrentar: los diversos idiomas que se hablan en el país. En el caso de las Compañías, todas sus operaciones las hacían en su idioma. El obrero, debido a muchas razones de índole histórica, apenas hablaba el castellano en algunos de los países; ¿qué iba a entender de los cumplimientos de los contratos que le ofrecía la empresa en otra lengua? El narrador/protagonista de *Over* comenta:

> Me extiende una hoja impresa en inglés. Por algunas palabras que mal entiendo de ese idioma, me entero de que trata de fianzarme,...
> (O, 26)

Estas palabras traen, tras sí, otro señalamiento más de la gravísima situación de enredo nacional: el poder compartido con extranjeros. La tierra de la Compañía era la colonia de la caña, los bananales o el Canal, donde estaban los campamentos y donde se controlaban a las poblaciones con todo el poder de un estado dentro de otro estado. El gobierno nacional si hubiera deseado intervenir -sólo el gobierno de Arbenz[31] lo hizo en Guatemala, y fue derrocado so pretesto de que era comunista y hacía peligrar la estabilidad política de la región- no lo hubiera podido lograr, ya que se habían firmado tratados para permitir a estas instituciones comerciales gobernar bajo sus propias reglas y tener su propia guardia privada.

Pero los narradores de LNC se encargan de que el nudo de su ficción no se aleje de la realidad de las situaciones que se vivían día a día. Esas guardias no eran simples guardianes de seguridad. Trajeron una cola de muy trágicos recuerdos. Son estos guardas los que van dando imagen y entrenamiento a las actuales y temidas guardias nacionales. Dice un actuante en *Tembladerales*:

> Por orden del presidente Martínez, se ha fundado en San Salvador la Guardia Cívica y su misión es aplastar al comunismo. (T, 180)

Esa guardia se desarrolló al grado, que en el caso de Cuba, la marina de los EE.UU. construyó una base naval cerca de las plantaciones y, así daba también protección a los extensos dominios de la United Fruit Company en aquel país.[32] Base naval y Guardia Nacional se convirtieron en el detente o pared donde se quebraban las ilusiones de libertad. Se entreteje la ficción de nuevo en LNC con la realidad diaria en la región: los escuadrones de la muerte, las persecuciones ideológicas y toda esa dolorosa actualidad.

Pasan ahora las narraciones a exponer un problema social más íntimo, no menos importante. *Las novelas de las Compañías* hacen críticas respecto a un plano más profundo, al nivel de la familia y de las relaciones entre los miembros de ésta. Se condena constantemente, el machismo que pretende ver inferior a la mujer, se ataca la procreación innecesaria de hijos, así como los tradicionales papeles asignados a la mujer que sólo puede obedecer, lavar y fregar sin que se le permita aportar más al conjunto familiar y, por ende, al colectivo. En la *Trilogía*, Asturias gusta de hacer fuertes contrastes entre las mujeres indias y las extranjeras -debe recordarse que una de éstas últimas es heroína en la primera novela. Estos contrastes fuertes y extremos, pueden ser interpretados en dos vertientes: se critican los roles impuestos de pasividad y dependencia femenina como se desprende de la siguiente cita que es uno de los leitmotivos de *Viento fuerte*:

> Bastiancito adelante, ..., los menudos pasos de su mujer que le seguía
> (VF, 66)[33]

como también censura Asturias, a la mujer dedicada a las modas y a la vida frívola, alejada de lo familiar. También se presentan -como una tercera ramificación sobre lo femenino- en la misma obra, las relaciones lesbianas entre dos personajes. Una de estas mujeres sirve de puente -función narrativa que se discutió en el capítulo III- entre los representantes de la Compañía y la gente del pueblo donde estaba ubicado el negocio.

Otros puntos que se discuten en *Las novelas de las Compañías*, son la irresponsabilidad paterna, la educación severa no democrática de los hijos o la laxitud en el educar a éstos, la poca escuela que se permitía a la mujeres y la utilización de la servidumbre como objeto para saciar la líbido. El narrador cuenta en *Puerto Limón*:

> ...se levantó, pasó en puntillas delante de su cama y cruzando el patio descalzo fue a tocar suavemente en la puerta de Ramona. (PL, 56)

O sino se presenta una violencia mayor sobre la mujer como ocurre en *Gamboa Road*:

> Había muerto y muerto y muerto bajo los machos de manos rudas que corcovearon sobre su cuerpo de calipso. (G, 141)

Y mayor aun, es la violencia contra la niñez:

> Los padres, viendo en esto una fuente de ingreso fácil alienta la carne, tierna e infantil aún, hacia el prostíbulo maniguero antes de que en el pubis anochezca. (TG, 225)

Todavía dentro de lo íntimo, pero más alejado del núcleo familiar, se toca un tema de gran trascendencia en la familia latinoamericana: la religión. Obviamente, la tradicional actitud de apoyo (directo o silencioso) de la Iglesia hacia las dictaduras es expuesta. Tres de las obras que hacen ataques más directos son *La llamarada*, que vierte sus críticas hacia la superchería de lo superticioso y las posiciones escapistas del clero, y *Los ojos de los enterrados* y *Curundú* que atacan, virulentamente, la penetración de sectas protestantes en la región y la transculturación que trae tras sí. Se puede citar este ejemplo:

182

-buena aliada se ha buscado ud. contra los Evangelistas, los Protestantes, los pentecostales y los...huelguistas! (LOE, 276)

C. Sujeción colonial y futuro de la voz literaria regional

Todas estas obras ficcionales discuten como uno de los problemas secundarios, junto a la situación conflictiva existente en la figura de la Compañía extranjera, el estado de sujeción colonial en el cual se encuentra el país. Este problema, de índole eminentemente política y cultural, es otro de los factores que ha enlazado, desde los años anteriores a la Independencia, a todas estas naciones. Y en la historia moderna del siglo en marcha, la vieja dependencia europea se ha transformado en una nueva versión de ataduras: el neocolonialismo; donde varios poderes se han peleado posiciones hegemónicas en el lugar y quedó, finalmente, como triunfador el estado norteamericano; representado económicamente, por sus innumerables empresas comerciales y militarmente, por sus flotas que parten desde poderosas bases aéreas y navales en su suelo, Cuba, Puerto Rico y la Zona del Canal de Panamá. Tres ejes que con el paso del tiempo, se han convertido en una especie de triángulo de detente en toda la zona. Años después de la escritura de muchas de estas obras, fue que las Naciones Unidas censuraron oficialmente, el serio conflicto internacional que significaba para la humanidad el nuevo coloniaje.

Con todo este panorama moldeando su ambiente natural y ante la realidad de empobrecimiento económico paulatino, y en progreso ascendente (que se ha prolongado hasta el momento actual), no hay que dudar el papel central de esa problemática en el discurso principal de *Las novelas de las Compañías*. Debido a toda esta situación antagónica, se puede decir que la gran región de la Cuenca del Caribe es una muy particular dentro de la América Latina.

La solidaridad regional, demostrada a través de las páginas de esta literatura, da un carácter que invita a que estas obras latinoamericanas se las tome como una unidad, al comparárselas con la producción literaria del continente. Esto es otro de los valores de LNC como textos denunciadores y protestativos, lo cual contribuye positivamente a que la voz narrativa de la Cuenca adelante un paso más en el proceso de avance histórico tanto al nivel de la nación como al de la región y, a la postre, al continental. Son estas obras las que han ido trazando un camino independiente y original a la literatura regional.

La organización general de estas piezas -fueron escritas entre los años del Vanguardismo y Postvanguardismo inmediato- no es, precisamente, la que satisfacía a la literatura cosmopolita que seguía los patrones europeos y norteamericanos tan en boga en aquellos momentos. De primera apariencia no se observa experimentación tradicional de formas genéricas, lingüísticas o literarias, según se entendía por otros escritores de la época, pero un estudio semiótico-semiológico, a niveles de información, expone, como se ha tratado de explicar a lo largo de este análisis, una gramática discursiva elaborada en varios planos que se tocan, se bifurcan, vuelven a encontrar y complementan. O sea, es cuestionable la falta de originalidad, la censura de la linealidad narrativa o la supuesta falta de "modernidad" que aducen algunos críticos.

Se han presentado varios tipos de elaboración artística donde el énfasis reside en elevar a un primer plano las diferentes voces de minoría étnica y social. En otras palabras, a los que "vivían" lejos de la "ciudad letrada". Los autores han usado diversas estrategias para lograr el cometido de hacer sobresalir aquellos grupos sociales, ya señalados. Algunos de esos métodos como la recreación de elementos típicos de esa cultura en particular, ya sean bailes, canciones, poesías y cuentos, son mecanismos que se han orquestado con arte de forma tal, que el elemento aludido también aporta material al nivel de la fábula o al ideológico de ese pasaje. En muchos casos esa presentación no es meramente una introducción formal, sino que queda detrás una revalorización discursiva de tipo cultural sobre lo presentado. En este momento es factible volver a mencionar la exposición de la actual cultura popular en la literatura latinoamericana y la posibilidad de que algunas de sus raíces se originaran en lo que estos autores que se estudian habían trabajado. Y, más aun, se pueden relacionar estas presentaciones, ricas en la cultura del pueblo, con algunas interpretaciones críticas de lo que realmente es cultura popular en la América Latina. Para los escritores de LNC esa cultura es algo que va más allá de las manifestaciones de los medios de comunicación masiva a los cuales se da tanta importancia hoy en día como generadores de aquélla.

Como se indicaba anteriormente, la aparente sencillez estructural de muchas de las narraciones de esta serie se descorre y se puede invitar al lector a una meditación profunda sobre un mundo creado a través de una serie de hechos violentos y disturbiadores. Este mundo es mantenido en una situación estática y con la pretensión de que acepte la idea de una supuesta unidad nacional; es un mundo que no puede esconder la sujeción e imposición de una minoría sobre la mayoría real nacional. Todas estas luchas ideológicas que se van retratando en este grupo de relatos colaboran en el proceso de aumentar el universo dialéctico que genera la evolución de las ideas en la América Latina actual. Crece así, la aportación de esta narrativa a la cultura de la nación, la regional y, a su vez, la de Latino América.

Se replantea en esta piezas una nueva visión de lo nacional, ahora dentro de un espectro integrador, e indirectamente se cuestionan las tendencias hacia la "universalidad" que estaba de moda en aquellos días mediante las formas de lo exótico, lo cosmopolitano y todo lo que se opusiera a las presentaciones que enfatizaran en lo criollo, lo telúrico, lo social y la naturaleza. Esa universalidad cuyas raíces estaban en lo foráneo, -¿Europa?- no pudo convencer a los artistas interesados en descubrir lazos más profundos con sus tierras latinoamericanas. Indagaron internamente en éstas y ayudaron a cimentar unos frutos muy productivos que son las manifestaciones del momento actual de la riquísima literatura de esta región de las Américas. Para esos relatores no hubo más universalidad que la trágica existencia de tantos miles de hombres sufriendo el mismo problema que también en otros continentes se luchaba, a la vez, por erradicar: el neocolonialismo. Había que batallar a éste y la mejor forma, ante la violenta represión nacional e imperial, era la toma de conciencia vigilante y de denuncia ante tantos crímenes contra los colectivos nacionales. La literatura y la cultura quedan profundamente enlazadas en las páginas de estas obras a través del indisoluble nudo de lo ético.

Notas

[1] "El énfasis político en la crítica social ha cedido ante las proyecciones éticas de los conflictos que se narran. El novelista del medio siglo reacciona como individuo ante las contradicciones sociales, se responsabiliza personalmente y, antes de buscar solución hecha de los partidos, quiere arrancarse la verdad desde el fondo mismo de su conciencia".

Fernando Alegría. *Historia de la novela hispanoamericana*, 3a. ed. México, D. F: Ediciones de Andrea, 1966.

Esta responsabilidad ética parece obligatoria en países donde la libertad es menos que una ilusión. Dice Manuel Picado:

"Desde entonces, la producción cultural es realizada por estratos medios que se enfrentan a ella y aun al poder represivo del Estado, realizando una crítica de su proyecto histórico y tratando de representar los intereses mayoritarios de la nación. ... Más que intelectuales, ..., son agitadores y, en algunos casos, intelectuales contestatarios que deben producir sus obras con grandes riesgos frente a un sistema de poder que hace décadas de pruebas más que suficientes para hacer evidente que no se encuentra dispuesto a tolerarlos".

Manuel Picado. "Carlos Luis Fallas: visión de conjunto." Revista Iberoamericana, 53 (1987).

[2] Es muy larga la lista de autores de protesta de gran importancia en la historia de la literatura latinoamericana: Las Casas, Bernal Díaz del Castillo, Sarmiento, Lizardi, Lillo, etc.

[3] En la nota 6 del tercer capítulo se expuso la idea de Asturias de que sus obras son realistas, aunque presentan elementos mágico-realistas sobre las culturas indígenas. Igual podría decirse de la obra de Beleño, la cual tiene algunos elementos del mismo mencionado, pero esa técnica literaria no es lo central en la novela. En *Puerto Limón* hay recreaciones surrealistas, pero tampoco tienen gran extensión textual, más bien son usadas como elementos decorativos.

[4] Los siguientes estudios analizan algunas funciones sociales de la novelística de la época. Algunos de estos trabajos coinciden con los planteamientos expuestos en LNC:

Luis Aycinena. "Novela y dolor de Guatemala." Cuadernos Hispanoamericanos 14 (1950).
Emmanuel Carballo. "Miguel Angel Asturias o la dicha y desdicha de Guatemala." Suplemento de Siempre México 3 (1962).
Carlos Díaz Sosa. "Una narrativa de testimonio, de protesta y de combate." Imagen, Caracas 34.1 (1968).

Mason Marshall Rutherford. *The Social Thesis Tendency in the Costa Rican Novel.* Thesis, University of Louisiana, 1947.
F. Rand Morton. "Aportaciones menores a la novela de la revolución." México, 1949.

[5] La emigración, que ya se ha comentado en capítulos anteriores, tiene otro punto muy interesante que presentar en la literatura de estas tierras del continente al sur del Río Grande. Esas mudanzas parece que quieren recordar los famosos viajes de la literatura continental, viajes que también recuerdan los del Descubrimiento. En mucho de los casos ese moverse está emparentado con el fracaso. Jean Franco comenta y analiza estos desplazamientos frustrados en un artículo de 1969. Una cita de este trabajo sirve para mencionar algunos nombres literarios importantes que usan este recurso:

"El precedente se encuentra en el *Ulises* de James Joyce, obra en la cual el autor utilizó un modelo clásico para destruir el mundo clásico. De la misma manera, Gabriel García Márquez, Julio Cortázar y Mario Vargas Llosa han empleado la ya consagrada estructura del viaje de descubrimiento para destruir la estructuralización convencional de las experiencias".

Jean Franco. "El viaje frustrado en la literatura hispanoamericana contemporánea." Casa de las Américas 9.53 (1969).

[6] Esa continua preocupación por lo humano y lo social es una muy antigua en la literatura latinoamericana y LNC se plegan a tal sentir. Ver:

Gilberto González Y Contreras. "Nueva narrativa y ciencias sociales hipanoamericanas en la década del sesenta." Hispanoamericano 27 (1980).

[7] Gordon K. Lewis. *The Contemporary Caribbean: A general Overview.* Washington: The Woodrow Wilson International Center, 1985.

[8] Las palabras de la cita anterior traen el recuerdo de otra gran obra caribeña, *La peregrinación de Bayoán* de Eugenio María de Hostos, donde su protagonista, en búsqueda de las realidades de la Patria grande, la América, se convierte en juez antillano de la España sojuzgadora de libertades y derechos humanos. Cuestionamiento que abarcaba a todas las Antillas hispánicas.

Ver: Eliseo R. Colón Zayas. "La escritura ante la formación de la conciencia nacional: *La Peregrinación de Bayoán*, de Eugenio María de Hostos." Revista Interamericana 53.140 (1987).

[9] Tanto *La llamarada* como *Over* elaboran el grueso de su red discursiva alrededor de conflictos personales de índole ética. Mientras la primera desarrolla el problema de un hombre educado que se debe, por contradicción clasista, a la empresa con la cual trabaja, la segunda expone el mismo asunto, pero ahora, entre aquella compañía y un hombre proletario que se deteriora ante el emporio sin salida o alternativas posibles hasta que al fin sucumbe moralmente.

La llamarada se convierte, respecto a este parecer sobre antagonismos y contradicciones personales, en un símbolo de la lucha ética que tiene que llevar gran parte del pueblo de Puerto Rico al saberse hijo de una pequeña isla caribeña y, a la misma vez, ciudadanos del Imperio más rico y poderoso del mundo (ciudadanía que le fue impuesta por el Congreso norteamericano en el 1917 sin consulta alguna con los futuros receptores). Todas estas situaciones traen conflictos que hacen aflorar debilidades humanas ante las responsabilidades históricas y éticas.

[10] T, p. 19.

[11] Se pueden obtener hoy día, de innumerables titulares de periódicos, los relatos sobre la valiente lucha de varios de los pueblos del área de la Cuenca contra los puñados de familias "nacionales" que son las propietarias de virtualmente, todo el suelo nacional y parte importante de su economía. En la actualidad esta situación es motora de trascendentales cambios socio-económicos.

[12] Esa penetración extranjera cala tan hondo que afecta a todo el ser nacional. En el caso de la expresión literaria, aún en Puerto Rico son muchos los autores que consideran que exponer la situación de la patria es mandatario so pena de condena ética. Dice la estudiosa Acosta-Belén:

"Since the American intervention, Puerto Rican writers have seen their major ideological responsibility to be the use of their art as a means of expressing their patriotism and denouncing the emls of colonialism. Defensive nationalism became the common posture to counteract American acculturative pressures".

Edna Acosta-Belén. "Notes on the Evolution of the Puerto Rican Novel." Latin American Literary Review 16 (1980).

Todos estos planteamientos sostienen el interés que ha mantenido este estudio, respecto a la discusión del papel del lenguaje como guía simbólico de la cultura y la interacción entres ambos.

[13] Y no termina aquí la tragedia, ya que el que puede regresar, al no conocer bien el idioma castellano y las costumbres, sufre una serie de presiones y motes como el hijo de la nada; su ubicación socio-cultural es casi imposible, mucho menos su valía en la sociedad establecida. Al final, en muchos de los casos, tiene que regresar a la tierra donde tampoco pertenece, fuera del pequeño universo de su ghetto o arrabal metropolitano.

Identica situación se ha presentado sobre los chombos en Panamá y ocurre igual en otras regiones de las Antillas, respecto a las ciudades metropolitanas en Europa que todavía controlan colonialmente a estas islas-naciones.

[14] "Many observers portray Costa Rica as unique in Latin America because its contemporary representative institutions have evolved from a colonial tradition of egalitarian rural life, civilian rule, equal land distribution, and longstanding electoral probity. Like most myths, this one contains kernels of truth, but they are often misunderstood".

Steve Ropp, James Morris. eds. *Central America*. Albuquerque: University of New Mexico Press, 1984.

[15] En relación a la situación histórica baste sólo este ejemplo:

"El 40% de las exportaciones de Costa Rica eran bananos; para Honduras, en los años treinta, la misma participación era del 80%. Para los gobiernos de estos países era mejor dar concesiones que negarlas."

Judith White. *Historia de una ignominia*. Bogotá: Presencia, 1978.

[16] Consúltese la obra de la nota anterior donde se explican, en las páginas 36-40, los aspectos económicos imperantes en Centro América y la Cuenca del Caribe para los años 1920-40, y los movimientos de las compañías en busca de mejores mercados.

[17] Robleto, al igual que Orozco, no pierde oportunidad para hablar de su país o replantear el problema de la ocupación económica y militar por la cual pasaba Nicaragua en el momento histórico. De esta forma en esta cita se metaforiza, pero en un yo interno se escucha la preocupación de la nación que tiene que protegerse, a como dé lugar, quizá, usando hasta sus propios recursos naturales para esconder sus ciudades; en este caso se refiere a sus reservas forestales.

Esa metáfora que toca lo ecológico trae a la memoria unas palabras de *La vorágine* que presentan también esa exhuberancia vegetal y misma técnica literaria:

"abrazo que no pueden darse tus ramazones lo llevaban las enredaderas y los bejucos, ..."

José Rivera. *La vorágine*. Montevideo: Anunciadora: 95. No hay fecha de publicación.

[18] Laguerre propone en su novela una especie de panteísmo sin Dios presente. El mundo harmónico, bello que, en apariencias, presenta no guarda relación con la trágica realidad nacional que ha logrado narrar tan artísticamente. Es una contradicción que se agrava cuando su censura al colonialismo es vago, siendo su país, fortuitamente, la única colonial oficial en el continente. De igual forma, el conflicto laboral no queda nunca resuelto en la historia, mas bien se lo desvía a una problemática sicológica.

[19] La cita da una lista de obras literarias latinoamericanas que el escritor considera de trascendencia social. A la vez, se convierte en metalenguaje para este conjunto de obras bajo estudio, dado el caso de que resume una de las actitudes que los autores de las mismas han tenido como norte en la creación de sus piezas.

[20] C. Bogantes; U. Kuhlmann. "El surgimiento del realismo social en Centroamérica 1930-70." Revista Crítica Literatura Latinoamericana 9.17 (1983).

[21] Muchas de las obras y autores de la familia de LNC están siendo reevaluados en sus países y la región caríbica como es el caso, por ejemplo, de Fallas. Dice Manuel Picado:

"No obstante por casi dos décadas o más la obra de Fallas tuvo en el país un cierto carácter marginal y, de diversas formas, fue objeto de exclusión. Por eso, en algunos momentos la acogida internacional hizo contraste con el silencio o el rechazo locales.

Depués de 1960 se advierte un proceso de creciente incorporación a la vida cultural del país, proceso que parece acentuarse después del fallecimiento del escritor".

Manuel Picado. "Carlos Luis Fallas: visión de conjunto." Revista Iberoamericana, 53 (1987).

[22] Co, p. 201.

[23] LE, p. 166.

[24] A lo largo de las páginas de *Las novelas de las Compañías* hay un deseo de seguir presentando, como continuidad histórica, las grandes preocupaciones de los pensadores y escritores continentales. Se presta lo discutido para recordar a Vasconcelos y su famoso ensayo sobre el mestizaje. Dice él:

"Los días de los blancos puros, los vencedores de hoy, están tan contados como lo estuvieron los de sus antecesores. Al cumplir su destino de mecanizar el mundo, ellos mismos han puesto, sin saberlo, las bases de un período nuevo, el período de la fusión y la mezcla de todos los pueblos".

José Vasconcelos. *La raza cósmica*. México: Espasa-Calpe, 1948.

[25] Los siguientes autores aportan datos relacionados a las formas de vida diaria en las plantaciones y dedican espacio a describir el uso y abuso del poder por parte de las Compañías:

James Ariel, obra citada en nota 33 del capítulo número dos.

Phillipe Irwin. "Etnicidad y lucha de clases en la subsidiaria de la United Fruit Company en Costa Rica y Panamá." Boletín Antropología Americana 8 (1983).

Alejandro Zanetti y colectivo. *The United Fruit Company*. La Habana: Editorial de Ciencias Sociales, 1976.

[26] Inca Garcilaso de la Vega. *Páginas escogidas.* París: Biblioteca de Cultura Peruana, 1938.

[27] Estas narraciones plantean las contradicciones imperantes en un colectivo lleno de hipocrecías y medias verdades. Interesa a Asturias, indicar una pauta que ayude al país a encontrar un camino de aliento y concordia nacionales. Pero el mundo retratado no deja espacios vitales para esos entendimientos. Al indio, a la etnia sometida no le queda más remedio que callar y dejarse someter. Temblará de frío, en apariencias, como los indios de Juan Rulfo en *Pedro Páramo*:

"...los indios esperan....Sienten que es un mal día. Quizá por eso tiemblan debajo de sus mojados "gabanes" y de paja; no de frío, sino de temor."

Juan Rulfo. *Pedro Páramo*. México: Fondo de Cultura Económica, 1955.

[28] Los autores de *Las novelas de las Compañías* presentan las emigraciones en diversas formas y así se ha tratado de irlas discutiendo en este trabajo. Esa emigración es vitalísima a las sociedades actuales, y sus muchos problemas en las ciudades de todo el continente. Por esta razón, se trae este problema en este estudio varias veces, con idea de presentar algunas de las muchas facetas que el fenómeno tiene como fuente de explicación de la actualidad.
Esos viajes inconclusos, llenos de esperanzas y luego frustrados con el regreso, dan una idea de la inestabilidad en que se encontraban, principalmente, las etnias en el continente. Los relatos se enriquecen con tanta actividad migratoria que, a su vez, traen material novelístico y cooperan en la red de encadenamientos narrativos. Esta serie de viajes que aún son una realidad continental, tienen, en las siguientes palabras del conocido ensayista Eduardo Galeano, la versión del momento actual:

"La perpetuación del vigente régimen de tenencia de la tierra no sólo agudiza el crónico problema de la baja productividad rural, por el desperdicio de tierra y capital en las grandes haciendas improductivas y el desperdicio de mano de obra en la proliferación de los minifundios, sino que además implica un drenaje caudaloso y creciente de trabajadores desocupados en dirección a las ciudades".

Eduardo Galeano. *Las venas abiertas de América Latina*. México: Siglo Veintiuno, 1971.

La emigración a la ciudad es el paso que sigue al fracaso en los terrenos de las corporaciones. Este problema moderno que ha cambiado el panorama de las ciudades en la América Latina, hoy con mayor población en éstas que en el campo, ya fue observado en las últimas novelas de la serie bajo estudio (se refiere a la fecha de publicación de la obra).

[29] K. Garibay ed. *Poesía indígena de la altiplanicie*. México: Universidad Nacional de México, 1940.

[30] Una leyenda indígena habla de este desasosiego de las almas que no duermen porque son rebeldes inadaptadas a su estado de no vida, espiantes de su venganza, hasta que haya justicia. Este mito lo toma Asturias para la tercera obra en su Trilogía: *Los ojos de los enterrados*.

Helena Sassone. Rev. *Los ojos de los enterrados* Revista Nacional de Cultura 144.23 (1960).

La mitología india no estaba muy alejada de la respectiva europea, baste recordar la preocupación griega por enterrar a sus muertos y no dejarles de pastos a los predadores de carroña y, como ejemplo, la famosa tragedia griega *Antígona*.

[31] En 1954 cae, mediante un golpe de estado, el gobierno de Jacobo Arbenz, quien tuvo serios problemas con la United Fruit al tratar de comprar tierras de las que poseía este emporio. El gobierno de Guatemala había comenzado un abarcador programa para la distribución de parcelas a los campesinos. La empresa bananera comenzó una campaña internacional acusando al gobierno de seguir una línea comunista. El escandoloso envolvimiento de la embajada de los EE.UU., en tal caída de gobierno electo por el pueblo, no tuvo parangón en el continente hasta el asesinato del Presidente chileno Salvador Allende en el 1974.

Ver: Alfonso Bauer. "Ingerencia del imperialismo en Guatemala." Casa de las Américas 23.133 (1982).

[32] Alejandro Zanetti. *The United Fruit Company*. La Habana: Editorial de Ciencias Sociales, 1976.

[33] Asturias presenta varias veces en *Viento fuerte* estas mismas palabras que se convierten en un leitmotivo, dejando al lector hacer una interpretación libre; aunque es obvia la intención crítica contra el rol pasivo tradicional que se ha dictado para la mujer.

Capítulo VI

El Poder en LNC como ícono de realidad actual

en el Caribe

Las novelas de las Compañías tratan de recrear en sus páginas una parte de la historia de la presencia de las Compañías extranjeras en los países que componen la Cuenca del Caribe. Presencia que la literatura de esta región de Hispanoamérica no pudo dejar de ficcionalizar, y sus naciones tienen, a lo sumo, una obra importante que la recrea. Pero es historia no terminó con el mundo de hace cincuenta años -la que se presenta en estas novelas-; ya que una recreación de su lectura refresca aquellos hechos, facilita el comprenderlos mejor y permite cuestionar hasta qué grado cuánto de aquel mundo literario es todavía realidad actual. Es interés de este capítulo hacer una reflexión sobre lo anterior.

Si se observan varios de los nombres que ofrecen las obras para identificar a las Compañías, es fácil detectar el ánimo de los autores respecto al enorme poder imperial que ha afectado por más de un siglo la paz, economía, vida, bienestar y dignidad de los diversos pueblos que componen esta sección americana. Saltan epítetos como "el infierno de las bananeras", "imperialismo yanqui en Nicaragua", Mamita Yunai, Tropicaltanera, etc. Quizá, las siglas que Laguerre sugiere en su novela *La llamarada* para abreviar el nombre de la Compañía que hacía negocios en su país, son muy significativas para identificar lo que estos negocios representaban en todas estas naciones, y fue esa empresa: American Sugar Company.

Y si se unen estos nombres definitorios a la presencia de malos gobernantes, sostenidos abiertamente por el poder extranjero, y a la clase latifundista (viejo dominio de la época colonial), queda completa la Trinidad del Poder que ha subyugado a estos pueblos por largos años. Unas a otras, estas tres partes se complementan y forman una perfecta unidad trinitaria que ha existido y existe aún en la mayoría de estos países; donde cada miembro tripartita se ha beneficiado hasta la saciedad, económica y en términos de poder, a expensas del empobrecimiento y sojuzgamiento de los pueblos afectados.

Como voz que emerge desde las entrañas de estas pequeñas naciones, surgen los relatos de LNC, unos más elaborados literariamente que otros, pero todos con la misma dedicación primordial de levantar un llamado que haga estremecer la dignidad de los hombres libres ante los hechos que afectan la vida nacional. A la misma vez que recrean la institución de la Compañía como un Poder, también exponen cómo ésta consolida ese dominio junto a los otros miembros de la "trinidad" y, finalmente, qué genera como producto toda esta alianza. También estas historias son voz de las varias respuestas obreras a la penetración y al dominio extranjeros. Respuestas éstas, que pueden trazarse hasta los días actuales y relacionarse no sólo con la situación política actual de tanta efervescencia, sino con otros aspectos que se asocian con las culturas presentes en estos países. En este corpus narrativo hay variación respecto a la cercanía de la Compañía y el mundo novelístico recreado, desde *Cosmapa* -la más alejada- hasta *Los estrangulados* donde la presencia de la corporación se asocia con un ejército invasor que la protege.

A. La Compañía establece su origen.
1. Inicio de operaciones

Uno de los grandes aciertos de las Compañías que comenzaron a merodear el área del Caribe, a fines del siglo pasado, fue el apoderarse del mayor número posible de medios de comunicación[1]; así su penetración y anclaje en el área se lograría con mayor facilidad. No solamente respecto a sus intereses inmediatos, sino que era la forma de dar una encerrona a los mecanismos nacionales instituidos. De esta manera, los negocios locales no tendrían otra alternativa que las salidas que la Compañía determinara. Se controlan carreteras, trenes, telégrafos y teléfonos; pero no basta a la bien organizada Compañía, busca también el control de la palabra, del Verbo[2] como define un personaje de la novela *Ciénaga*[3]

> ...me echaron, por aquello de que siendo un hombre que gana el pan del ingenio no debía perturbar la única gallina de los huevos de oro con eso del imperialismo y el latifundio. (Ci, 3)

Este control no se limita a sus empleados e inmediatos, compra la corporación conciencias, abarca grandes públicos, tiene un gran poder de la Verdad, controla la retórica que describe los hechos:

> En campo pagado sería ir en contra los intereses de uno de nuestros mejores anunciantes, La Tropical Platanera, S. A. (VF, 153)

Se encargó en sus inicios, entre varias funciones, el de determinar y dominar los mecanismos para nombrar las cosas. Así fue su génesis.

2. Poder económico

Solidificado el mundo de las palabras, a la vez cimenta su Poder en otras áreas fundamentales: la económica y lo político/social. Con todo un aparato propagandístico, definido por algunos autores de LNC como "fuegos fatuos", compra tierras por nada y en el caso de vendedores "tercos" los entusiasma en "participar" con ella en los "negocios". Les presta dinero contra el valor de la tierra, pero al final los intereses dan fin a la aventura.

> Otro recurso del Central fue dar préstamos a colonos, con alto interés, contra la propiedad de la tierra. Obviamente los intereses, se van comiendo todo. (O, 164)[4]

Y no se detenía la empresa hasta que la situación del propietario quedara como se define en *La llamarada*: "la central lo tiene acorralado"; situación que luego se convirtió en un "amenazaron embargarle". Pronto este presagio se hizo realidad y se fue expandiendo un emporio en tierras, dinero y Poder. Ya no era la mera Compañía comercial que llegó al suelo nacional. Para consolidar todos estos hechos, complementó sus actividades con una serie de operativos que no siempre tenían relación directa con los negocios que "abrieron legalmente" su entrada al país. Penetró en esferas que no eran de su incumbencia como la venta al detal, lo cual se convirtió en un doble recurso; ya que no le pagaba a sus obreros con dinero sino con fichas cambiables, por supuesto, sólo en sus comisariatos. Ingeniosamente el "dinero" con que pagó al trabajador regresó a sus arcas, y con ganancias extras! En *Prisión verde* se dice que es "el azadón con que la empresa recolectaba el dinero que pagaba a los campeños en míseros jornales"[5]. Esta misma novela comenta:

> ...la Compañía todo lo atrapa en comisariatos y bodegas: desde el ganado olanchano hasta el achiote de los caseríos. (PV, 74)

Otras veces el robo era descarado o abierto sin discreciones de tipo alguno como se desprende de lo comentado por este agricultor, a quien no quedaba más remedio que vender su producto al Central todopoderoso:

> Las pesadas de mi romana nunca coincidían con las de la Central, siempre a favor de ellos. (L ll, 148)

Hay que recordar que en *Viento fuerte* la lucha obrera no es la que se enfatiza en la fábula, sino la del pequeño plantador independiente a quien la compañía platanera quiere eliminar para establecer un monopolio; lo cual era una situación común en ambos lugares en el Caribe. Por tal razón, en la segunda obra de Asturias, *El Papa Verde*, se juega con las palabras, emporialista (los proponentes de una política suave en el país donde se operan los negocios) e imperialista (los que creían lo contrario).

La Compañía "se tragaba toda la tierra", toda la vida; era un ente joven energético en estado de extraordinaria vitalidad que crecía sin cesar. La concepción que imperaba en el Caribe cañero, respecto al trabajador étnico, era la del hombre-negro, hombre-carbón, hombre-combustible. Todo el complejo creado era un orden dinámico donde la actividad diurna y nocturna no se detenía nunca; sus máquinas habían descubierto el secreto del movimiento perpetuo y si alguien se cansaba la amenaza no se hacía esperar...

> El Central continuaba moliendo ... andaban sus máquinas día y noche, vomitando azúcar, exigiendo más caña más energía, más sudor, más hombres... sus hombres no se agotaban, se les amenazaba con el "despido";... (TG, 86)

En su hambre insaciable los nacionales no eran los únicos en ser abusados como expresa el norteamericano Pyle, personaje de la administración empresarial en la novela *Viento fuerte*:

> Somos autómatas, a quienes la vida como aventura les está negada, porque si somos empleados subalternos, el más pequeño cambio en la rutina del oficio nos haría perder la reputación y el puesto,... (VF, 28)

Crece la institución hasta el grado de que sus fronteras se confunden no con las nacionales, sino las internacionales.

> ...las tierras fronterizas que se disputan ambos países no son de ninguna patria..., son de la Compañía... (EPV, 584)

Este crecimiento no estuvo exento de violencia física, lo cual no fue raro, tanto en el Caribe como en Centro América.

> ¿No los han acribillado a balazos, algunos con las manos atadas, esposados otros, y no pocos en las cárceles, sin siquiera abrir las puertas de los calabozos? (LOE, 305)

Violencia que llegó hasta el grado de que algunas veces fue una regresión a los tiempos de la esclavitud colonial.

> Parecían unas veces salvajes desolados; otras, esclavos envilecidos, cuando el capataz, después de endilgarles una sarta soez de improperios, los arreaba como a bestias,... (TG, 85)

En términos generales todo este empuje vital trajo en ambos lados del Caribe el comienzo de un delirio semejante al de la peste; fue como una segunda parte al terrible proceso de la Colonización.

> Millares de hombres palúdicos, hambreados, andrajosos, se mueven como sombras por las inmensidades lodosas de los bananales. Contra ellos despliega todos sus recursos la omnipotente compañía. (PL, 184)

El Poder de la corporación sobrepasaba el mismo de la Nación donde se encontraba ubicada.

> Es el gerente de la llamada Institución Nacional. Gana un sueldo mayor que el del presidente de la República,... (LE, 27)

Situación toda que, en palabras de la novela *Ciénaga,* "está también clavada cual una espina sangrienta en el seno profundo de la codicia metropolitana"[6]. Espina que se adentró por todo el mundo de la Cuenca del Caribe hasta enmarcar el umbral de poder de la última de las compañías por adquirse: la Compañía del Canal de Panamá.

La Compañía del Canal de Panamá es la ficción jurídica que administra
comercialmente este latifundio cuyo presidente es, a su vez, el Gobernador
de la Zona del Canal; dualidad que une el poderío civil al poderío militar
para explotar la industria marinera del canal y obtener pingües ganancias,
no en nombre de la humanidad sino en nombre del único accionista de la
compañía que es el Secretario de la Marina, el cual representa a la nación
norteamericana. (G, 88)

Sigue la voz de *Gamboa Road* para definir en forma más explícita el significado
económico-militar de ese Canal.

El poderío de los zonians deriva de la explotación y operación de esta
posición estratégica para hacer funcionar el Canal de Panamá que le sirve
a los E. U. en dos direcciones. En primer lugar para garantizar la seguridad
militar internacional de los E. U. y, en segundo, para lucrar de idéntica
manera que lucra una empresa comercial que ya ha recobrado, con creces,
la inversión original. (G, 89)

Este es el mismo Poder que Laguerre, en *La llamarada*, identifica: "los
accionistas principales de la Corporación viven en Nueva York"[7], y el que la
novela *Over* define con una metáfora atrevida que cierra esta sección:

¡Ingenio poderoso, que por tus chimeneas escupes diariamente la cara de
Dios! (O, 197)

3. Poder político-social

La Compañía fue estructurando su organización con la ayuda de muchos de
los malos gobernantes de la región. Montó su andamiaje con la diplomacia del
dólar.

Y no en balde iban a gastar la plata que gastaron en propaganda y en
banquetiar viejos encumbrados y en sobornar a medio mundo pa' que les
pasaran la nueva contratación, regalándole a la Compañía todo el litoral del
Pacífico. (MY, 123)

A su personal lo movía de país a país, según lo iba entrenando. A la vez que se formaba este imperio tenía que competir con lo que quedaba aún en la región de las viejas empresas europeas:

> ...Desgraciadamente no son sólo los ingleses. Existen puertos fluviales y marinos que son vitales para el movimiento del café alemán que sale hacia Alemania... (EPV, 379)

Toda esta articulación no nacía en oficinas locales, ya que "muy lejos, más allá de varias fronteras, se mueven los hilos poderosos de Wall Street"[8] y sus decisiones abarcaban mucho más que comprar tierras y administrar oficinas. Se destruían cosechas para mantener estable el precio internacional, en la región desempeñaba varios papeles, "era una Corporación, no solamente bancaria, sino de menudeo"[9] con una idea básica opresora a todos los niveles, dado que "la ley, la imparcialidad, no rige en los pueblos pequeños". Sus tentáculos se iban apoderando de todo lo que pudiera significar ganancias; "la aduana...ha caído en poder de los banqueros" y avanza el emporio imperialista hasta crear una situación internacional opresiva que queda resumida en las siguientes palabras de un actuante de *Ciénaga*:

> Carne de cubanos, portorriqueños, dominicanos, haitianos y jamaiquinos, que se da al culto de esta divinidad terrible del Caribe, el Ingenio extranjero, hermano de la mina, la fábrica y el campo de avena, de trigo o de arroz. (Ci, 228)[10]

Desde el ingenio a la tierra labrada se extiende una imagen real de Poder que se mueve, casi sin límites, hasta las minas allá en el lejano confín del mediodía latinoamericano. Tierras que el extranjero, al no interesarle -fuera de obtener un producto-, las altera, contamina y viola. Su mal cuidado de éstas hace que bajo las raíces de los cultivos lata "en gestación, los horrores del desierto" o como en el caso de Panamá, donde la Zona del Canal rompió el país y "a su paso mueren los animales de la selva que se atreven a cruzarla."[11] La mano del hombre extraño poda la selva, dinamita ríos, desvía, destroza, nada importa si el beneficio económico es posible.

Pero esta institución, cuyos edificios comerciales o militares quedaban "encerrados en alambradas y con puertas de hierro en los accesos"[12], descargaba su violencia feroz principalmente contra el hombre del área, negro, indio o mestizo. Eran estos sus víctimas más inmediatas.

4. Fuerza laboral

Hasta pasado muchos años en los cuales los obreros pudieron organizarse y presentar un frente unido y coherente ante la todopoderosa Compañía, las relaciones entre ésta y aquéllos pueden limitarse al abuso físico y la explotación laboral. El poder económico creó en sus predios un pequeño estado que no aceptaba la ingerencia del Estado oficial, y si éste intervenía era para negociar su silencio a cambio de dinero o estructuras de mando político. Por tal razón, la Compañía siempre se podía sentir segura. Como se define en *La llamarada*, el peón vivía en "esclavitud moral, espiritual y física". Tanto era así que en muchos de los lugares de plantación se les traía en camiones como si fueran animales. A lo largo de la narración de todas estas obra se caracteriza a los personajes en forma tal que parece que han perdido su dignidad humana:

> Vivían pegados a las plantaciones como si fuesen parte de ellas mismas; se confundían y los confundían con las hojas y los tallos, con las bestias y las máquinas;... (PV, 121)

Al llegar los obreros al lugar comenzaban enseguida la labor, y para evitar estados enfermizos se les mezclaba el agua con la famosa quinina -febrífugo- para contrarrestar los efectos producidos por organismos o parásitos; organismos presentes en las selvas y tierras vírgenes que se abrían a los nuevos negocios. Para que bebieran la supuesta chicha con la medicina se les atormentaba por periodos largos sin darles agua; y hasta se limitaba la cantidad del ansiado líquido mediante el tamaño del envase usado para servirlo. Dice un hombre:

> Sus pequeñas latas de leche condensada (que ex profeso él mismo escogiera para lograr el menor consumo de agua posible) olían a pescado, carne, manteca, arroz, café, y baba. (Cu, 164)

En el caso de que el trabajador enfermara, el tratamiento ya lo había pagado con las deducciones que se le hacían de su sueldo. Uno de ellos dice: "se nos descuenta una suma sin tomársenos parecer", otro responde:

> Y pensar que todas las quincenas hay qui'aflojar la plata para ese famoso hospital. ¡Cuánto miles de dólares no s'echará a la bolsa la Compañía! (MY, 149)

En las regiones cañeras del Caribe la situación no era diferente a las centroamericanas. Castigaban el mismo sol, las mismas plagas, el mismo capataz:

> ...bajaban entonces la cabeza, impotentes y miserables, desfilando hacia los cañaverales inundados de sol y mosquitos. (TG, 85)

Estos hombres roídos por las diarreas, el fango, las lombrices y la desnutrición, trabajaban más de doce horas al día "tratando de olvidar que la sarna de miles de mosquitos, arañas y sabandijas hormiguean en nuestras espaldas"[13].

Las inclemencias de la naturaleza era un mal inevitable que se tenía que alternar con otro peor y sin visos de inevitabilidad. Sin ningún tipo de defensa legal, pago tras pago, el peón tenía que luchar con la vida que llevaba; ya que la Compañía le decidía prácticamente su futuro utilizando criterios totalmente arbitrarios, producto de los intereses de sus negocios, no fundamentados en los de sus trabajadores. Muchas veces el estado de ánimo era deprimente y aceptaban que había que "embrutecerse para olvidar el horror en que se vive y en el que se tiene que morir".[14]

Pero las compañías, como predadores al acecho, tenían organizado hasta las actividades del día de pago. El trabajador lucía la única muda presentable que poseía; venían los diversos vendedores ambulantes, las prostitutas, y el Comisariato -ya otras veces nombrado por sus diversas ventas- tenía listo para el expendio el ron en sus negocios del Caribe o el guaro en los centroamericanos.[15]

"Así es como corren torrentes de alcohol en la finca, y como el comisariato de la Compañía recoge de nuevo la sangre del paria a cambio de ron". (MY, 160)

Los que no se podían controlar y se emborrachaban, daban a la corporación oportunidad para quitarles las últimas monedas que les quedaran en sus bolsillos; tenían que pagar multas o sencillamente, se les robaba de sus ropas cuando se les encarcelaba.

Y los fueron a encerrar a un cuartucho que servía de cárcel los días de pago. (MY, 193)[16]

Cuando sus intereses lo necesitaban, este Poder tenía la última baraja en sus manos: la expulsión. Para llenar supuestos expedientes de legalidad comenzaban a despedir a los extranjeros; los nacionales comprendían enseguida cuál era el mensaje detrás de las palabras. El despido se llamaba "vacación":

Un gran porcentaje de empleados ha recibido lo que cínicamente la compañía llama "vacaciones sin sueldo". (O, 184)

Miguel Angel Asturias resume metafóricamente toda esta situación, la cual hace cuestionar hasta qué grado todo lo que *Las novelas de las Compañías* recrean es ficción. Sus palabras cierran también esta sección.

> Una carrera de natación en la oscuridad de la noche perlada de rocío que no era rocío, sino sudor, sudor de Cristo repartido en mil frentes de peones curvados sobre la tierra hasta el agotamiento. (VF, 148)

B. La Compañía consolida su Poder
1. Intervención político-militar de los EE.UU.

La habilidad comercial de las empresas no fue el aspecto que consolidó su poderío, sino otros recursos de extraordinaria influencia y significado. Fueron estos elementos en conjunción los que les abrieron las puertas -a las buenas o a las malas- como respuesta a un momento histórico que extendía la mentalidad colonialista a sus fronteras ulteriores: el Imperialismo. Es innegable, que entre estos hechos resalta como superlativo, el apoyo directo y decisivo del gobierno de los EE.UU. a sus compañías en el exterior; o sea, el complejo industrial-comercial fue sostenido por un aparato militar que no se detenía ante ningún aspecto de índole social, histórica ni ética.

La llegada de las Compañías al mundo caribeño no estuvo muy lejos del inicio de la política del "Gran Garrote", establecida por el presidente norteamericano Theodore Roosevelt. Con el expansionismo militar y político de la nación norteña en la región, obviamente vinieron los hombres de negocios a predar en estos pueblos pequeños con poca población y económicamente pobres. Las presiones sobre los gobiernos de estos países -comprometidos o dictatoriales- lograban que siempre se temiera la presencia de la poderosa armada del "vecino" del norte cuando los manejos a nivel de embajada no satisfacían a éste. Situación que *Puerto Limón* retrata así:

Si acaso cede ante el Embajador, ¿no estaría en el fondo dejando que manosearan esa misma soberanía que los costarricenses sabemos que usted quiere defender? (PL, 83)

Si había alguna "revolución" y el gobierno pasaba de manos conservadoras a liberales o viceversa, estas Compañías cedían sus transportes para ayudar al grupo que favorecía sus intereses. Así el narrador de *Los estrangulados* se lamenta:

...las mismas compañías que han puesto a la disposición del Departamento de Marina de los Estados Unidos todos sus grandes aviones de tiempos de paz, favorecidos por concesiones de esos mismos pobres gobiernos, para que vayan a bombardear los poblados indefensos en las frecuentes épocas de motines, interiores o contra el invasor. (LE, 61)

En el caso de las Antillas, todas fueron invadidas por los famosos soldados "marines" y quedó Puerto Rico como la única colonia hispánica que aún existe en Latinoamérica. En Centro América fue Nicaragua el país mártir donde en innumerables ocasiones "los soldados rubios, si era preciso, irían a sostener la legalidad de la permanencia del gobierno"[17]. Todo esto era una respuesta al marcado interés por construir un canal a través de la tierra de Sandino, interés que llena hoy páginas frontales en los diarios del mundo con el mismo tipo de situación histórica: la que crea inestabilidad, desasociego y miedo de invasiones por parte de la población indefensa.

Cuando ocurrían estas irrupciones, los aviones venían principalmente de Pensacola, Puerto Rico y Panamá, centros estratégicos que formaban el gran triángulo de Poder que aseguraba a los intereses neocoloniales no solamente una posición de comando en el Caribe, sino que garantizaba la "seguridad" de esa vía vitalísima del Canal de Panamá.

Al mismo ritmo que dialécticamente se organizaban los trabajadores contra la opresión de las Compañías, las fuerzas militares se utilizaban -o se amenazaba con hacerlo- para detener el avance de las fuerzas laborales.[18] La explicación para tan inusitada acción fue en aquellos momentos exactamente, la misma que se da hoy día:

> ...con el consabido pretexto de que peligran sus intereses, nos van a intervenir. (PL, 79)[19]

Como variantes a toda esta pesadilla de intervenciones y abuso de Poder, las Compañías, cuando se peleaban entre sí por cuestión de tierras, lograban que los países fronterizos fueran los que presentaran un frente por los intereses de ellas. Se convertía el asunto en uno internacional, aunque realmente, "el conflicto de límites es simplemente un conflicto bananero".[20] Pero había otros elementos, no tan poderosos, que también participaban en estas luchas para obtener beneficios o mantener el status quo. Uno de los principales aliados del poder foráneo estaba entre los mismos nacionales.

2. El poder nacional como aliado

El iniciarse la amistad entre las Compañías y los gobiernos del país, fue un proceso en el que las primeras buscaban una entrada fácil al área, y los segundos un acercamiento a instituciones exteriores de poder. Otras veces medió vulgarmente el dinero, y la entrada de la empresa fue pagada al hombre fuerte de turno (más en los casos de países con dictadores).[21] Establecida la relación, la entidad comercial estudiaba los terrenos que mejor convenían y el Poder nacional se encargaba de que los deseos de la primera pudieran cumplirse.

> ...pues el gobierno te ordena militarmente que vendas La Dolorosa, porque la Compañía necesita estas tierras que el Estado otorgó en concesión. (PV, 128)

De la misma manera que las Corporaciones vinieron acompañadas con la marina de sus país, el Poder nacional impone su presencia militar para hacer respetar a la primera. Ese ejército se fue convirtiendo y transformando en "una propiedad privada que se llama nacional y pertenece a los militares".[22] Entre sus funciones, tenía que vigilar las posibles organizaciones obreras "por el peligro que encarnan estos movimientos sociales para el orden establecido".[23] Esa Guardia Nacional, tan temida en los países de la América Media y Caribeña, esa Guardia que, tras el asesinato de Sandino, dejó en el Poder en Nicaragua a una familia cuyo nombre ha pasado a la historia como símbolo de terror, es la misma Guardia "que se encarga de reclutar al indio y se los amarra donde se encuentren y como sea".[24] Es la institución que con sus propias variaciones fue combatiendo hombres e ideologías. Es el Poder militar que sirvió al tirano salvadoreño que "ha muerto más de 35,000 indios que se rebelaron contra la explotación".[25]

La presencia del Poder nacional, por lo tanto, no es difícil que se confunda con una tiranía clásica y una generaba la otra, alternando posiciones acomodaticias en concordancia con el momento histórico. De esta manera, cuando era necesario esconder la Guardia se la convertía en simple policía, cuyo deber era "cuidar el orden público que conviene a los fruteros"[26]. Pero era un cuerpo cuasi-militar que, en el momento dado, asumía su papel como el de su contrapartida. De esta manera en una huelga recreada en *Puerto Limón* se expone:

> Se alejó y en ese momento notó que la Jefatura de Policía ofrecía un extraño aspecto con todas las ventanas tapiadas con sacos de arena.
> (PL, 9)

Se conjugan ambos Poderes, nacional y extranjero, y complementan a un grado tal que al cabo de los años se convirtieron en aliados indispensables. La presencia de uno era vital para el otro. Vuelven otra vez las palabras de Miguel Angel Asturias que, con sus inigualables juegos lingüísticos, sintetizan parte de la tragedia de estos pueblos.

... a través de una red infinita de sufrimientos humanos, en la plantación bananera, la raíz más profunda de la dictadura. (LOE, 220)

Pero no es el Poder nacional el único que coopera con el "progreso y riqueza" que supuestamentve, las Compañías traerían al área.[27] Otras instituciones, amparadas tras sus intereses particulares, lanzan también sus redes en ansias de obtener buena pesca en las turbulentas aguas de la Cuenca del Caribe.

3. Otras "instituciones" que ayudan a consolidar el Poder

No solamente los políticos, militares y hombres de empresas participan activamente, en el "nuevo descubrimiento" del mundo medio americano a fines del siglo pasado y comienzo del veinte. La región era visitada constantemente. Los intereses de los varios grupos de visitantes variaban. Las más de las veces eran genuinamente honrados, pero la mala fama que inmediatamente adquirieron las Compañías, y sus asociaciones nacionales y del exterior, hicieron que la gente temiera cada vez que contactaban extranjeros en actividades no comunes. Por tal razón, uno de los actuantes de *Cosmapa* comenta.

> Otra vez aparecieron dos arqueólogos de la Fundación Carnegie; me abstuve de contarles del descubrimiento suyo de las pirámides, en la manigua de abajo... (Co, 27)

En la misma novela, en otra ocasión, se teme a un estudiante de la Universidad de Harvard, quien hacía estudios sobre la botánica centroamericana. El personal de las Compañías años atrás había hecho contactos en los contornos investigando los terrenos; por tal razón, se desconfiaba de cualquier extraño que pudiera andar en busca de tierras apropiadas para nuevas explotaciones.

Otra de las instituciones norteamericanas que a fines del siglo pasado comenzó sus incursiones en el mundo latinoamericano, fue la iglesia protestante. En casi todas *Las novelas de las Compañías* se la presenta más en función aculturadora que religiosa. Se la ve como lógico apéndice de la nueva cultura importante en la región. A sus ministros se les considera como alidados o adelantados del Poder corporacionista. Eran los encargados de "convencer" a los poseedores de tierra para que las vendieran a las empresas, ya que éstas las comprarían "pagando oro" por ellas. Dice otro actuante:

> ...o el pastor-protestante oloroso a tabaco que se adelantó con la Biblia en la mano a querer a sus padres que dejaran las tierras en manos de Maker Thompson... (LOE, 59)

Tampoco puede quedar fuera de estas narraciones el papel fundamental que jugaron en este drama los medios de información masiva.[28] Asturias cita directamente a una conocida revista conservadora estadounidense, no sólo como portavoz de una empresa, en este caso la célebre United Fruit y sus posiciones antiobreras, sino también como voz transculturadora en el área.

> ... y loa va, loa viene para la Yunait en el español de "Selecciones"... ..., español tan estreñido por la falta de jugos, como por el orificio de salida, seco, obstruido y anglicano. (LOE, 443)

Y otra voz no se queda atrás, ésta se dedicaba a desacreditar los movimientos que comenzaban a combatir los abusos y atropellos que ocurrían en la región. Esta vez eran los diarios extranjeros que, desde la Revolución Mexicana, dieron en llamar a los desafectos con epítetos como: "los informes de los periódicos de los EU llamaban "bandidos".[29]

La Compañía que había consolidado su Poder mediante la "ayuda" de los grupos antes mencionados, fue generando con su acción una serie de condiciones negativas que, como dice un autor en su estudio sobre la crítica literaria latinoamericana y la inmigración, en estos momentos se revierte contra los mismos EE.UU.[30] No solamente fueron abonando sentimientos antinorteamericanos, sino otros mucho más importantes para los pueblos envueltos. Siguiendo la antigua máxima de dividir y vencer, las Compañías se encargaron de crear segregaciones por el color de la piel u otros aspectos de índole étnica. Crearon emigraciones, muchas de las cuales fueron innecesarias. Esto rompió las unidades sociales naturales, lo cual a su vez trajo gran desasosiego en especial a los indígenas y negros, pero no dejó de afectar a los demás grupos nacionales por igual.

C. Antiamericanismo y desplazamiento campesino

Desde los tiempos del Renacimiento, las luchas por el Poder hegemónico imperial entre España e Inglaterra iniciaron unas malas relaciones entre las dos naciones; semillas que germinan en la vieja **Leyenda Negra,** y que vienen a fructificar malos entendidos entre los descendientes de ambos imperios aún en la actualidad. Los que provienen de la cultura de los anglos, ven a los hijos latinoamericanos de la España con aprensión y una larga lista de prejuicios heredados culturalmente, ya que no aprendidos por experiencia; y de idéntica forma sucede con los segundos. Obviamente, ambos grupos desconfían históricamente unos de los otros sin percibir realmente, a fondo, el por qué. Las actuaciones de las Compañías no necesitaron mucho tiempo para que las llamas de este desafortunado mal entendimiento se elevaran muy alto.

El mismo Asturias presenta y cuestiona en varias secciones de su *Trilogía,* cuán innecesario era el abuso del Poder bananero para obtener el mismo beneficio económico. Probó, que si se empleaban sistemas honestos, la compañía obtendría iguales ganancias sin crear, como lo hacía, "una fuente de odio permanente para todo lo que fuera norteamericano".[31]

El abuso corporacionista no se perpetraba sólo contra el obrero o peón sino afectaba a otros grupos sociales. Muchos de la clase privilegiada perdían sus tierras en manos de las acciones de abierta piratería de las empresas; lo que también conllevó pérdida de vida humana. La misma novela anterior cita:

...de las barbaridades cometidas en la Costa Atlántica, para arrebatar las tierras a los campesinos y formar esas grandes plantaciones. (LOE, 29)

La gente que perdió su tierra poseía fincas que variaban desde pequeñas extensiones de terreno hasta otras de gran envergadura. Fueron muchos los afectados y se tuvieron que unir a las migraciones que ocurrían en el momento: los que iban en busca de trabajo y los que ya habían conocido las mentiras de las corporaciones, y ahora se mudaban a las periferias de las ciudades grandes; o sea, no regresaban a la sierra, al monte adentro. De esta forma se fue gestando en toda la región un complicadísimo proceso de emigración-migración-inmigración que drenó los campos de gente y fue convirtiendo las ciudades en gigantescos centros urbanos; rodeados por cinturones donde imperaba una pobreza paupérrima. Estos últimos van a ir generando, a su vez, un importante centro de nueva cultura de masa en Latinoamérica: la cultura de los barrios populares citadinos.[32] Estos movimientos traen una situación al campesinado, la cual la novela *Ciénaga* describe proféticamente, llamándoles parias a los mismos:

... acaso buscarían con dolor desesperado, el lugar del mundo donde existe la justicia, ya que estaban predestinados a salir del plantío nativo, para convertirse en parias de la guardarraya antillana. (Ci, 56)

Luna verde presenta el mismo fenómeno con mayor dinamismo. La gente huye de los devoradores de tierras; es como si una plaga maldita se acercara.

Comienza el éxodo agrario, desalojamiento campesino. Dicen que vienen los Gringos... La gente huye hacia Panamá. (LV, 9)

Desplazados de sus tierras, los antiguos propietarios ahora tenían varias alternativas, una era irse a las plantaciones costeñas o a las ciudades donde "dicen que hay mucho trabajo y se gana buena plata"[33]. De esta forma se puede observar que siempre había una carnada atractiva que los llamaba. Pero estos hombres del campo realmente no sabían de qué se trataba, hablaban a través de segundas y terceras experiencias. Eran historias que el desplazamiento, la necesidad y el hambre se encargaban de entretejer en narraciones fabulosas.

> Era la época en que el solo nombre de la Costa Norte y de las Compañías, despertaba ambiciones y la mente popular tejía las más fantásticas leyendas,... (PV, 22)

Puerto Limón los define como hombres "atraídos por los fuegos fatuos de los salarios en dólares que decían que pagaba la compañía"[34]. Siempre era una idea ambigua, sin clarificar por todas, pero los que tomaban esta alternativa de irse tras las carnadas de las corporaciones pronto se topaban con otra triste realidad.

> Pero los salarios no eran en dólares sino en fichas que se iban como sal y agua en los comisariatos de la compañía,... (PL, 91)

En el caso de las etnias negras la situación era más dura, ya que se les iba a buscar y se les traía en trenes, barcos o camiones. Terminada la sección activa de la plantación, se les retornaba "a todos gastados, sin dinero, decepcionados hasta el año que viene"[35]. Cada año se repetía esta venta de hombres, la cual no tenía nada que envidiar a los mercados negreros de los siglos pasados.

En el Canal de Panamá la cantidad de gente que llegaba era mayor, y no solamente del área cercana sino de otras partes del mundo. Quizá por esta razón, las novelas de la *Trilogía* canalera de Beleño son las que mejor reflejan una sensación de choque constante de voces, de gente que tropieza entre sí, del paso de aldea a ciudad gigante y cosmopolita.

Todo esto trae también gran confusión cultural, ya que no hay tiempo para que sedimente un alma de pueblo; cada grupo contribuye con su acervo y se acrecenta el caos existente. Mas sin embargo, pueden obsevarse en el país ístmico los ejes centrales de siempre: la cultura blanca dominante y la negra antillana suplidora de fuerza laboral.

> El negro y el latino no pueden convivir con ellos... En la Zona del Canal el gringo es tabú, el latino es su vasallo y el negro es su esclavo. (LV, 18)

Estas situaciones tan dinámicas y llenas de calor humano, traen consigo un nuevo problema, producto obvio del choque entre tantos hombres que viven en fiera competencia entre sí. Era inevitable que en este tipo de interacción no apareciera el racismo. Ese racismo crece y vuelven los negros a recibir la peor parte de la lucha.

> ¡Retinta cabrona! ¡Con razón, tan cariñosa la rechingada negra! ¡Si, no hay negro que no sea cabrón y negra que no sea puta! (Co, 108)

Pero mientras los obreros se mantenían divididos en su vida rutinaria las Compañías aumentaban su poder hasta el grado que fueron creando un estado dentro del Estado. Ni siquiera los gobiernos progresistas y honrados podían luchar contra ese Poder, que en unos treinta años era más fuerte que los mismos gobiernos de la Cuenca.

D. El estado dentro del Estado

Las instituciones comerciales, tras su llegada, establecieron prontamente límites territoriales y, en la mayoría de los casos, la comunicación se hacía en su idioma no en el del país. Por tal razón, el protagonista de *La llamarada* en un momento confiesa que "mis ojos cargados de tragedia tropezaron con este rótulo "No trespassing".[36] Pero la señal pudo estar en castellano, el problema fue la forma en que se respondía a los que no respetaran el signo. Los que no entendían inglés pronto aprendieron el significado de la señal. La Compañía no permitiría a nadie en sus tierras y, por consiguiente, preparó sus centros de trabajos como pequeñas fortalezas. Para franquear esas grandes puertas de alambradas que cuidaban guardias armados, como se expone en *Puerto Limón*, había que seguir un proceso. Así, "los limonenses para entrar necesitaban un permiso especial".[37] Obviamente, el interés de la administración era estar lista con antelación en caso de huelga; de esta manera la fortificación estaba ya preparada con guardianes armados, los obreros quedarían afuera, y la compañía se encargaría de presionar a los gobernantes de turno para concluir el asunto, lo más pronto posible. De esta forma, en uno de los relatos durante un paro y ante las nuevas coacciones de la Compañía, "el Presidente (el texto se refiere al del país) finalmente, cede y recurre al uso de la fuerza".[38] Ahora los obreros quedaban entre dos fuegos de armas: los militares nacionales y la guardia patronal.

Pero no todo se reducía a este aparato militar, ya que organizativamente en muchos otros aspectos la Compañía fue dando forma a su propio estado. Dice un actuante en la novela *Over*:

> Siguen los jefes de departamentos, quienes son algo así como los secretarios de estado de esta república que es el central. (O, 29)

Era un ente organizativo que se regimentaba con un orden cuasi político:

> Como si aquel reglamento hubiera salido del Poder ejecutivo en forma de decreto, o hubiera sido elaborado en el congreso Nacional y convertido en ley. (O, 45)

Para alcanzar el poder que obtuvo (y que hoy tiene todavía en muchos lugares), la empresa comercial tuvo que obtener el apoyo de los gobernantes nacionales. Fue un arreglo entre ambos para propósitos de lucro y compartir el mando; de esta manera un personaje de *Prisión verde* resume el asunto.

Las murmuraciones llenaban las fincas donde los campeños abrían los ojos frente al despotismo de sus compatriotas y a la explotación de los extranjeros. (PV, 170)

Esa alianza en contubernio se fundamentó en la corrupción y, por lo tanto, alcanzó todos los niveles gubernamentales.

> Luego llegaron los procuradores de los terratenientes en potencia, de Compañías Territoriales que robaron tierras amparados por los Jueces Magistrados de Provincias que se enriquecían con los despojos, y unas veces, obligando a vender a un infeliz aterrorizado lo que valía un millón, por una miseria;... (TG, 36)

Hasta muchos de los que emigraron a Panamá, con la excusa de que venían como agricultores a mejorar el país, se dedicaron a negocios no lícitos o de dudosa categoría como la prostitución y otros aliados a ésta. Esa gente, por conveniencia, no representó tampoco los intereses del pueblo panameño y se asoció a los foráneos.

> Todos uds. han venido como agricultores; pero se quedan en la Avenida Central vendiéndose a los gringos. Y vendiéndonos a nosotros. (LV, 232)

Todo esto, sin embargo, no amilanó la moral ciudadana y el espíritu de lucha contra el Poder opresor, fuera de donde fuera, pronto hizo acto de presencia.

E. Respuesta obrera

La fuerza obrera presentó un frente de lucha dentro de un espectro de acción que se desplazó desde la petición formal de mayor justicia, a la organización de huelgas y, finalmente, a la acción guerrillera; la cual no sólo hace lucha contra las fuerzas invasoras extranjeras sino también contra los malos gobernantes. Los trabajadores expusieron sus planteamientos ante la administración de la empresa.

Una de sus quejas más importantes era terminar el obtensible robo abierto de las comisarías; querían "que no les pagaran con vales descontables únicamente en los comisariatos de las compañías".[39] Trataron de convencer a las diferentes administraciones que sus intereses no estaban contra la institución, que lo que buscaban era el diálogo confraternizador.

> Nosotros somos trabajadores de la Compañía; no estamos contra ella ni contra sus intereses; sólo pedimos que se nos oiga para que obren con más equidad. (PV, 157)

Pero estos reclamos no fueron escuchados. Se organizan entonces diferentes grados de presión contra el soberbio Poder. Uno fue el fuego, recurso que se presentaba como ideal en el caso de los cultivos de cañas. Por tal motivo, en tres de las novelas de esta serie que representan a las Antillas, este incidente se elabora usando diferentes recursos literarios de acuerdo a las variaciones particulares en la presentación del tema. En todas las obras juega un papel de gran dramatismo, ya que se enfatiza como un recurso inevitable ante la sordez patronal. De las tres narraciones isleñas, *Tilín García*, *Over* y *La llamarada*, esta última es la que dedica mayor espacio textual, dramático y artístico al caso.[40]

La muda respuesta de las corporaciones hizo que los trabajadores tuvieran que cambiar de táctica; ya no era útil el uso del sabotaje y empuñan un arma que compitiendo con el sol, "brilla aun más el espejo de los machetes desnudos".[41] Era el machete, ese símbolo de la independencia de tantos pueblos de la América caribeña, el que se desenfundaba en las marchas y el que anunciaba medidas más drásticas. Fue el inicio de las temidas huelgas. Actividades éstas que fueron enlazando hombres que ayer no se conocían. La conciencia de pertenecer a un grupo, la solaridad nacida en la concepción adquirida tras observar que los abusos no eran cosa personal, sino una actitud generalizada contra todos, fue moldeando un respuesta al omnipotente Poder. Se lanzan entonces, a otra fase de su lucha:

...hombres flacos y amarillos por la desnutrición y las fiebres, declaran a
gusto su voluntad de respaldar a sus dirigentes, hasta el fin; ... (PL, 188)

Pero estas actuaciones no iban a amilanar a las Compañías. Muy bien sabían

quiénes, en última instancia, respaldaban sus actuaciones. Era cosa de llamadas

telefónicas para que todos los integrantes de ese Sistema de Poder, se pusieran en

aviso y prestos a "mantener el orden". Con suma facilidad las noticias se difundían

aceleradamente, unas voces comentan: "dicen que ya partieron dos cruceros desde

la Zona del Canal".[42] Todo el proceso es uno rico en dialéctica, donde las

contradicciones de unos y otros, donde la pasividad y la violencia, la ilusión

esperanzadora de diálogo y el cinismo del Poder, se enlazaron e interactuaron para

cambiar un mundo que había parecido estancado y ajeno a la gran Historia del

hombre antes de estos sucesos:

Fue una época de transición en el país, se pasaba del estado semifeudal a
la creación de un proletariado de más avance. (PV, 23)

¿Y qué significaba este "más avance" desde las diferentes perspectivas de

LNC? Para algunos era, como Laguerre en su obra La llamarada, recapacitar

sobre el problema, pensar, meditar, "hacernos fuertes en la montaña para bajar

entonces a la reconquista de la sabana costanera".[43] Asturias elabora un complejo

discurso que, dentro de su Trilogía, aprovecha el momento para resaltar también

los papeles de las etnias más abusadas. Logra entonces, mediante una artística

evocación, que sea la cultura maya la que traiga la voz de la esperanza. Esta,

como una reflexión del clásico Dies irae bíblico, se levanta con la fuerza de un

vendabal poderoso que cierra simbólicamente la novela Viento fuerte.[44] Continúa

este mismo autor, en El Papa Verde, la discusión del problema que inició en la

obra anterior, y da desenlace a todo este mal de pesadumbres que se cierne sobre

la América Media en la última obra de la tríada dedicada a las bananeras, Los ojos

de los enterrados. Aquí, la etnia negra es la que facilita el que los otros grupos raciales destronen al gobernante tirano y hacen recapitular a la Compañía. Es quizá, dentro de toda la serie de LNC, este conjunto de obras asturianas el que mejor exponga las interacciones entre todas las razas, y que mejor elabore la necesidad de entendimiento e interacción entre todas, incluyendo la que representa la clase dominante, para la consecución de una sociedad libre y justa.

Otras narraciones de esta serie se acercan a otro proceso histórico que actualmente se encuentra, prácticamente, en todo su auge de desarrollo. A la violencia del Poder se enfrenta la respuesta de la guerrilla. Algunas de estas novelas describen hechos que se pueden calificar como los de las "guerras de la segunda independencia". En una de estas obras, *Los estrangulados*, su tema central gira en torno a estas luchas. Da consejos cómo enfrentar un ejército invasor poderoso, enseña tácticas, que hoy algunos consideran como modernas, sobre la guerra prolongada y la guerra de guerrillas. Habla uno de sus personajes:

> Hay que estorbar todos los pasos de las fuerzas extranjeras; ... no hay que presentar acción formal nunca, de esta manera, la protesta se eterniza y no hay capacidad humana suficiente para acabar con una rebelión. (LE, 201)

Estas novelas, muchas de ellas escritas cincuenta años atrás, recrean un mundo que hoy no parece tan ajeno. Son ellas las voces de unos grupos étnicos, de una clase obrera que camina, aún hoy, sobre el filo de un desfiladero. Por una parte comparten un legado de cinco siglos de espolio; de otra parte esta situación tiene que llegar a su fin. Y sus acciones no caerán en espacio vacío. Asturias constantemente, dice que los mayas temían dejar los espacios sin nada; vacío que él, simbólicamente, llena con una rica construcción lingüística. Esos espacios son llenados también con el sacrificio, dedicación y enfrentamiento de los hombres de estas naciones ante la cruenta realidad que tienen que vivir. Un hombre de aquellos días, inmortalizado en un pueblo invadido tantas veces y que hoy hace noticias, fue el que guió a un puñado de guerrilleros a través de las mismas tierras que *Las novelas de las Compañías* describen, tierras de la mitad de las Américas; hombre de acción heroica que recuerdan estas últimas palabras para dar término a este estudio:

...en donde el general Augusto E. Sandino con su pequeño ejército guerrillero tenía desde hacia muchos años en jaque, amparado por la selva y escudado en el heroísmo de su puñado de valientes, a una división escogida, dieciseis mil hombres de bien armadas tropas norteamericanas (PL, 234)

NOTAS

[1] Las siguientes palabras de J. Montero ofrecen información que puede aplicarse a LNC:

"El andamiaje de los discursos artísticos van creando un contraste entre las versiones oficiales "ficticias" y las novelescas "verdaderas". Se explicita la manipulación de la prensa y los medios de comunicación masiva como voz pública o conciencia formal del Sistema y la elaboración del proceso de inversión o destrucción de los hechos en la memoria colectiva".

Janina Montero. "Historia y novela en Hispanoamérica: el lenguaje de la ironía." Hispanic Review 47.4 (1979).

Lo anterior conlleva el que se establezca una tensión dialéctica frente a la historiografía o documentación oficial y se propone una interpretación crítica de las historias nacionales.

[2] Dentro del interés de mantener este estudio relacionado con la historia hispánico-latinoamericana de la región, tanto en lo social como en su literatura -principalmente-, no debe dejarse esta oportunidad para recordar que la primera gramática en lengua romance, la *Gramática Castellana* de Antonio de Nebrija -dedicada a la Reina Isabel en agosto de 1492-, expone claramente, el papel de dominio absoluto en todos los órdenes de la vida que habría de jugar la lengua de Castilla ante los nuevos pueblos sometidos en las recien adquiridas -y por adquirir- tierras de la corona. Lo cual en otras palabras, lo que proponía "no es otra cosa que una semántica del poder". Se vuelve a repetir el mismo hecho histórico en el caso de las Compañías.

[3] A esta obra se la considera como la novela iniciadora de la literatura antiimperialista en la región del Caribe.

[4] Hoy día, dada la preocupación en Latinoamérica por la gran deuda externa, estas palabras y situaciones parecen familiares.

[5] PV, p. 100.

[6] Ci, p. 19.

[7] L ll, p. 173.

[8] LE, p. 54.

[9] LE, p. 29.

[10] Más bien, se puede decir que es una raza la que se encuentra preferentemente

representada en la lista que ofrece la cita novelística. Todos conforman un conjunto particular.

[11] G, p. 41.

[12] EPV, p. 469.

[13] LV, p. 38.

[14] MY, p. 149.

[15] Ver nota 25 en capítulo cinco.

[16] Estas cárceles, que muchas de las narraciones mencionan de una forma u otra, se vienen a resumir en la novela *Gamboa Road Gang*; la que dedica todo su asunto narrativo alrededor de la principal cárcel de la Compañía del Canal de Panamá. Obviamente, todos los abusos de las primeras cárceles quedan recapitulados en esta otra que sirve a la llamada Zona del Canal.

[17] LE, p. 164.

[18] Ver nota 25 del capítulo cinco.

[19] No puede pasarse por alto el que estas palabras hoy, tras cuarenta años de su escritura, tienen tanta actualidad en toda el área como en aquellos tiempos.

[20] EPV, p. 597.

[21] Para mencionar sólo un caso, basten las célebres anécdotas sobre los regalos en tierra y propiedades que el dictador guatemalteco Estrada Cabrera hizo a la, no menos anecdótica, United Fruit Company.

[22] LOE, p. 310.

[23] LOE, p. 275.

[24] T, p. 18.

[25] LV, p. 70.

[26] LOE, p. 309.

[27] Muchos, genuinamente, creían que esas corporaciones podían traer un gran bienestar a la zona, aunque siempre hubo voces que advertían sobre los hechos como la siguiente:

"Hace apenas pocos meses también estaba desahuciado este puerto atlántico y entonces otros adivinos dijeron que el remedio era tratar con la United Fruit Co. Hubo que dar a la bananera todo lo que ella pedía y lo que se les vino a la imaginación de sus innumerables servidores."

Juan Del Camino. "Estampas". Repertorio Americano 22.12 (1931).

[28] "La prensa generalmente ciega hace causa con la ignorancia o con los intereses que mejor la pagan. Cuando surge un diario realmente independiente los enemigos de la opinión pública, que son esos mismos intereses y la ignorante burguesía, boicotean el periódico, el cual muere o se entrega."

Cita de Roberto Brenes Mesén en Rafael Heliodoro Valle, *Historia de las ideas contemporáneas en Centro-América*. Buenos Aires: Fondo de Cultura Económica, 1960.

[29] a. LE, p. 166.

b. Estos titulares de periódicos pueden dar idea de cómo la prensa se expresaba de los "insurgente" o revolucionarios. Aquí se dan ejemplos provenientes del Times de Londres. Se da la fecha en que apareció el titular:

"A band of outlaws" British Plantation Looted	Jan/26/1929
"Bandit Outrage in Mexico"	Feb/23/1929
"Banditry in Nicaragua"	Apr/29/1930
"U.S. Marines Besieged	Apr/14/1931
"Protection for U.S. Citizens in Honduras-	
The Honduras Revolt"	Apr/21/1931

[30] Marc Zimmerman. "Latin American Literary Criticism and Inmigration." Ideologies and Literature 16 (1983).

[31] LOE, p. 309.

[32] Estos planteamientos que relacionan estas narraciones del mundo de la Cuenca del Caribe con el resto del mundo de la América Latina, pueden extenderse y ramificarse hasta enlazarse con uno de los puntos actuales más candentes sobre el problema antropológico de cultura popular. Esto, en lo referente a la nueva expresión cultural que se la puede llamar citadina o "creole". No se debe confundir el término con la cultura negra de influencia francesa en el Caribe, y que se la conoce con ese mismo nombre. La primera se refiere a esas nuevas manifestaciones en las grandes ciudades latinoamericanas que, tras las emigraciones internas de los años treinta y cuarenta, se fueron desarrollando, mediante esos movimientos migratorios, en núcleos culturales en las recién formadas comunidades pobres, marginadas y de tipo arrabal. Fernández Retamar ha llamado a esa cultura "mulata"; término que es excluyente de otros grupos étnicos de toda la región del Caribe.

Esta "nueva cultura popular" toma, en las diferentes regiones, elementos de la etnia con la cual se identifica mejor. Pero a la misma vez, va creando expresiones propias que giran alrededor de su mundo de marginación económica y cultural. En el Caribe de las costas, esta cultura es una principalmente híbrida, mulata; mientras que en la sierra, en tierra firme, es una de profunda raíz indígena.

Como se indica en el texto, estas creaciones culturales no tienen nada que ver con la cultura de televisión, fotonovelas y otros productos de las llamadas "culturas de los medios de comunicación masiva". Por el contrario, difieren de la enajenación que éstas representan. La cultura creole es aun, más agresiva que las culturas de las etnias representadas en *Las novelas de las Compañías,* y defiende vívamente sus principios y derechos como pueblo acosado y limitado a áreas de poco o ningún desarrollo. Sus etapas de creación están actualmente en un gran grado de efervescencia.

Mas sin embargo, las simientes de estas elaboraciones de cultura se encuentran ya, en algunas de estas narraciones de LNC, como por ejemplo, *Los ojos de los enterrados, Mamita Yunai, Puerto Limón, Prisión verde* y las novelas de la *Trilogía* de Beleño, donde abundan las escenas en comunidades pobres y de tipos urbano y moderno.

[33] LV, p. 7.

[34] PL, p. 90.

[35] O, p. 155.

[36] L ll, p. 64.

[37] PL, p. 85.

[38] PL, p. 187.

[39] PL, p. 42.

[40] Además de estas tres novelas de las Antillas sobre el tema de la caña, ha quedado para el teatro -sobre el mismo asunto- la importante tragedia *Tiempo muerto* (1940) del puertorriqueño Manuel Méndez Ballester.

[41] PL, p. 42.

[42] PL, p. 15.

[43] L ll, p. 229.

[44] Pero ese mito de Asturias conlleva algo más, así también explicó Dessau:

"Con eso Asturias atribuye al mito, además de la representatividad nacional y popular, una relevancia social directa, empezando a convertir la conciencia mágica de sus protagonistas en una fuerza revolucionaria."

Adalberto Dessau. "Mito y realidad en *Los ojos de los enterrados*, de Miguel Angel Asturias." Revista Iberoamericana 35 (1969).

Epílogo

El estudio que se presenta en las páginas de este libro ha tratado de analizar, siguiendo el interés actual de investigar la literatura de la América Latina dentro de una perspectiva que responda a las realidades de la región, LNC como un subtexto de la gran literatura continental y como piezas que reflejan textos culturales que fueron producidos en un importantísimo momento histórico para todo el continente mestizo; cuyos autores -con diversos énfasis en lo ideológico- han creado un corpus artístico que es una de las bases para la actual literatura de la Cuenca del Caribe; y así, también han aportado a la creación narrativa continental.

La cultura es la memoria no-hereditaria de la comunidad, y puede lograr esto dado el caso de que es un conjunto de signos; lo que la posibilita ser un sistema de modelo secundario que brinda a sus representados una gran cantidad de material informacional. Al ser guardadora de conciencia social, sus textos varían en significado y transcendencia según el tiempo transcurre. Cuando aquel colectivo posee una composición orgánica de tipo multicultural, como es el Caribe y Centro América, obviamente, esas funciones señaladas anteriormente, entrarán en un proceso dialéctico y de lucha interna; y más aun, en tanto uno de esos subconjuntos culturales es el Poder constituido en la sociedad. Esto obliga a que este último grupo manipulará los textos culturales siempre en su favor tanto en su composición como la ideología que expone. Serán así dadas como herencia a los posteriores grupos históricos que sigan, principalmente, aquellas secciones del texto cultural que organicen, den cuerpo concreto y permitan el desarrollo lógico de los conceptos cosmológicos de aquel grupo dominante; nunca imperará un espíritu sincrético en esa herencia. Como mucho, el grupo dominante o minoritario -así ocurre en la Cuenca del Caribe- se autoproclama eje hegemónico y Nacional. Lo primero conformará los límites físico-estructurales que síquicamente, requiere todo ser humano para existir; lo segundo responde al campo de lo afectivo-emocional. Cualquier oposición o cuestionamiento a tal autoinvestidura será interpretado como extravagancia, deseo de no pertenencia y, en caso extremo, como traición. Todas esas controversias se detectan no sólo en el campo ideológico-textual, sino en la misma elaboración de la arquitectura de la composición de los textos de arte; así se ha constatado también en el grupo de relatos analizados.

En la presente investigación se ha dedicado un capítulo a la poética de LNC, tanto con el interés de conocer la organización retórica de su narrativa como el de estudiar la supuesta linealidad o tradicionalidad que algunos críticos han imputado a estas novelas. El conjunto, en ciertos pasajes, se aleja de su función estética y toma una composición más parecida al texto metatextual (el que se fundamenta en una explicación organizada y artificial sobre un aspecto del saber) que al texto que ha dado su razón de ser: el texto poético (aquél que es ambiguo, polisémico, multi o unilíneo). Ese alejamiento es entendible, cuando las piezas se han propuesto ser voz defensiva de una nación y sus diversas culturas, atacadas por un Poder ajeno a la región, y el cual ha conseguido la colaboración de la casta dominante del propio país. Lo polémico o cuestionativo, inherente a todo texto de arte, en el caso de LNC está entonces elaborado a partir de elementos histórico-políticos, éticos y culturales, dado el énfasis que se da a éstos en la producción narrativa. De tal forma, se ha encontrado que las obras se estructuran dentro de un continuo poliglotismo interno que enriquece continuamente al conjunto total. Este poliglotismo crea entonces, un super-texto, el que se puede llamar Texto de las culturas étnicas de la Cuenca caribeña.

La cultura es un sistema semiótico de información altamente complejo y se ha usado el signo estético en este trabajo como guía que rastrea y estudia algunos grupos o asociaciones étnicas de la región que se investiga. Este signo es uno que atrae la atención del receptor de la obra hacia la construcción interna de la pieza a lo largo de su propio significado difuso y multivalente. Las culturas son representadas a través de un Texto que es particular a todas, y esto obliga al lector a hacer continuas descodificaciones; al ser liberado ese empaque, queda expuesta una estructura única. De esta manera, los autores de LNC han ido tejiendo esa conformación -en su uso de las técnicas de la polisemia que caracteriza su arte- a lo largo de sus creaciones. Al trasmitirse este contenido se generará otro nuevo al lector. Como discursos representativos de una región, no son un almacen o receptáculo pasivo de información -alimentada desde afuera- sino un generador activo de ésta. Sus secciones, como se han ido discutiendo, se entrelazan, organizan e interactúan entre sí para ir gestando -con gran energía semántica- tal creación dentro del espacio semiótico del Texto. También han creado un lenguaje de arte afín a la región caríbica.

La situación histórica actual de la zona obliga a que lo extratextual sea un elemento fundamental en el análisis de LNC, como así lo fue en el momento de su elaboración ficcional. Las lenguas no son artísticas per se, por lo tanto, el ente de arte tiene que ubicarse siempre en un plano extratextual. Esta familia de relatos de la América media ha logrado centralizar sus ejes artísticos en los diversos colectivos raciales que va exponiendo a lo largo de su composición. Permite y separa para ellos un gran espacio discursivo. Aquí reside, entonces, parte de esa elaboración de arte de la cual se ha hablado.

La distancia entre el texto artístico y el sistema de valores de la cultura a la cual va dirigido, determina el signo energético con que se va a evaluar el conjunto. Al encontrarse ambos elementos en la ultrapolitizada y polarizada región del Caribe, ese signo energético adquiere una inmensa fuerza que responde a la particularísima situación histórica de esta sección de Latino América. Esto ocurre principalmente, dentro de la lucha interna entre esos dos ejes -texto de arte y valores de cultura- y el producto que crean.

La Gran Cultura Regional se resiste al olvido, y los grupos étnicos protagónicos de la zona forcejean en relación a qué debe ser guardado o eliminado de la memoria colectiva, respecto a la organización de los Textos de la cultura. Esta lucha cobra una gran tensión afectiva cuando se tiene en cuenta que las colectividades populares representadas fueron parcialmente destruidas, una al inicio de la Conquista y a la otra, se la trajo al área mediante un rapto y se la ha mantenido bajo subsecuentes diásporas de carácter forzado; todo lo que convino en la pérdida irreparable de muchos Textos culturales en ambos casos. Ya sea mediante una añoranza metafórica, la exposición de lo feísta o violento o el discurso invitador a lo polémico, casi todas las novelas del conjunto abundan sobre la suerte pasada -y la actual- de ambas etnias, indígena y negra. Convirtiéndose las obras en memorial regional.

La interacción de lo extratextual y los propios textos se ve afectada por factores a los cuales Lotman llamó "ruido" (interferencia en el flujo de la información); y que precisamente, vienen en la región de la Cuenca a alterar el rumbo ideológico que ya había trazado la cultura hegemónica hispánica para esa interacción. Se abren, por lo tanto, otros canales informativos para nuevas interpretaciones de los diferentes discursos que se exponen en estas obras. El ruido afecta la disponibilidad de información en el caso del Texto de arte e igual ocurre con el Texto cultural. Hay muchos intereses nacionales e imperiales -como se ha presentado en las numerosas y diversas citas en este trabajo- que quieren promover este ruido o manipularlo en favor de su propio beneficio. *Las Novelas de las Compañías*, como un sistema de modelo secundario -informacional-, eliminando ese ruido, quedarán libres de obstrucciones para transferir toda la información que se propusieron dar, intencionalmente o no, sus creadores.

El estudio de LNC -obras creadas en un momento particular y aflictivo en el Caribe- dentro de la gramática de la cultura que exponen sus discursos, puede proveer otra visión o camino al estudio de las culturas de la región. Esto se entiende mejor si se interpreta que la semiótica cultural analiza la polifuncionalidad de la cultura humana, la universalidad y el dinamismo de la labor estética y las interrelaciones entre todos estos elementos. Lo anterior tiene mayor significado ante la presencia en las narraciones -no siempre conspicua- de una nueva agrupación cultural, mestiza, creole o mulata, que se va desarrollando en toda la Cuenca. Los Textos culturales de estos grupos mestizos y marginados están en creación efervescente aún hoy día, y hacen referencias constantes a los grupos raciales que les han dado génesis. Esos textos son entonces, los genuinos herederos de las culturas casi destruidas en muchos de los países de la zona; las recompondrán en una nueva versión histórica. Su función será historia viva. Con el énfasis en la exposición de estos grupos étnicos, *Las Novelas de las Compañías* cuestionan, censuran y exponen otras perspectivas al orden social estricto, providencial y de explotación humana con el cual se ha tratado de organizar las sociedades caribeñas y latinoamericanas desde hace cinco siglos.

Bibliografía

I. Fuentes Primarias del Estudio

Amaya Amador, Ramón. *Prisión verde*. El Salvador: Latina, 1950.

Asturias, Miguel A. *Viento fuerte*. *El Papa verde*. Tomo II

---. *Obras completas*. 3 Vols. Colección Premio Nobel. Madrid: Aguilar, 1968.

---. *Los ojos de los enterrados*. Buenos Aires: Losada, 1960.

Beleño, Joaquín. *Luna verde*. Panamá: Ediciones Librería Cultural Panameña, 1950.

---. *Gamboa Road Gang*. Panamá, 1960.

---. *Curundú*. Panamá: Publicaciones Ministerio de Educación, 1970.

Enríquez, Carlos. *Tilín García*. La Habana: La verónica, 1939.

Fallas, Carlos L. *Mamita Yunai*. La Habana: Imprenta Nacional, 1961.

Gutiérrez, Joaquín. *Puerto Limón*. La Habana: Colección La Honda, Casa de las Américas, 1977.

Ibarra, Cristóbal. *Tembladerales*. San Salvador: Ministerio de Cultura, Departamento Editorial, 1957.

Laguerre, Enrique. *La llamarada*. 24a. ed. San Juan: Cultural, 1980.

Marrero Aristy, Ramón. *Over*. Santo Domingo: Dominicana, 1963.

Román Orozco, José. *Cosmapa*. Managua: Nuevos Horizontes, 1944.

Robleto, Hernán. *Los estrangulados*. 1a.ed. Madrid: Cenit, 1933.

Rodríguez, Luis F. *Ciénaga*. La Habana: Editorial Tropical, 1923-37.

II. Obras Consultadas

Acevedo Ramón. *La novela centroamericana*. San Juan: Editorial Universitaria, 1982.

Aínsa, Fernando. "Integración y pseudonimia en la novela latinoamericana contemporánea." Nueva Narrativa Hispanoamericana 5 (1975): 239-49.

Albizúrez, F; Barríos, C. *Historia de la literatura de Guatemala*. Guatemala: Editorial Universitaria, 1981.

Alegría, Fernando. *Historia de la novela hispanoamericana*. México: Ediciones de Andrea, 1966.

Arango, Manuel. "Aspectos sociales en las novelas de Miguel Angel Asturias." Cuadernos Americanos 228.39 (1980): 178-99.

Arias, Augusto. "Los problemas económico-sociales y su expresión literaria en América." Revista Iberoamericana 5.13 (1943): 143-151.

---. "Hacia una crítica sociológica de la literatura." Revista Universidad *de San Carlos* 9 (segunda época) (1978): 3-7.

Asmus, Valentin. "Realism and Naturalism." Soviet Literature 3 (1975): 57-63.

Ayala, Juan. "*Puerto Limón*" de Joaquín Gutiérrez." Repertorio Americano 50 (1958): 59-60.

Barthes, R., Lefebvre, H. Goldman, L. *Literatura y Sociedad*. Barcelona: Ediciones Martínez Roca, 1971.

Baron, Dennis. "Role Structure and the Language of Literature." Journal of Literary Semantics 4 (1975): 43-51.

Beauchamp, José. "La novela puertorriqueña." Casa de las Américas 21.124 (1981): 67-82.

Benavides, Ricardo. "Mito, mímesis y manierismo." Chasqui 3 (1977): 5-24.

Benedetti, Mario. "El escritor y la crítica en el contexto del subdesarrollo." Casa de las Américas 18.106 (1978): 3-21.

---. "La cultura del hombre de acción y la creación intelectual." Texto Crítico 5.14 (1979): 44-57.

Bennet, William. "An Applied Linguistic View of the Function of Poetic Form." Journal of Literary Semantics 1.1 (1977): 29-49.

Bonilla, Abelardo. _Historia de la literatura costarricense._ San José: Editorial Costa Rica, 1967.

Bogantes, C.; Kuhlmann, U. "El surgimiento del realismo social en Centroamérica: 1930-70." Revista Crítica Literaria Latinoamericana 17 (1983): 39-64.

Boheim, Helmut. "Theory of Narrative Modes." Semiotica 14.4 (1975): 329-44.

Britto, Luis. "América Latina: una cultura incomunicada." Casa de las Américas 22.131 (1982): 140-43.

Bueno Chávez, Raúl. "Sobre la enunciación narrativa: de la teoría a la crítica y viceversa." Hispamérica 11.32 (1982): 35-47.

---. "Teoría literaria y desarrollo social en América Latina." Hispamérica 15.43 (1986): 21-28.

Campa, Ricardo. "La idea del poder en la literatura latinoamericana." Cuadernos Hispanoamericanos 357 (1980): 616-631.

Camurati, Mireya. "Función literaria del cuento intercalado en _Don Segundo Sombra, La vorágine y Cantaclaro._" Revista Iberoamericana 37.75 (1971): 403- 417.

Casanova Sánchez, O. _La crítica social en la obra novelística de Enrique A. Laguerre._ Río Piedras: Editorial Cultural, 1975.

Coll, Edna. _Indice informativo de la novela Hispanoamericana._ Tomos I, II San Juan: Editorial Universitaria, 1974, 1977.

Cornejo, Antonio. "Para una agenda problemática de la crítica literaria latinoamericana: diseño preliminar." Casa de las Américas 21.129 (1981): 117-122.

Correa, Gustavo. "El nacionalismo cultural en la literatura hispanoamericana." Cuadernos Americanos 2.17 (1958): 225-236.

Cortázar, Julio. "La literatura latinoamericana a la luz de la historia contemporánea." Inti 10-11 (1980): 11-20.

Chavatik, Kvetoslav. "Semiotics of the Literary Work of Art." Russian Literature 20 (1986): 297-322.

Chávez, Lisandro. "Nación y narrativa nicaragüense." Casas de las Américas 120 (1980): 69-73.

234

---. "Identidad y resistencia del "criollo" en Nicaragua." Ideologies and Literatures 4.17 (1983): 1-9.

Danow, David. "Subtexts of the Brothers Karamazov." Russian Literature 11 (1982): 173-208.

Montezuma de Carvalho, J. de *Panorama das literaturas das Américas*. Tomos I, II, III, Angola: Ediçao do Municipio de Nova Lisboa, 1959.

Saussure, F. de *Curso de lingüística general*. Buenos Aires: Losada, 1945.

Depestre, René. "Problemas de la identidad del hombre negro en las literaturas antillanas." Casa de las Américas 21.128 (1985): 45-52.

Dessau, Adalbert. "Mito y realidad en *Los ojos de los enterrados*, de Miguel Angel Asturias." *Revista Iberoamericana* 35 (1969): 77-86.

Dolezel, Lubomír. "Narrative Modalities." Journal of Literary Semantics 1 (1976): 5-14.

Eagleton, T. *Marxism and Literary Criticism*. Berkley: University of California Press, 1976.

Eco, Umberto. *A Theory of Semiotics*. Bloomington: Indiana University Press, 1976.

Elizalde, Ignacio. "La novela hispanoamericana actual y sus técnicas narrativas." Arbor 94.367-68 (1976): 83-90.

Elkman, T.; Worth, D., eds. *Russian Poetics*. Ohio: Slavica Publishing, 1982.

Fernández Retamar, R. "A propósito del círculo de Praga y del estudio de nuestra literatura." Casa de las Américas 74 (1972).

---. "Para una teoría de la literatura Hispano-Americana." Casa de las Américas 80 (1973): 128-34.

---. "Algunos problemas teóricos de la literatura Latino Americana." Casa de las Américas 89 (1975): 132-53.

Forastieri Braschi, E. "Lingüística del texto, macroestructuras y contexto." Dispositio 4.10 (1979): 49-89.

Foulkes, A. "Relevance and Meaning in the Interpretation of Literary Texts." Journal of Literary Semantics 4 (1975): 5-31.

Fuentes, Carlos. *La nueva narrativa Hispanoamericana*. México: Cuadernos de Joaquín Mortiz, 1969.

Fowler, Roger. *Literature As Social Discourse*. Bloomington: Indiana University Press, 1981.

García Márquez, Gabriel. "Fantasía y creación artística en América Latina y el Caribe." Texto Crítico 14 (1979): 3-8.

Garrido, Miguel. *Estudios de semiótica literaria*. Madrid: Consejo Superior de Investigaciones Científicas, 1982.

Gertel, Zunilda. *Tres estructuras fundamentales en la narrativa hispanoamericana actual*. Buenos Aires: Losada, 1975.

Giora, Rachel. "Segmentation and Segment Cohesion: on the Thematic Organization of the Text." Text 3.2 (1983): 155-81.

Giordano, Jaime. "El nivel de la escritura en la narrativa hispanoamericana contemporánea." Nueva Narrativa Hispanoamericana 3 (1974): 308-44.

González Contreras, G. "Aclaraciones a la novela social americana." Revista Iberoamericana 6.12 (1943): 403-418.

González Echevarría, Roberto. "Literature of the Hispanic Caribbean." Latin American Literary Review 8.16 (1980): 1-19.

Guymon, Wayne. "An Exercise in Semantic Analysis." Journal of Literary Semantics 5 (1975): 73-91.

Haezewindt B. "The Concept of "Narrative Mass" and The Construction of Narrative Texts." Journal of Literary Semantics 14.1 (1985): 121-129.

Halperin, Tulio. "Nueva narrativa y ciencias sociales hispanoamericanas en la década del sesenta." Hispamericano 27 (1980): 3-18.

Hernández Novás, R. "Hacia la patria del guatemalteco." Casa de las Américas 18.106 (1978): 139-44.

Hendricks, William. "Methodology of Narrative Structural Analysis." Semiotica 7.2 (1973): 163-84.

---. "The Work and Play Structures of Narrative." Semiotica 13.3 (1975): 261-280.

Henríquez Ureña, C. "La peregrinación de Eugenio María de Hostos." Casa de las Américas 14.88 (1974): 6-7.

Henríquez Ureña, P. *Obra crítica*. México: Fondo de Cultura Económica, 1960.

236

Iñigo Madrigal, L. "Introducción a una posible historia social de la novela hispanoamericana." Casa de las Américas 99 (1976): 107-111.

Irizarry, Estelle. *Enrique A. Laguerre.* Boston: Twayne Publishers, 1982.

---. *La llamarada: clásico puertorriqueño.* San Juan: Editorial Cultural, 1985.

Jara, René. "Crítica de una crisis: los estudios literarios hispanoamericanos." Ideologies and Literature 4.16 (1983): 330-35.

Kelyn, F. "The Social Novel in Latin America." Soviet Literature 10 (1951): 137-42.

Kristeva, Julia. "La semiótica, ciencia crítica y/o crítica de la ciencia." Casa de las Américas 12.71 (1972): 23-26.

Lamy, Marie-Noèl. "In Defense of A. Greimas' Theory of Discourse." Journal of Literary Semantics 13.3 (1984): 205-224.

Leal, Luis. "Rafael Arévalo Martínez: renovador y creador de formas literarias." Hispamérica 5.13 (1976): 25-32.

Leenhardt, Jacques. "Función de la estructura ensayística en la novela hispanoamericana." Revista de Estudios Hispánicos-Puerto Rico 7 (1980): 9-17.

Le Roy, G. *Marxism and Modern Literature.* New York: The American Institute for Marxist Studies, 1967.

Lienhard, Martin. "Las huellas de las culturas indígenas o mestizas-arcaicas en la literatura escrita de Hispanoamérica." Hispamérica 13. 37 (1984): 3-13.

Lindemann, B. "Text as Process: an Integrated View of a Science of Texts." Journal of Literary Semantics 12.1 (1983): 5-22.

Lipski, John. "On the Meta-structures of Literary Discourse." Journal of Literary Semantics 2 (1976): 53-61.

Losada, A. "Discursos críticos y proyectos sociales en HA." Ideologies and Literature 1.2 (1971): 71-73.

---. "Bases para un proyecto de una historia social de la literatura en América Latina (1780-1970)." Revista Iberoamericana 114 (1981): 167-188.

---. "Articulación, periodización y diferenciación de los procesos literarios en América Latina." Revista Crítica Literaria Latinoamericana 9 (1983): 7-37.

---. "La historia social de la literatura latinoamericana." Revista Crítica Literatura Latinoamericana 11.24 (1986): 21-29.

Lotman, Yuri. "On Some Principle Difficulties in the Structural Description of a Text." Linguistics 121 (1974).

---. "Notes on the Structure of a Literary Text." Semiotica 15. 3 (1975): 199-205.

---. "The Modeling Significance of the Concepts "End" and "Beginning" in Artistic Texts." Russian Poetics in Translation 3 (1976): 7-11.

---. The Structure of the Artistic Text. Ann Arbor: University of Michigan Press, 1977.

---. "Sur la délimitation linguistique et littéraire de la notion de structure." Linguistics 6 (1964).

---. "The Future for Structural Poetics." Trad. L. M. O'Toole. Poetics 8.6 (1979): 501-507.

Madrigal, L. "Introducción a una posible historia social de la novela Hispano Americana." Casa de las Américas 99 (1976): 107-111.

Malberg, B. Los nuevos caminos de la lingüística. Madrid: Siglo XXI Ediciones, 1967.

Maldonado Denis, M. "Miguel Angel Asturias: novelista americano." Cuadernos Americanos 128.3 (1963): 250-58.

Margolin, Uri. "Narrative and Indexicality: a Tentative Framework." Journal of Literary Semantics 13.3 (1984): 181-204.

Martínez Bonati, F. "Para una reflexión sobre la historicidad de la literatura." Inti 10 (1979): 62-68.

---. "El sistema del discurso y la evolución de las formas narrativas." Dispositio 5-6.15-16 (1981): 1-18.

Meléndez, Concha. Literatura de ficción en Puerto Rico. San Juan: Editorial Cordillera, 1971.

Menton, Seymour. Historia crítica de la novela de Guatemala. Guatemala: Editorial Universitaria, 1960.

---. "La generación puertorriqueña del cuarenta." Hispania 44 (1961): 209-11.

---. "La narrativa centroamericana: (1960-70)." Nueva Narrativa Hispanoamericana 2.1 (1972): 119-29.

238

---. "Las dos ediciones de *Puerto Limón.*" Separata de la Revista Iberoamericana 138-39 (1987): 233- 244.

Mignolo, Walter. "Semantización de la ficción literaria." Dispositio 5-6.15-16 (1981): 85-127.

Montero, Janina. "Historia y novela en Hispanoamérica: el lenguaje de la ironía." Hispanic Review 47.4 (1979): 505-19.

Morfi, Angelina. "Enrique Laguerre." En *Escritores Contemporáneos de Puerto Rico.* San Juan: Sociedad de Autores Puertorriqueños, 1978.

Murkarowsky, K. "El arte como hecho semiológico." Casa de las Américas 12.71 (1972): 23-26.

Navarro, Desiderio. "Semiótica y marxismo en la ciencia literaria." Ideologies & Literature 17.4 (1983): 206-219.

Omarson, Richard. "An Analysis of Narratives: Identifying Central, Supportive, and Distracting Content." Discourse Processes 3-4.1 (1982): 1-32.

Osorio, Nelson. "Las ideologías y los estudios de literatura hispanoamericana." Hispamérica 4.1 (1975): 9-28.

Perus, F. "La formación ideológica estético literaria." Revista Iberoamericana 47 (1981): 256-75.

Polanzi, L, Scha, R. "The Syntax of Discourse." Text 3. 3 (1983): 261-70.

Promis, José. "El discurso histórico de la literatura hispanoamericana." Chasqui 9.1 (1979): 30-38.

Rama, Angel. "Un proceso autonómico: de las literaturas nacionales a la literatura latinoamericana." Río Piedras 5-6 (1975): 125-139.

---. *Transculturación narrativa en América Latina.* México: Siglo Veintiuno, 1982.

---. "Literatura y cultura en América Latina." Revista de Crítica Literaria Latinoamericana 20.18 (1983): 7-35.

Ramírez, Sergio. *Narrativa centroamericana.* Guatemala: Editorial San José, 1969.

Rincón, Carlos. "Historia de la historiografía y de la crítica literaria latinoamericanas. Historia de la conciencia histórica." Revista Crítica Literatura Latinoamericana 11.24 (1986): 7-19.

Robleto, Hernán. "Literatura de Centro América." Cuadernos Americanos 120.1 (1962): 30-51.

Rodríguez, Emilio. "Pluralidad e integración en la literatura caribeña." Revista Universidad de la Habana 212 (1980): 4-14.

Rodríguez Monegal, E. "Los dos Asturias." Revista Iberoamericana 35.67 (1969): 13-20.

Rodríguez Rivera, G. "Notas sobre el desarrollo literario hispanoamericano." Casa de las Américas 9.54 (1969): 154-63.

Rogmann, Horst. "Realismo mágico" y "negritude" como construcciones ideológicas." Ideologies and Literatures 2.9 (1979): 45-48.

Rojas, Mario. "Tipología del discurso del personaje en el texto narrativo." Dispositio 5-6.15-16 (1981): 19-55.

Rusinko, Elaine. "Intertextuality: the Soviet Approach to Subtext." Dispositio 4.11-12 (1979): 213-35.

Sabugo Abril, A. "Poética de la narrativa hispanoamericana." Cuadernos Hispanoamericanos 418 (1985): 93-105.

Sacoto, Antonio. "De las modernas técnicas novelísticas en el Señor Presidente." Cuadernos Americanos 193.2 (1975): 226-46.

Salomon, Noèl. "Algunos problemas de sociología de las literaturas de lengua española." Casa de las Américas 102. 17 (1977): 2-13.

Sandoval, Virginia. Resumen de literatura costarricense. Costa Rica: Editorial Costa Rica, 1978.

Scheglow, Y., Zholkovskii, A. Generating the Literary Text Russian Poetics in Translation No.7. L.M. O'Toole & A. Shukman, 1975.

Scholes, Robert. Structuralism in Literature. New Haven: Yale University Press, 1974.

Segre, Cesare. Semiotics and Literary Criticism. The Hague: Mouton Publishing, 1973.

---. "Culture et texte dans la pensée de Jurij M. Lotman." En Semiosis. Ed. Morris Halle. Ann Arbor: University of Michigan Press, (1984): 34-46.

Sepúlveda, Mélida. El tema del canal en la novelística panameña. Caracas: Universidad Católica "Andrés Bello", 1975.

Shuckman, Ann. *Literature and Semiotics*. Amsterdam: North Holland Pub., Co., 1977.

Solera, Rodrigo. "Carlos Luis Fallas: el novelista de su propia vida." Hispania 53.3 (1970): 402-10.

Sopher, H. "Discourse Analysis: the Hierarchic Structure of Meaning-Content." Journal of Literary Semantics 8.2 (1979): 100-08.

Sosnoski, Patricia. "The Study of Diachronicity in Literature: Ralph Cohen and Jurij Lotman." Dispositio 4.11-12 (1979): 273-82.

Sosnowski, Saúl. "Sobre la crítica de la literatura Hispano-Americana: balance y perspectivas." Cuadernos Americanos 6 (1987): 69-91.

Souza, Raymond. "Language vs. Structure in the Contemporary Spanish-American Novel." Europe 5 (1975): 833-39.

Talens, Jenaro et al. *Elementos para una semiótica del texto artístico*. Madrid: Ediciones Cátedra, 1980.

Talvet, Juri. "Introducción a la poética del tiempo y del espacio." Santiago 4 (1981): 101-113.

Terterian, I. "Sharing an Esthetic Goal." Soviet Studies 17.2 (1981): 31-66.

Todorov, Tzvetan. "Note sur le langue poétique." Semiotica 1.3 (1975): 322-28.

Trías, Eugenio. *Estructuralismo y marxismo*. Barcelona: Ediciones Martínez Roca, 1971.

Uspenski, Boris. "Sobre la semiótica del arte." Casa de las Américas 12.71 (1972): 32-43.

Van der Eng, Jan. "The Poetic Text: a Complicated and Accessible Semantic Structure." Russian Literature 5.1 (1977): 103-112.

Van der Eng, J., Meyer, J. *On the theory of descriptive poetics*. Amsterdam: Peter de Ridder Press, 1978.

Van der Eng, J., Grygar, M. eds. *Structure of Texts and Semiotics of Culture*. The Hague: Mouton and Co., 1973.

Verdevoye, Paul. "Miguel Angel Asturias y la nueva novela." Revista Iberoamericana 35.67 (1969): 21-29.

Vidal, Hernán. "Narrativa de mitificación satírica: equivalencias socio-literarias." Hispamérica 4.1 (1975): 57-72.

---. Sentido y práctica de la crítica literaria socio-histórica. Minneapolis: Institute for the Study of Ideologies and Literatures, University of Minnesota, 1984.

Volek, Emil. "Colloquial Language in Narrative Structure: Towards a Nomothetic Typology of Styles and of Narrative Discourse." Dispositio 5-6.15-16 (1981): 57-84.

Walsh, Donald. "Spanish American Literature in 1946." Hispania 30 (1947): 22-26.

William, Hendricks. "The Work and Play Structures of Narrative." Semiotica 13.3 (1975): 261-80.

Zavarzadeh, Mas'ud. "A Typology of Prose Narrative." Journal of Literary Semantics 3 (1974): 67-80.

Zimmerman, M. "Marxism, Structuralism and Literature: Orientations and Schemata." Ideologies and Literatures 2.6 (1978):27-50.

Zotkiewski, Stefan. "Poétique de la composition." Semiotica 5.3 (1972): 205-225.

III Obras consultadas de otros campos

Adams, Richard. Cultural Surveys of Panama-Nicaragua-Guatemala-El Salvador-Honduras. Washington, D.C.: 1957.

Agramonte, Roberto. "La moderna civilización latinoamericana y su itinerario histórico-social." Revista Mexicana de Sociología 25.2 1963: 439-503.

Aguilera, Gabriel. "La democracia y el conflicto bélico en Centroamérica." Cuadernos Americanos 2.2 1987.

Anderson, Benedict. Imagined Communities: Reflections on the Origin and Spread of Nationalism. NY: Schocken, 1983.

Arias, Arturo. "Cultura popular, culturas indígenas, genocidio y etnocidio en Guatemala." Boletín Antropología Americana 7 (1983): 57-77.

Auderle, Adam. "Conciencia nacional y continentalismo en la América Latina en la primera mitad del siglo veinte." Casa de las Américas 133 (1982): 1-16.

Avila, Eneida. *Las compañías bananeras en la novelística centroamericana*. Tesis. Universidad de Tulane, 1959.

Bender, D, Leone, B. eds. *Central America*. St. Paul: Greenhaven Press, 1984.

Benítez, Antonio. *La isla que se repite*. Hanover: Ediciones del Norte, 1989.

Champagne, Roland. "A Grammar of the Languages of Culture: Literary Theory and Yury M. Lotman's Semiotics." New Literary History 9.2 (1978): 205-209.

Díaz de Arce, Omar. "Estado y sociedad en el siglo XVI hispanoamericano." Santiago 52 (1983): 37-58.

Fagen, R, Pellicer, O. eds. *The Future of Central America*. Stanford: Stanford University Press, 1983.

Galeano, Eduardo. "El tigre azul y nuestra tierra prometida." Magazín dominical El Espectador Bogotá, junio 26. 1988.

Irwin, Phillipe. "Etnicidad y lucha de clases en la subsidiaria de la United Fruit Company en Costa Rica y Panamá." Boletín Antropología Americana 8 (1983): 63-74.

James, Ariel. "La United Fruit Company y la penetración imperialista en el área del Caribe." Santiago 15 (1974): 69-81.

Kagan, Moisei. "Cultura y culturas, dialéctica de lo general, lo particular y lo singular." Casa de las Américas 22.130 (1982): 134-39.

Kepner, D., Soothill, E. *The Banana Empire*. NY: The Vanguard Press, 1935.

Leiken, Robert. ed. *Central America: Anatomy of Conflict*. NY: Pergamon Press, 1984.

León-Portilla, M. "Trauma cultural, mestizaje e indigenismo en Mesoamérica." Cuadernos Americanos 201.4 (1975): 113-33.

Lewis, Gordon K. *The Contemporary Caribbean: A General Overview*. Washington: The Woodrow Wilson Center, 1985.

Limia, Rafael L. "Apuntes acerca de las culturas caribeñas." Santiago 56 1984.

López, Armando. "Proceso histórico de integración del Caribe." Revista Universidad de la Habana 203-04 (1976): 61-91.

Lotman, Yuri. "El problema de una tipología de la cultura." Casa de las Américas 12.71 (1972): 32-36.

---. "On the Metalanguage of a Typological Description of Culture." Semiotica 14.2 (1975): 97-123.

Lotman, Yuri, Uspenskii, B. "Myth, Name, Culture." Soviets Studies in Literature 11.2-3 (1976): 17-36.

Lotman, Yuri, Uspenskii, B. "On the Semiotic Mechanism of Culture." Trad. G. Mihaychuck. New Literary History 9.2 (1978): 211-230.

Lotman, Yuri. *Semiótica de la cultura*. Madrid: Ediciones Cátedra, 1979.

Lotman, Yuri, Piatigorsky A. "Text and Function." New Literary History 9.2 (1978): 233-44.

Lugo, Américo. "Asunto de las Antillas." Repertorio Americano 7.10 (1924): 150-52.

Maldonado Denis, M. "Aproximación crítica al fenómeno nacionalista en Puerto Rico." Casa de las Américas 17.102 (1977): 13-28.

Markovina, Iu. "Cultural Factors and the Comprehension of the Literary Text." Soviets Studies 20.4 (1984): 37-50.

Megged, Nahum. "La culture de la banane, clé mythique de MAA." Europe 53. 533-34 (1975): 162-69.

Méndez, José Luis. "Problemas de la creación cultural en el Caribe." Casa de las Américas 85 (1974): 27-39.

Perl, Mathias. "Panorama lingüístico de la región del Caribe." Santiago 52 (1983): 93-103.

Pierre, Andrew. ed. *Central America*. Ed. NY: Council on Foreign Relations, Inc., 1985.

Portis-Winner, I. "Ethnicity, Modernity, and Theory of Culture Texts." Semiotica 27.1-3 (1979): 103-147.

---. "Some Comments upon Lotman's Concept of Semiotics of Culture: Implications for the Study of Ethnic Culture Text." En *Semiosis*. Morris Halle ed. Ann Arbor: University of Michigan Press, 1984.

Prieto, Alberto. "La nacionalidad en nuestra América (I, II, III)." Casa de las Américas 106, 109, 110 (1978): 78, 161, 74.

Rodríguez, I., Zimmerman, M. eds. *Process of Unity in Caribbean Society*. Minneapolis: Institute for the Study of Ideologies & Literature, 1983.

244

Ropp, S, Morris, J. eds. *Central America: Crisis and Adaptation*. Albuquerque: University of New Mexico Press, 1984.

Shuckman, Ann. "Jurij Lotman and the Semiotics of Culture." Russian Literature 5.1 (1977): 41-50.

Stacey, M., Plaza, G. *The United Fruit Company in Latin America*. N. Y.: Business Performance Abroad, 1958.

Teodorov, Szvetan. *The Conquest of America*. New York: Harper and Row, 1982.

Valdés, Segio. "Las lenguas africanas y el español coloquial de Cuba." Santiago 31 (1978): 81-107.

Valle, Rafael H. *Historia de las ideas contemporáneas en Centro-América*. México: Fondo de Cultura Económica, 1960.

Wiarda, Howard. ed. *Rift and Revolution*. Washington: American Enterprise Institute for Public Policy Research, 1979.

Winner, Thomas G. "Some Fundamental Concepts Leading to a Semiotics of Culture: An Historical Overview." Semiotica 27 (1979): 75-82.

Woodward, Ralph. *Central America*. Oxford: Oxford University Press, 1985.

Yúdice, George. "El salto a la marginalidad." Hispamérica 15.45 (1986): 45-52.

Zanetti, Alejandro. *The United Fruit Company*. La Habana: Editorial de Ciencias Sociales, 1976.